Juridicum – Schriften zum Zivilprozessrecht

Reihe herausgegeben von

Gerhard Wagner, Berlin, Deutschland

Joachim Zekoll, Frankfurt am Main, Deutschland

Diese Schriftenreihe enthält Arbeiten zum Zivilprozessrecht in seiner ganzen Breite. Die Reihe ermöglicht die Veröffentlichung von Abhandlungen, die sich mit diesem Rechtsgebiet aus deutscher, europäischer oder internationaler Perspektive beschäftigen. Die hier erscheinenden Arbeiten befassen sich mit dogmatischen oder grundlagenorientierten Fragestellungen in rechtstatsächlicher, rechtshistorischer oder rechtsvergleichender Hinsicht.

Herausgegeben von
Prof. Dr. Gerhard Wagner, LL.M. (Chicago) ist Universitätsprofessor an der Humboldt-Universität zu Berlin
Prof. Dr. Joachim Zekoll, LL.M. (Berkeley) ist Universitätsprofessor an der Goethe-Universität Frankfurt am Main

Tobias Duhe

Effizienz im Zivilprozess

Zur Strukturierung von Schriftsätzen und der mündlichen Verhandlung per Videokonferenz

Springer

Tobias Duhe
Rechtswissenschaften
Bucerius Law School
Bad Oldesloe, Deutschland

ISSN 2945-9869 ISSN 2945-9877 (electronic)
Juridicum – Schriften zum Zivilprozessrecht
ISBN 978-3-658-51615-4 ISBN 978-3-658-51616-1 (eBook)
https://doi.org/10.1007/978-3-658-51616-1

Die Deutsche Nationalbibliothek verzeichnet diese Publikation in der Deutschen Nationalbibliografie; detaillierte bibliografische Daten sind im Internet über https://portal.dnb.de abrufbar.

Planung/Lektorat: Karina Kowatsch
Springer ist ein Imprint der eingetragenen Gesellschaft Springer Fachmedien Wiesbaden GmbH und ist ein Teil von Springer Nature.
Die Anschrift der Gesellschaft ist: Abraham-Lincoln-Str. 46, 65189 Wiesbaden, Germany

Wenn Sie dieses Produkt entsorgen, geben Sie das Papier bitte zum Recycling.

Vorwort

Diese Dissertation wurde im Wintertrimester 2025 an der Bucerius Law School angenommen. Die mündliche Promotionsprüfung fand am 21. Mai 2025 statt. Für die Druckfassung wurden an einzelnen Stellen redaktionelle Anpassungen vorgenommen.

Auf zwei Aspekte sei an dieser Stelle hingewiesen: (i) Eine sehr umfassende – insbesondere rechtstatsächliche Aspekte in den Blick nehmende Initiative zur Strukturierung von Schriftsätzen ist das Forschungsprojekt des „Reallabor Basisdokument“ im Auftrag der Justizministerien Bayerns und Niedersachsens, das seine Erkenntnis in einem Abschlussbericht vom 23. Juli 2024 veröffentlicht hat; (ii) mit dem Gesetz zur Förderung des Einsatzes von Videokonferenztechnik in der Zivilgerichtsbarkeit und in den Fachgerichtsbarkeiten vom 15.7.2024 (BGBl 2024 I Nr 237) hat der für Videokonferenzen in der mündlichen Verhandlung maßgebliche § 128a ZPO mehrere Anpassungen erhalten. Beide genannten Aspekte konnten im Rahmen dieser Dissertation nicht mehr berücksichtigt werden.

Mein besonderer Dank gilt meinem Doktorvater, *Herrn Professor Dr. Karsten Thorn*, für die Betreuung dieser Dissertation sowie für seine wertvollen Anregungen und Hinweise. *Frau Professorin Dr. Barbara E. Weißenberger* danke ich nicht nur für die Übernahme des Zweitgutachtens, sondern insbesondere für ihre intensive Unterstützung bei der Konzeption und Auswertung der empirischen Studie.

Dem Deutschen Richterbund e.V. danke ich herzlich für die Ermöglichung der Umfrage unter seinen Mitgliedern.

Der Kanzlei CMS Hasche Sigle und insbesondere meinem Mentor *RA Dr. Markus Schöner* danke ich für die Unterstützung bei der Vereinbarkeit einer fordernden anwaltlichen Tätigkeit mit dem Promotionsvorhaben.

Herrn Dr. Beck danke ich für den interdisziplinären Austausch – ohne dich gäbe es diese Arbeit nicht.

Meinen Eltern danke ich für ihre beständige Geduld und Begleitung. Meiner Frau gilt mein tief empfundener Dank für ihr anhaltendes Verständnis für diese – am Ende doch längere – akademische Abzweigung.

Paderborn, im Juni 2025 Tobias Duhe

Inhaltsverzeichnis

Erstes Kapitel: Einleitung

A. Vergangenheit und Gegenwart

Begründung des Entwurfs der Civilprozeßordnung (1874):

> *„Als oberstes Erfordernis einer Prozeßordnung darf hingestellt werden, daß sie praktisch brauchbar und zweckmäßig ist, daß sie den Rechtsstreit auf dem einfachsten, kürzesten, sichersten Wege seiner Entscheidung zuführt“*[1]

Diskussionspapier - Arbeitsgruppe „Modernisierung des Zivilprozesses“ (2021):

> *„Die Präsidentinnen und Präsidenten der Oberlandesgerichte, des Bayerischen Obersten Landesgerichts, des Kammergerichts und des Bundesgerichtshofs stellen fest, dass es weiterer gesetzgeberischer Schritte bedarf, um neue technische Möglichkeiten im Zivilprozess sinnvoll nutzbar zu machen. Durch eine entsprechende Überarbeitung des Prozessrechts könnten Gerichtsverfahren bürgerfreundlicher, effizienter und ressourcenschonender gestaltet werden. Die aus gerichtlicher Sicht dazu erforderlichen Maßnahmen sollen in den politischen Prozess eingebracht und die zukünftige Gesetzgebung mit eigenen Überlegungen der Praxis begleitet werden.“*[2]

---

[1] *Hahn/Stegemann*, Die gesammten Materialien zur Civilprozeßordnung und dem Einführungsgesetz zu derselben vom 30. Januar 1877, 1880, S. 115.

[2] *Arbeitsgruppe "Modernisierung des Zivilprozesses"*, Modernisierung des Zivilprozesses - Diskussionspapier, Januar 2021, S. 2.

T. Duhe, *Effizienz im Zivilprozess*, Juridicum – Schriften zum Zivilprozessrecht,
https://doi.org/10.1007/978-3-658-51616-1_1

Schon die „Väter“ der Civilprozeßordnung wussten im 19. Jahrhundert um die Bedeutung eines einfachen, kurzen und sichereren Zivilverfahrens. Auch wenn sich der Sprachduktus (bürgerfreundlich, effizient, ressourcenschonend) geändert hat, sind die Aufgaben im Jahr 2021 dieselben geblieben: Wie kann das für die Gesellschaft so zentrale Zivilverfahren dem Einzelnen zur Durchsetzung seiner individuellen Rechte verhelfen und hierbei nur so viele Ressourcen binden, wie zur Verwirklichung dieses Zwecks erforderlich?

B. Entwicklung und Relevanz der Forschungsfrage

Zu Beginn des Jahres 2018 war die EUBagatellVO[3] gerade novelliert worden, fand aber in der Rechtspraxis und -wissenschaft kaum Beachtung.[4] Die Idee eines formularbasierten Verfahrens mit anschließender Verhandlung per Videokonferenz schien bestechend. Könnte man beide Gedanken auf die ZPO übertragen?

Woran aber sollte gemessen werden, ob eine solche Übertragung sinnvoll wäre? Schnell war klar, dass in dem Verfahren der EUBagatellVO möglicherweise ein erhebliches Potential zur Straffung des Zivilverfahrens lag – das Kriterium Effizienz als wesentlicher Maßstab.

Eine strukturierte Darstellung zur Rolle der Effizienz im Recht schien in der Literatur zu fehlen. Die wenige vorhandene Literatur – vornehmlich aus der ökonomischen Analyse des Rechts – fokussierte sich im Übrigen auf das materielle Recht.[5]

---

[3] Verordnung (EG) Nr. 861/2007 des Europäischen Parlaments und des Rates vom 11. Juli 2007 zur Einführung eines europäischen Verfahrens für geringfügige Forderungen (ABl. L 199 S. 1, ber. 2015 L 141 S. 118); zuletzt geändert durch Art. 1 ÄndVO (EU) 2017/1259 vom 19.6.2017 (ABl. L 182 S. 1, ber. 2018 L 25 S. 84).

[4] Statt aller MüKoZPO/*Hau*, Vor § 1097 Rn. 18.

[5] So z.B. *Schäfer/Ott*, Lehrbuch der ökonomischen Analyse des Zivilrechts.

Diese Lücke gab den Anstoß, sich zunächst grundlegender mit dem Effizienzbegriff in seinen unterschiedlichen Ausprägungen zu befassen, um darauf basierend sich dem eigentlichen Untersuchungsgegenstand, der ZPO und EUBagatellVO, näher zuzuwenden.

Ein wesentlicher Aspekt des Verfahrens nach der EUBagatellVO liegt in einer gegenüber dem deutschen Zivilprozess stark formalisierten Struktur. Erste Ansätze einer stärkeren Formalisierung durch Strukturierung kamen in Deutschland bereits Ende der 80er-Jahre auf.[6] Längere Zeit fanden entsprechende Überlegungen nur wenig Widerhall in der juristischen Literatur. Nach einem viel beachteten Diskussionspapier der Arbeitsgruppe „Modernisierung des Zivilprozessrechts" im Sommer 2021[7], wird das Thema sowohl in der juristischen Wissenschaft als auch Praxis verstärkt diskutiert. Dieser Komplex ist damit – während der Themenfindungsphase im Jahr 2018 kaum vorhersehbar – heute aktueller denn je und bildet einen wesentlichen Untersuchungsgegenstand der nachfolgenden Arbeit.

Auch der zweite Schwerpunkt des Untersuchungsteils dieser Arbeit ist – ebenfalls im Jahr 2018 kaum vorhersehbar – jüngst zu erheblicher Berühmtheit in der juristischen Literatur und Praxis gelangt: Die EUBagatellVO sieht im Regelfall ein schriftliches Verfahren vor. Wenn allerdings eine mündliche Verhandlung stattfindet, dann soll diese per Videokonferenzschaltung abgehalten werden. Auch in Fachkreisen wenig bekannt fand sich eine entsprechende Bestimmung mit § 128a ZPO bereits seit dem Jahr 2002 auch in der deutschen Verfahrensgesetzgebung.[8]

---

6 *Schnelle/Bender*, DRiZ 1993, 97 ff.

7 *Arbeitsgruppe "Modernisierung des Zivilprozesses"*, Modernisierung des Zivilprozesses - Diskussionspapier, Januar 2021.

8 Eine erste monografische Darstellung erfolgte durch *Nissen*, Online-Videokonferenz, 2004.

Insofern konnte die EUBagatellVO hierfür keine effizienzsteigernde Idee für die deutsche ZPO liefern – es gab die entsprechende Regelung schlicht bereits. Es war aber auffällig, dass diese auf den ersten Blick sinnvolle Ergänzung nicht genutzt wurde. Es schien geboten, die Hintergründe näher aufzuklären.

Erneut vollkommen unerwartet – kam mit der COVID-19-Pandemie ein erster sog. Lockdown, der auch die Gerichte massiv betraf.[9] Das Thema „Videokonferenz" stand aus dem Nichts auf der rechtspolitischen Agenda. Im Dezember 2020 erhielten 17.000 Mitglieder des Deutschen Richterbundes eV hierzu einen Fragebogen. Auf Basis eines aus der sozialpsychologischen Forschung entlehnten Technologieakzeptanzmodells sollten in dem daraus entstandenen Datensatz Einflussfaktoren identifiziert werden, die wesentliche Treiber eine Nutzung oder Nichtnutzung der Videokonferenz in der mündlichen Verhandlung waren.

C. Gang der Untersuchung

Aufgrund der zuvor genannten Entwicklungen geht diese Arbeit folgenden wesentlichen Fragen nach:

Grundlagenteil:

1) Welche Effizienzbegriffe gibt es?
2) Welche Rolle kann Effizienz im Recht allgemein und im Zivilprozess im Speziellen einnehmen?
3) Wie sind die Verfahren der EUBagatellVO und der ZPO ausgestaltet?

---

[9] Vgl. *Vanetta/Lemmer*, BB 2020, 1098 ff.

4) Wo ergeben sich abstrakt mögliche Effizienzdefizite der ZPO gegenüber der EUBagatellVO?

Untersuchungsteil:

1) Welche Maßnahmen einer stärkeren Formalisierung und Strukturierung des Zivilverfahrens können zur Effizienz beitragen?
2) Welche Faktoren sind ausschlaggebend für die Nutzung von Videokonferenztechnik in der mündlichen Verhandlung durch Richter und wie können die Beteiligten zu einer verstärkten Nutzung motiviert werden.

D. Methodische Ansätze

Wenngleich die Arbeit sich intensiver mit der EUBagatellVO befasst, geht es im Kern nicht um rechtsvergleichende Aspekte. Vielmehr dient die EUBagatellVO als Gedankenanstoß, um auf dieser Basis im Untersuchungsteil eigene Ideen für das deutsche Zivilverfahren zu entwickeln.

Für die Methodik wichtiger ist der in zweifacher Hinsicht interdisziplinäre Forschungsansatz: Einerseits erfolgt zur Bestimmung des Effizienzbegriffs ein Blick auf die Ökonomie sowie – kurz – zur Bestimmung eines Handlungsmodells ein Blick in die sozialwissenschaftliche Forschung. Andererseits liegt ein erheblicher Schwerpunkt im letzten Untersuchungsteil der Arbeit auf der empirischen Forschung. Hier wird das aus der sozialpsychologischen Forschung bekannte Technologieakzeptanzmodell auf einen rechtlichen Sachverhalt übertragen und der nach wissenschaftlichen Kriterien erhobene Datensatz auf Basis einer Strukturgleichungsanalyse ausgewertet.

Schließlich sollte während der gesamten Forschungsphase nicht nur wissenschaftlich gearbeitet werden, sondern dabei stets eine gewisse Praxisnähe erhalten bleiben.

Zweites Kapitel: Grundlagenteil

A. Effizienz als Rechtsprinzip im Zivilprozess

I. Effizienzbegriff

Im weiteren Verlauf dieser Arbeit sollen gesetzliche Regelungen auf ihre Effizienz hin untersucht und optimiert werden. Das erfordert eine genaue Bestimmung des Untersuchungs- und Optimierungsmaßstabs, mithin des Begriffs Effizienz.

Effizienz ist im Ursprung ein ökonomisches Konzept. Ein einfaches Verständnis dieses Konzeptes findet auch im allgemeinen Sprachgebrauch Verwendung. Daneben hat die Effizienz Eingang in das Recht gefunden: Die Teildisziplin der ökonomischen Analyse des Rechts versucht wirtschaftswissenschaftliche Konzepte in die rechtswissenschaftliche Forschung zu übertragen; die Rechtspraxis – zumeist unter dem Begriff der Prozessökonomie – macht hingegen den Effizienzbegriff für ihre Zwecke eines beschleunigten oder vereinfachten Verfahrens fruchtbar.

Auf diese drei unterschiedliche Begriffsverständnisse (allgemeiner Sprachgebrauch, Wirtschaftswissenschaft und Rechtswissenschaft) soll im Folgenden kurz eingegangen werden. Aus den gewonnenen Erkenntnissen entwickelt sich der Maßstab für den Untersuchungsteil dieser Arbeit.

1. Allgemeiner Sprachgebrauch

Für den Suchbegriff „*effizienz im alltag*" präsentiert die Internetsuchmaschine Google ca. 10 Millionen Treffer. Effizienz spielt danach im Alltag eine gewichtige Rolle. Man sollte annehmen, dass damit

T. Duhe, *Effizienz im Zivilprozess*, Juridicum – Schriften zum Zivilprozessrecht,
https://doi.org/10.1007/978-3-658-51616-1_2

auch ein einheitliches Begriffsverständnis einhergeht. Die ersten Treffer der Suchergebnisse sind geprägt durch Zeitmanagement-Tipps. Es scheint darum zu gehen, in der gleichen Zeit mehr Arbeit zu erledigen oder die gleiche Arbeit in kürzerer Zeit.

Eine einheitliche sprachliche Verwendung des Begriffs „Effizienz“ ist nicht erkennbar. Die Hinweise beziehen sich auf eine Art von Optimierung. Was, auf welche Weise und mit welchem Ziel optimiert wird, ist jedoch stets verschieden.

Der Duden gibt als Bedeutung von Effizienz *„Wirksamkeit und Wirtschaftlichkeit“* aus.[10] Erstere Bedeutung dürfte üblicherweise häufiger mit dem Begriff der Effektivität beschrieben werden. Eine Maßnahme ist effektiv, wenn das zuvor definierte Ziel erreicht wird. [11] Ob diese Maßnahme effizient ist, wäre weiter zu untersuchen. Was Wirtschaftlichkeit sein soll, bleibt daneben unklar.

Im alltäglichen Sprachgebrauch zeichnet sich somit nur ein diffuses Begriffsverständnis von Effizienz.

2. Ökonomischer Effizienzbegriff

Auch in den Wirtschaftswissenschaften existiert kein einheitlicher Effizienzbegriff. Immerhin sind die diversen Effizienzmodelle jedoch klarer definiert. Grundlegend ist der Wirtschaftlichkeitsbegriff (a)). Daran anschließend sollen im Folgenden auch die in der ökonomischen Analyse des Rechts diskutierten wohlfahrtsökonomischen[12] Effizienzbegriffe kurz

---

[10] *Duden*, Definition: Effizienz.

[11] *Gabler Wirtschaftslexikon*, Definition: Effektivität.

[12] Die Wohlfahrtsökonomie versucht – im Gegensatz zur Mikroökonomie –, Kriterien zur Beurteilung wirtschaftspolitischer Maßnahmen zu entwickeln; *Mathis*, Effizienz statt Gerechtigkeit?, S. 53.

umrissen und auf ihre Eignung zur Übertragung auf das Recht hin bewertet werden.

a) *Wirtschaftlichkeit*

Das Wirtschaftlichkeitsprinzip fordert die Optimierung einer Zweck-Mittel-Relation. Es bleiben danach sowohl Zweck als auch Mittel variabel. Auf Basis dieser Annahme enthält das Wirtschaftlichkeitsprinzip zwei Komponenten: Minimal- und Maximalprinzip.[13] Jede Optimierung darf nicht nur einseitig entweder den Zweck maximieren oder die Mittel minimieren, ohne Rücksicht auf den jeweils anderen Parameter zu nehmen. Das Maximalprinzip beinhaltet vielmehr, mit einem vorgegebenen Mitteleinsatz das bestmögliche Ergebnis zu erzielen. Beim Minimalprinzip soll ein gegebenes Ergebnis mit einem möglichst geringen Mitteleinsatz erreicht werden.[14] Bliebe man bei diesem Befund stehen, wäre wenig gewonnen. Man müsste sich stets für den einen oder anderen Ansatz entscheiden.

Minimal- und Maximalprinzip werden daher durch Differenz- und Quotientenansatz ergänzt.[15] Ersterer schreibt die Maximierung der Differenz von Nutzen und Kosten vor. Letzterer gebietet die Maximierung des Quotienten aus Nutzen und Kosten. Sofern Kosten und Nutzen den gleichen Nenner (üblicherweise Geldeinheiten) aufweisen, kann zunächst nach der Differenzmethode vorgegangen werden.[16] Die Differenzmethode

---

[13] *Arnim*, Wirtschaftlichkeit, S. 19 mit Verweis auf die Vorläufigen Verwaltungsvorschriften zu § 7 BHO; *Gabler Wirtschaftslexikon*, Definition: Wirtschaftlichkeitsprinzip.

[14] *Arnim*, Wirtschaftlichkeit, S. 19.

[15] *Ders.*, Wirtschaftlichkeit, S. 21–22.

[16] *Ders.*, Wirtschaftlichkeit, S. 22.

ist jedoch indifferent, wenn zwei Handlungsalternativen die gleiche Differenz aufweisen:

Alternative 1: Nutzen von 5 und Kosten von 3;

Alternative 2: Nutzen von 4, Kosten von 2.

Dann kann die Quotientenmethode zeigen, dass Handlungsalternative 2 ein besseres Kosten/Nutzen-Verhältnis aufweist und daher wirtschaftlicher ist. So lassen sich mithilfe des Wirtschaftlichkeitsprinzips Vorrangregeln bilden.

Praktische Probleme in der Anwendung dieses Prinzips ergeben sich dann vor allem in der konkreten Bewertung von Kosten und Nutzen.[17]

b) Pareto-Effizienz

aa) Begriff

Auf den italienischen Ökonomen *Vilfredo Pareto* geht das nach ihm benannte *Pareto*-Kriterium zurück.[18]

Es besagt, dass ein Zustand A einem anderen Zustand B überlegen – *Pareto*-superior – ist, wenn er eine beliebige Person in einer Gesellschaft besserstellt, ohne dass irgendeine andere Person schlechter gestellt ist.[19] Es genügt danach, dass nur eine Person mit ihrem Veto den Zustand B ablehnt, damit es zu keiner Veränderung kommt, auch wenn alle anderen Personen Zustand B bevorzugen würden. Andererseits ist es auch bereits ausreichend, dass lediglich eine Person Zustand B bevorzugt, solange nur

---

[17] Dazu noch →S. 103.

[18] *Pareto*, Manuel d'économie politique, 1909 zit. nach *Lieth*, Die ökonomische Analyse des Rechts, S. 45.

[19] *Schäfer/Ott*, Lehrbuch der ökonomischen Analyse des Zivilrechts, S. 13; *Eidenmüller*, Effizienz als Rechtsprinzip, S. 48; *Mathis*, Effizienz statt Gerechtigkeit?, S. 55.

alle anderen Personen hinsichtlich Zustand B und Zustand A indifferent sind. Der Zustandsvergleich erfolgt anhand eines ordinalen Nutzenbegriffs: Maßgeblich ist, ob ein Zustand besser, schlechter oder gleich gut ist. Es kommt nicht darauf an, ob ein Zustand doppelt so gut ist wie ein anderer.[20]

Aus diesem relativen Vergleich zweier Zustände folgt in absoluter Hinsicht, dass ein Zustand *Pareto*-effizient (manche sprechen von *Pareto*-optimal) ist, wenn keine weitere *Pareto*-superiore Verbesserung des Zustandes möglich ist.[21]

bb) Kurzkritik

Das Pareto-Kriterium scheint leicht handhabbar. Dennoch sieht es sich mannigfaltiger Kritik ausgesetzt.[22] Im Hinblick auf das Recht wird ein Kritikpunkt schnell deutlich: Rechtsetzung ebenso wie Rechtsprechung betreffen eine Vielzahl von Menschen, sodass es beinahe ausgeschlossen ist, dass ein *Pareto*-superiorer Zustand auftreten kann, weil stets irgendjemand schlechter gestellt wird.[23] Das könnte man nur vermeiden, indem man diese Personen in jedem Fall sofort entschädigt, sodass sich auch ihre Lage durch den neuen Zustand tatsächlich verbessert oder zumindest gleich bleibt. Eine solche Annahme ist unrealistisch.

In der Praxis würde das dazu führen, dass stets der *status quo* beibehalten werden müsste, weil jeder Person ein individuelles Veto-Recht

[20] *Eidenmüller*, Effizienz als Rechtsprinzip, S. 48; *Mathis*, Effizienz statt Gerechtigkeit?, S. 54.

[21] *Schäfer/Ott*, Lehrbuch der ökonomischen Analyse des Zivilrechts, S. 14; *Eidenmüller*, Effizienz als Rechtsprinzip, S. 48; *Mathis*, Effizienz statt Gerechtigkeit?, S. 55.

[22] Ausführlich *Mathis*, Effizienz statt Gerechtigkeit?, S. 58–61.

[23] Vgl. auch *Eidenmüller*, Effizienz als Rechtsprinzip, S. 49.

gegen neue Maßnahmen zustünde.[24] Die Effizienzfrage wäre damit auf die vorgeschaltete Ebene der Verteilung von Gütern bzw. Rechten verlagert.

Damit ist das *Pareto*-Kriterium bereits für die ökonomische Analyse des Rechts ungeeignet und erst recht für einen juristischen Effizienzbegriff.

c) *Kaldor-Hicks-Effizienz*

aa) Begriff

Die Schwäche des Pareto-Kriteriums, dass bereits eine einzige Person eine Veränderung des Zustandes verhindern kann, sucht das *Kaldor-Hicks*-Kriterium zu überwinden. Benannt nach den Ökonomen *Nicholas Kaldor* und *John R. Hicks*,[25] ist es das mit Abstand gebräuchlichste Effizienzkriterium.[26]

Ein Zustand B kann danach gegenüber Zustand A vorzugswürdig sein, obwohl Zustand B eine oder mehrere Personen schlechter stellt. Das sei unerheblich, solange die Vorteile der Gewinner bei Zustand B so groß sind, dass sie die Verlierer kompensieren könnten. Ob eine Kompensation tatsächlich erfolgt, ist irrelevant. Teilweise wird daher auch von *„potenzieller Pareto-Verbesserung"* gesprochen.[27] Es findet ein gradueller Nutzen-Vergleich statt.

Eine Spielart dieses Effizienzkriteriums ist die Kosten-Nutzen-Analyse.[28] Kosten und Nutzen einer Zustandsveränderung werden

---

[24] *Mathis*, Effizienz statt Gerechtigkeit?, S. 59.

[25] *Kaldor*, The Economic Journal 49 (1939), 549 ff.; *Hicks*, The Economic Journal 49 (1939), 696 ff.

[26] *Posner*, Economic analysis of law, S. 15.

[27] *Mathis*, Effizienz statt Gerechtigkeit?, S. 63.

[28] *Eidenmüller*, Effizienz als Rechtsprinzip, S. 51.

bewertet. Solange der Saldo positiv ist, kann man davon ausgehen, dass diejenigen, denen Kosten entstehen, durch den Nutzen entschädigt werden könnten – die Zustandsveränderung ist *Kaldor-Hicks*-effizient.[29]

bb) Kurzkritik

Auch das *Kaldor-Hicks*-Kriterium war schnell Gegenstand von Kritik.[30] Im Bereich der ökonomischen Analyse des Rechts stellt sich vor allen Dingen ein Mess- und Bewertungsproblem.[31] Das *Kaldor-Hicks*-Kriterium mag einfach handhabbare Ergebnisse liefern, solange eine Bemessung von Nutzen und Kosten in Geldeinheiten erfolgt. Abstrakten Rechtspositionen entsprechende konkrete Werte zuzuordnen, ist allerdings komplex. Dennoch kommt das *Kaldor-Hicks*-Kriterium für Zwecke dieser Arbeit grundsätzlich in Betracht.

d) Reichtumsmaximierung nach Posner

aa) Begriff

Eine weitere Spielart der Effizienz soll hier kurz Erwähnung finden, weil sie ein wesentlicher Baustein der Literatur zur ökonomischen Analyse des Rechts ist: das Prinzip der Reichtumsmaximierung (*wealth maximization theory*) nach *Posner*.[32]

Danach ist Zustand B dem Zustand A vorzuziehen, wenn der Reichtum in Zustand B höher ist als in Zustand A. Das setzt eine Definition des Begriffs „*Reichtum*" voraus, wobei der englische Begriff „*wealth*" in diesem Fall treffender mit Vermögen oder Wohlstand zu übersetzen sein dürfte. Auch hier findet also ein gradueller Kosten-Nutzenvergleich statt. Damit

---

[29] *Schäfer/Ott*, Lehrbuch der ökonomischen Analyse des Zivilrechts, S. 22.

[30] Ausführlich *Mathis*, Effizienz statt Gerechtigkeit?, S. 66–74.

[31] Ebenso *Eidenmüller*, Effizienz als Rechtsprinzip, S. 54.

[32] Grundlegend *Posner*, The Journal of Legal Studies Vol. 8 (1979), 103 ff.

unterscheidet sich das Reichtumsmaximierungsprinzip jedoch im Ergebnis nicht vom *Kaldor-Hicks*-Kriterium.[33]

bb) Kurzkritik

Posner selbst hat über die Jahre sein Konzept immer wieder revidiert und eingeschränkt. Insbesondere Gerechtigkeitsaspekte fanden zunehmend Berücksichtigung.[34] Die ökonomische Sichtweise trat mehr und mehr in den Hintergrund. Als eigenständiges Effizienzkriterium ist die (aktuelle) Reichtumsmaximierungstheorie damit nicht brauchbar. Der ursprüngliche Gedanke bietet gegenüber dem *Kaldor-Hicks*-Kriterium auch keinen Mehrwert.

e) Coase-Theorem

aa) Begriff

In einer Arbeit zu Effizienzbegriff und ökonomischer Analyse des Rechts darf das sog. *Coase*-Theorem nicht fehlen. Es geht auf *Ronald H. Coase* und seinen Aufsatz „*The Problem of Social Cost*" zurück.[35]

Danach soll der Tausch von Verfügungsrechten am Markt die ökonomischen Ressourcen effizient verteilen, sofern es keine Transaktionskosten gibt. Das *Coase*-Theorem trifft zwei Grundaussagen: Zum einen ist gewährleistet, dass durch Markttransaktionen die Verfügungsrechte immer dorthin gelangen, wo sie effizient verwendet sind. Das gilt unabhängig davon, bei wem die Verfügungsrechte zu Beginn lagen (sog. *Invarianzthese*). Zum anderen stellt sich im Ergebnis durch die Markttransaktionen und mangels Transaktionskosten immer ein *Pareto-*

---

[33] *Eidenmüller*, Effizienz als Rechtsprinzip, S. 54; *Mathis*, Effizienz statt Gerechtigkeit?, S. 194.

[34] Zur Entwicklung *Mathis*, Effizienz statt Gerechtigkeit?, S. 222–229.

[35] *Coase*, The Journal of Law & Economics 1960, 1 ff.

optimales Ergebnis der Verteilung der Verfügungsrechte ein (sog. *Effizienzthese*).[36]

Es handelt sich insofern um ein rechtspolitisches Programm, das nach einer Ermittlung und Bewertung der Rechtsfolgen auf Basis der Ökonomie Vorschläge zur Änderung der lex lata macht.[37] Eine eigenständige Definition des Effizienzbegriffs ergibt sich hieraus nicht. Vielmehr ist das *Coase*-Theorem lediglich eine auf das Recht zugeschnittene Ausformung des *Kaldor-Hicks*-Kriteriums.

bb) Kurzkritik

Auch *Coase* sah sich erheblicher Kritik ausgesetzt.[38] Bereits *Coase* selbst erkannte, dass eine Welt ohne Transaktionskosten immer eine Fiktion sein würde.[39] Erhebliche Kosten entstünden entweder durch das Aufrechterhalten eines Marktes oder bei legislativen Eingriffen.[40] Insofern ist die Übertragbarkeit auf praktische Fälle schwer denkbar. Eine Senkung von Transaktionskosten ist jedoch sicherlich erstrebenswert. Wenn Transaktionskosten vorhanden sind, sollte der Staat eine effiziente Zuordnung von Verfügungsrechten bereits selbst simulieren und die Rechte entsprechend verteilen. So wären keine Transaktionen notwendig.[41]

Daneben setzt die Verhandlungslösung von *Coase* voraus, dass die Verfügungsrechte klar zugeordnet und handelbar sind. Auch das dürfte in

---

[36] Vgl. *Mathis*, Effizienz statt Gerechtigkeit?, S. 77.

[37] Ähnlich *Eidenmüller*, Effizienz als Rechtsprinzip, S. 58.

[38] *Mathis*, Effizienz statt Gerechtigkeit?, S. 83–86.

[39] *Coase*, The Journal of Law & Economics 1960, 1, 15–19.

[40] *Ders.*, The Journal of Law & Economics 1960, 1, 44.

[41] Vgl. *Mathis*, Effizienz statt Gerechtigkeit?, S. 88.

der Realität selten anzutreffen sein.[42] Schließlich bestehen erhebliche Probleme, wenn – wie zumeist – mehr als zwei Akteure und ein Bündel an Verfügungsrechten betroffen sind.[43] Für Zwecke der Untersuchung des Verfahrensrechts fehlt es gleich an mehreren der zuvor genannten Bedingungen, sodass das *Coase*-Theorem für den Fortgang der Arbeit nicht relevant ist.

3. Juristischer Effizienzbegriff

Nur wenig genauer als die Alltagssprache ist das Effizienzverständnis vieler Juristen. Das überrascht angesichts der Tatsache, dass Juristen es gelernt haben, Begriffe stets mit mehr oder weniger ausgeklügelten Definitionen zu beschreiben.

Einen originär juristischen Effizienzbegriff hat die Rechtswissenschaft bis heute nicht entwickelt.[44] Die ökonomische Analyse des Rechts als Schnittstelle der Rechtswissenschaft zu den Wirtschaftswissenschaften gebraucht einen wirtschaftswissenschaftlichen Effizienzbegriff.[45] Im juristischen Bereich treten allerdings im Dunstkreis von Effizienzüberlegungen gehäuft die nachfolgenden Begriffe auf.

a) Wirtschaftlichkeit

Bedienen sich Juristen des Begriffs der Effizienz, stellen sie üblicherweise Zweck-Mittel-Relationen an: Gegebene Ziele sollen mit möglichst wenig Aufwand erreicht werden oder es sollen mit einem

---

[42] Hierauf basierend jedoch der Handel mit Emissionszertifikaten, s. *ders.*, Effizienz statt Gerechtigkeit?, S. 89–95.

[43] Vgl. auch *Lieth*, Die ökonomische Analyse des Rechts, S. 69.

[44] *Eidenmüller*, Effizienz als Rechtsprinzip, S. 55; *Pflughaupt*, Prozessökonomie, S. 31.

[45] Dazu bereits → S. 8 ff.

festgelegten Aufwand möglichst viele Ziele verwirklicht werden.[46] Die Ökonomie kennt dieses Effizienzverständnis unter dem Begriff der Wirtschaftlichkeit.[47] Es handelt sich damit nicht um einen originär juristischen Begriff. Er dient jedoch als Grundlage für die weitere Untersuchung und soll angesichts seiner Verbreitung unter Juristen – seltener als Terminus, vor allem aber als tatsächlich verwendetes Konzept – insofern auch an dieser Stelle als „juristischer" Effizienzbegriff genannt werden.

b) Prozessökonomie

Einem eigenständigen juristischen Effizienzverständnis am nächsten kommt der Begriff der Prozessökonomie (auch Verfahrensökonomie). Doch so häufig dieser Begriff in Literatur[48] und Rechtsprechung[49] auch Verwendung findet, so unbestimmt ist er.[50] Man sollte meinen, dass er über die vielen Jahre seiner Verwendung an Kontur gewonnen hätte. Immerhin findet sich eine Erwähnung der „*Prozessökonomie*" bereits in einem Urteil des Reichsgerichts von 1933.[51] Selbst der EuGH stellte schon 1962 Zweckmäßigkeitserwägungen „*aus Gründen der Prozessökonomie*"

---

[46] *Eidenmüller*, Effizienz als Rechtsprinzip, S. 55.

[47] Bereits → S. 9; ausführlich *Arnim*, Wirtschaftlichkeit, S. 21 ff.; Gabler Wirtschaftslexikon, Definition: Wirtschaftlichkeitsprinzip.

[48] *Stürner*, FS Coester-Waltjen, S. 855 ff.; *Koch*, Die Prozessökonomie als Auslegungskriterium der Zivilprozessordnung; *Pflughaupt*, Prozessökonomie; *Hütten*, Die Prozessökonomie als rechtserheblicher Entscheidungsgesichtspunkt; *Schumann*, FS Larenz, S. 271 ff.; *Mettenheim*, Der Grundsatz der Prozessökonomie im Zivilprozeß.

[49] Umfangreiche Nachweise aus der der Rechtsprechung bei *Koch*, Die Prozessökonomie als Auslegungskriterium der Zivilprozessordnung, S. 22 Fn. 16.

[50] Umfangreiche Nachweise bereits bei *Schumann*, FS Larenz, S. 271 ff.

[51] RG, Urt. v. 14.11.1933, Rs. II 163/33, RGZ 142, 223-231, 229.

an.[52] Bis in das Jahr 1903 zurück reichen die Erwähnungen in der Literatur.[53]

Leider überwiegt der Eindruck, dass das Begriffsverständnis von der Prozessökonomie auch heute noch je nach Anwendungsfall beliebig angepasst wird.[54]

So heißt es beispielsweise bei *Brehm* unter Vermischung diverser Begrifflichkeiten: „*Die ZPO ist zweckmäßig zu interpretieren. Sachdienlichkeit, Praktikabilität, Zweckmäßigkeit, Prozessökonomie (Prozesswirtschaftlichkeit, Verfahrensökonomie) umschreiben diesen wichtigen Auslegungsgesichtspunkt.*“[55]

Pflughaupt hält treffend fest: „*In Theorie und Praxis hat die Prozessökonomie eine Karriere als Allround-Argument gemacht, über dessen Einsatz vielleicht wirklich jedes Ergebnis begründet werden kann, das dem Gericht Arbeit erspart und das Gebrauch findet, als ob klar wäre, was unter ihm zu verstehen sei.*“[56]

Pflughaupt bemüht sich immerhin um eine Definition: Prozessökonomie sei die „*Wirtschaftlichkeit des gerichtlichen Verfahrens*“.[57] Auch diese Formulierung ersetzt zunächst nur einen unbestimmten Begriff durch einen anderen.

Pflughaupt bleibt richtigerweise nicht bei diesem Befund stehen, sondern unternimmt den Versuch einer weiteren Konkretisierung.

---

[52] EuGH, Urt. v. 14.12.1962, Rs. C-46/59, 853.

[53] *Stein*, Über die Voraussetzungen des Rechtsschutzes, insbesondere bei der Verurteilungsklage, 1902, S. 107 zit. nach *Schumann*, FS Larenz, S. 271, 275 Fn. 21.

[54] Ähnlich *Pflughaupt*, Prozessökonomie, S. 2.

[55] Stein/Jonas/*Brehm*, vor § 1 ZPO Rn. 110.

[56] *Pflughaupt*, Prozessökonomie, S. 3.

[57] *Ders.*, Prozessökonomie, S. 31.

Entscheidend sei eine Zweck-Mittel-Relation.[58] Die bereits erwähnten Minimal- und Maximalprinzip seien nicht für sich betrachtet zu verwirklichen. Vielmehr müssten sie in eine Balance gebracht werden. Durch die ebenfalls oben erwähnte Differenz- oder Quotientenbildung seien die effizienten Verhaltensalternativen zu bestimmen. Es kann danach nicht nur möglich sein, den Aufwand nur soweit zu senken bis auch der Nutzen sinkt. Vielmehr kann es sinnvoll sein, den Aufwand noch weiter zu senken, sodass auch der Nutzen sinkt, solange die Aufwandssenkung größer ist als die Nutzensenkung. Gleiches gilt umgekehrt im Hinblick auf Aufwandssteigerungen und Nutzensteigerungen.[59] Welche Grenzen hier verbleiben und wann die Differenz zwischen Aufwandssenkung und Nutzensenkung groß genug ist, um eine solche zu rechtfertigen, bleibt (leider) offen.

Letztlich zeichnet *Pflughaupt* (nur) den bereits oben geschilderten Wirtschaftlichkeitsbegriff nach. Bei ihm umfasst Prozessökonomie neben dem Zivilprozess allerdings auch alle weiteren gerichtlichen Verfahren.[60]

Auf eine nähere Bestimmung der zivilprozessualen Kosten und Nutzen, die in eine derartige Rechnung einzustellen sind, soll an dieser Stelle noch verzichtet werden. Der komplexen Thematik ist ein späterer Abschnitt dieser Arbeit gewidmet.[61]

c) Weitere Begriffe

Weitere Begriffe in Rechtswissenschaft und Rechtspraxis, die in Verbindung mit dem Effizienzgedanken stehen, sind u.a. Zweckmäßigkeit, Sachdienlichkeit, Beschleunigungsgrundsatz und

[58] *Ders.*, Prozessökonomie, S. 34.

[59] *Ders.*, Prozessökonomie, S. 36.

[60] *Ders.*, Prozessökonomie, S. 130.

[61] → S. 103 ff.

Konzentrationsgrundsatz. Lohnend ist auch ein Blick auf die Parallelen von Effizienz und Verhältnismäßigkeit. Diese weiteren Begriffe sollen im Folgenden kurz beleuchtet werden. Bei *v. Arnim* finden sich im Zusammenhang mit dem Wirtschaftlichkeitsprinzip noch die weiteren Begriffe der Rationalität, Sparsamkeit, Subsidiarität und des Gemeinwohls – mutmaßlich, weil er Wirtschaftlichkeit aus einer haushaltsrechtlichen Perspektive beleuchtet.[62] Sie sollen in dieser Arbeit keine weitere Rolle spielen.

aa) Zweckmäßigkeit

Eng verwandt mit dem Effizienzgedanken ist die Zweckmäßigkeit. So schreibt *Brehm*, die ZPO sei *zweckmäßig* zu interpretieren.[63] Dabei meint er gerade nicht die Verwirklichung der Prozesszwecke,[64] sondern einen prozessökonomischen Ansatz.

Der Begriff der Zweckmäßigkeit findet sich – anders als die Prozessökonomie – auch im Gesetzeswortlaut im Zusammenhang mit dem Ruhen des Verfahrens (§ 251 Abs. 1 S. 1 ZPO). Zweckmäßig soll in diesem Zusammenhang das Ruhen des Verfahrens sein, wenn mit hinreichender Sicherheit eine Förderung des stillzulegenden Verfahrens durch andere Maßnahmen zu erwarten ist.[65]

Aus dem Verwaltungsrecht ist die Prüfung eines Verwaltungsaktes auf seine Zweckmäßigkeit bekannt (vgl. § 68 Abs. 1 S. 1 VwGO). Aber auch die dogmatische Unterscheidung von Recht- und Zweckmäßigkeit führt in dieser Sache nicht weiter. Wenngleich die Zweckmäßigkeit von Verwaltungshandeln (und die Kontrolldichte der Gerichte) zu den

[62] *Arnim*, Wirtschaftlichkeit, S. 47–59.

[63] Stein/Jonas/*Brehm*, vor § 1 ZPO 110.

[64] Zu den Prozesszwecken → S. 59.

[65] OVG NRW, Urt. v. 23.05.1962, Rs. III B 264/62.

Grundfragen des Verwaltungsrechts zählt, fehlt eine brauchbare Definition, die man für die Zwecke des Zivilprozesses fruchtbar machen könnte.[66]

Nach *v. Arnim* meint Zweckmäßigkeit – ohne nähere Begründung – *„das Handeln gemäß gesetzten Zwecken und ihre möglichst weitgehende (optimale) Verwirklichung.“* So verstanden sind Wirtschaftlichkeit und Zweckmäßigkeit gleichzusetzen.[67]

Letztlich gilt damit auch im Hinblick auf die Zweckmäßigkeit, dass eine abstrakte Definition fehlt. Zumindest teilweise dürfte ein Gleichlauf mit dem oben beschriebenen Wirtschaftlichkeitsprinzip bestehen.

Als ein eigener zivilprozessualer Effizienzbegriff eignet sich die Zweckmäßigkeit danach jedenfalls nicht.

bb) Sachdienlichkeit

Auch der Begriff der Sachdienlichkeit erfährt ein ähnliches Schicksal wie der der Zweckmäßigkeit.

In der ZPO findet er Erwähnung bei der Zulassung als Beistand (§ 90 Abs. 1 S. 2 ZPO), im Zusammenhang mit sachdienlichen Anträgen der Parteien (§§ 139 Abs. 1 S. 2, 610 Abs. 4 ZPO), bei der Klagänderung (§§ 263, 533 Nr. 1 ZPO) sowie bei der Erteilung von Auskünften an Sachverständige (§ 1049 ZPO). Was hierunter zu verstehen ist, haben zwar Rechtsprechung und Kommentarliteratur versucht zu konkretisieren. Was *„der Sache dient“*, muss dennoch im Einzelfall bestimmt werden.

66 Zur "Blässe des Zweckmäßgkeitsbegriffs": *Neupert*, Rechtmäßigkeit und Zweckmäßigkeit, S. 14–22.

67 *Arnim*, Wirtschaftlichkeit, S. 57.

Es handelt sich zwar um eine Ausprägung des Prozessökonomiegedankens.[68] Auch wenn prozessökonomische Wertungen eine Rolle spielen, führt das aber nicht zu einem zivilprozessualen Effizienzbegriff. Die Argumentation mit dem Begriff der Sachdienlichkeit bleibt danach auf die vom Gesetz vorgegebenen Fälle beschränkt.

cc) Beschleunigungs- und Konzentrationsgrundsatz

Als Verfahrensgrundsätze des Zivilprozesses sind Beschleunigungs- und Konzentrationsmaxime anerkannt.[69] Der Beschleunigungsgrundsatz fordert lediglich die Förderung des Prozesses durch Gericht und Parteien.[70]

Oftmals meint derjenige, der von Effizienz spricht, damit vor allem eine beschleunigte Erledigung des Verfahrens.[71] Ob eine Beschleunigung allerdings auch effizient ist, hängt vom Einzelfall ab. Entscheidend sind Prozesszweckerreichung sowie die damit zusammenhängenden Kosten.

Ähnliches gilt zur Konzentrationsmaxime. Danach soll der Prozess im Regelfall in einem einzigen Termin zur mündlichen Verhandlung erledigt und entschieden werden (vgl. § 272 Abs. 1 ZPO).[72] Auch hierbei hängt es vom einzelnen Prozess ab, ob eine Konzentration auf einen Termin effizient ist, oder andere Verfahrensweisen wie z.B. ein schriftliches Verfahren zu einer ressourcenschonenderen Erledigung führen. Abstrakt ist ein Termin sinnvoll, wenn er zur Erledigung führt. Der Erkenntnisgewinn einer solchen Aussage ist indes begrenzt.

---

[68] MüKoZPO/*Becker-Eberhard*, § 263 Rn. 32.

[69] Stein/Jonas/*Kern*, vor § 128 Rn. 223.

[70] Stein/Jonas/*ders.*, vor § 128 Rn. 225–226.

[71] Vgl. *Pflughaupt*, Prozessökonomie, S. 116.

[72] Stein/Jonas/*Kern*, vor § 128 Rn. 224.

Beschleunigungs- und Konzentrationsgrundsatz sind insbesondere im Zusammenhang mit dem Anspruch auf Erledigung des Rechtsstreits in angemessener Zeit zu sehen.[73] Effizienz und Wirtschaftlichkeit gehen über diesen Teilaspekt hinaus.

dd) Verhältnismäßigkeit

Die Verhältnismäßigkeit ist ein aus dem Verwaltungs- und Verfassungsrecht bekannter Grundsatz. Staatliche Eingriffe in subjektive Rechte des Einzelnen müssen stets verhältnismäßig sein.[74] Er verdient an dieser Stelle Erwähnung, weil er interessante Parallelen zum Effizienzbegriff aufweist.

Beide Begriffe bezeichnen letztlich „*eine Methode zur Lösung eines Zielkonfliktes*".[75] Die Verhältnismäßigkeitsprüfung enthält üblicherweise folgende Elemente: legitimer Zweck, Geeignetheit des Mittels, Erforderlichkeit (kein gleich geeignetes milderes Mittel) und Angemessenheit (Abwägung der Grundrechtspositionen).[76] Die Geeignetheitsprüfung sortiert solche Mittel aus, die einen Zweck nicht erreichen können. Sie erfüllt damit eine Filterfunktion hinsichtlich schwerer Verstöße gegen das Maximalprinzip. Die Erforderlichkeitsprüfung entspricht dem bekannten Minimalprinzip. Sie fragt nach einer möglichen Mittelreduzierung bei Beibehaltung der Zweckerreichung.[77] Im Rahmen der Angemessenheit findet sodann eine Abwägung statt. Das ist zwar vergleichbar mit der Quotientenmethode des Wirtschaftlichkeitsprinzips. Die Angemessenheit prüft jedoch (nur),

---

[73] So bei Stein/Jonas/*ders.*, vor § 128 Rn. 223.

[74] Herzog/Scholz/Herdegen/Klein/*Grzeszick*, Art. 20 GG Rn. 107.

[75] *Lachmayer*, in: Recht und Ökonomik, S. 135, 144; zit. nach *Pflughaupt*, Prozessökonomie, S. 65.

[76] Herzog/Scholz/Herdegen/Klein/*Grzeszick*, Art. 20 GG Rn. 110-120.

[77] *Pflughaupt*, Prozessökonomie, S. 65; *Arnim*, Wirtschaftlichkeit, S. 55.

ob die Maßnahme eine vertretbare Lösung des Zielkonfliktes darstellt. Sie versucht gerade nicht aus einer Mehrzahl von Handlungsalternativen die optimale Lösung zu identifizieren, wie es das Wirtschaftlichkeitsprinzip macht.[78]

Insofern geht das Wirtschaftlichkeitsprinzip deutlich weiter bzw. es macht engere Vorgaben zur Lösung des Zielkonfliktes. Auch in einem anderen Punkt geht das ökonomische Prinzip über die Verhältnismäßigkeitsprüfung hinaus: Ist letztere in der Anwendung üblicherweise auf staatliche Eingriffe beschränkt, kann ersteres einen erheblich weiteren Anwendungsbereich für sich beanspruchen.[79]

Aufgrund der Nähe zum Wirtschaftlichkeitsbegriff könnte man den Verhältnismäßigkeitsbegriff mit Effizienzgedanken aufladen.[80] Das soll hier nicht weiter diskutiert werden. Beide Konzepte können problemlos nebeneinander existieren.

4. Zwischenergebnis

Es bleibt der Befund, dass ein spezifisch juristischer Effizienzbegriff weiterhin nicht existiert. Für die Zwecke dieser Arbeit soll daher Folgendes gelten: Der grundlegende Begriff der Wirtschaftlichkeit kann als allgemeines Prinzip auch im juristischen Bereich Anwendung finden. In Ermangelung einer einheitlichen Begriffsverwendung soll der Begriff der Prozessökonomie in dieser Arbeit lediglich als spezifische Wirtschaftlichkeit des Zivilverfahrens verwendet werden. Im Folgenden werden beide Begriffe deshalb auch als (quasi-) juristische Effizienzbegriffe zusammengefasst.

---

[78] *Arnim*, Wirtschaftlichkeit, S. 55.

[79] Ähnlich *Pflughaupt*, Prozessökonomie, S. 66.

[80] Vgl. *ders.*, Prozessökonomie, S. 69.

Daneben bleibt aus wohlfahrtsökonomischer Perspektive das Kaldor-Hicks-Kriterium. Auch dieses soll im späteren Verlauf der Arbeit noch eine Rolle spielen. Die weiteren wohlfahrtsökonomischen Begriffe bringen gegenüber diesem Begriff für den Untersuchungsgegenstand dieser Arbeit keinen Mehrwert.

II. Stellung der Effizienz im Recht

1. Einleitendes

Nach der definitorischen Frage, was Juristen und Ökonomen unter Effizienz verstehen, bleibt die Frage offen, welche Stellung *„die Effizienz“* im Rechtsgefüge einnehmen kann und soll. So verschieden die Effizienzbegriffe sind, so unterschiedlich erfolgt auch ihre Eingruppierung in die Rechtsdogmatik. Die Einordnung in der rechtswissenschaftlichen Literatur divergiert insbesondere auch deshalb, weil sich Autoren sowohl dem Begriff der Effizienz als auch weiteren Begriffen wie z.B. dem des Rechtsprinzips aus unterschiedlichen Blickwinkeln nähern. Als Standortbestimmung soll daher kurz der Begriff des Rechtsprinzips beleuchtet werden, bevor die Frage nach der Effizienz als Rechtsprinzip beantwortet werden kann. Daraus ergeben sich neben den Adressaten des „Prinzips“ auch die damit einhergehende Folge einer etwaigen Effizienzverletzung.

Die abstrakte dogmatische Verortung erfolgt dabei keineswegs als Selbstzweck: Die Frage nach der Rolle der Effizienz im Recht stellt sich vielmehr (zuerst) im Hinblick auf ihre konkrete Anwendung in Rechtswissenschaft und Rechtspraxis. Von der Position in der Hierarchie des Rechts hängt beispielsweise ab, ob und in welchem Umfang ein Richter im Rahmen eines unbestimmten Rechtsbegriffs Effizienzerwägungen berücksichtigen darf oder sogar muss.

Doch darf es überhaupt auf ökonomische Erwägungen ankommen, wenn es um Gerechtigkeit geht?

2. Die Extreme

Die historischen Extrempositionen, bei denen sich Effizienz und Gerechtigkeit unvereinbar gegenüberstehen, dürften überholt sein.[81] Sehr kritisch zur ökonomischen Analyse des Rechts äußerte sich seinerzeit beispielsweise *Fezer*: *„Kardinale Aufgaben des Rechts wie Freiheitsverbürgung, Menschenrechte, Verteilungsgerechtigkeit, Minderheitenschutz verkommen in der ökonomischen Rechtstheorie zum Sand im Getriebe der Effizienzplanung.*"[82] Andere hingegen gingen davon aus, wohlfahrtsökonomische Effizienzüberlegungen müssten der übergeordnete Maßstab für die Rechtssetzung sein.[83] Diese *„vermeintliche Dichotomie zwischen Effizienz und Gerechtigkeit*" [84] kann allerdings aufgelöst werden:

Einerseits haben die Befürworter der ökonomischen Analyse des Rechts ihre Beanspruchung eines absoluten Geltungsvorrangs aufgegeben. In *Posners* späteren Schriften ist das Effizienzkriterium beispielsweise nur eines von mehreren abwägungsrelevanten Kriterien.[85] Auch *Schäfer/Ott* stellen fest, dass Effizienzverluste zur Erreichung höherwertiger normativer Ziele hinzunehmen sind.[86] Auf der anderen Seite wird eine vollkommene Ablehnung der Übernahme

---

[81] Ausführlich zu diesem Begriffspaar *Mathis*, Effizienz statt Gerechtigkeit?, S. 230–247.

[82] *Fezer*, JZ 1988, 223, 228.

[83] So wohl noch *Schäfer/Ott*, Lehrbuch der ökonomischen Analyse des Zivilrechts, S. 6.

[84] *Breidenstein*, Zur Methodik der Verfahrensrechtsvergleichung, S. 91.

[85] *Posner*, Economic analysis of law, S. 27.

[86] *Schäfer/Ott*, Lehrbuch der ökonomischen Analyse des Zivilrechts, XL.

wirtschaftswissenschaftlicher Erkenntnisse auf das Recht, soweit ersichtlich, in der Rechtswissenschaft nicht mehr vertreten. Uneinigkeit besteht weiterhin über den Stellenwert im Sinne von Wichtigkeit sowie darüber, welchen Platz ökonomische Erwägungen in der rechtswissenschaftlichen Dogmatik einnehmen. Dazu verhält sich der nachfolgende Abschnitt.

3. Ein Rechtsprinzip?

Im Zusammenhang mit der dogmatischen Einordnung der Effizienz wird wahlweise davon gesprochen, sie sei gerade kein Rechtsprinzip[87], ein lokales Rechtsprinzip[88], ein generelles Prinzip der Rechtsordnung[89], oder sie sei sogar ein rechtsethisches Prinzip[90]. Was aber soll ein Rechtsprinzip sein?

a) Begriff des Prinzips

Grundlegend ist in rechtstheoretischer Hinsicht das Verständnis von *Alexy.*[91] Er grenzt Regeln von Prinzipien ab. Prinzipien haben keine Konditionalstruktur aus Tatbestand und Rechtsfolge, sondern geben eine „*Zielrichtung*"[92] vor. Sie kommen dann zum Tragen, wenn Regeln nicht existieren oder einen (Ermessens-) Spielraum gewähren. Im Kollisionsfall müssen Prinzipien gegeneinander abgewogen und möglichst weitgehend verwirklicht werden (Optimierungsgebot).[93] Es handelt sich um die aus

[87] *Arnim*, Wirtschaftlichkeit, S. 36.

[88] Für das Haushaltsrecht *Eidenmüller*, Effizienz als Rechtsprinzip, S. 465.

[89] *Grundmann*, RabelsZ 61 (1997), 423, 442.

[90] *Schumann*, FS Larenz, S. 271, 281.

[91] *Alexy*, Theorie der Grundrechte (auch bereits 1. Aufl. 1984).

[92] *Röhl/Röhl*, Allgemeine Rechtslehre, S. 288.

[93] *Alexy*, Theorie der Grundrechte, S. 75.

dem Verfassungsrecht bekannte Herstellung von praktischer Konkordanz.[94]

Reimer hat diese schematische Abgrenzung von Regeln und Prinzipien später zu Recht kritisiert.[95] Die Abgrenzung zu Regeln sei nicht zielführend, da Prinzipien nicht stets abwägungsfähig seien.[96] Prinzipien sind vielmehr durch ihre Generalität und Rechtsfolgenoffenheit gekennzeichnet.[97] Bereits der lateinischen Etymologie „*principium*" nach handelt es sich um Grundsätze, allgemeingültige Regeln oder eine Idee, die einer Sache zugrunde liegt. Dieser Herleitung folgend setzen Prinzipien voraus, dass sie nicht nur einen konkreten Einzelfall beschreiben, sondern eine für mehrere Fälle anwendbare Idee enthalten.[98] Der Terminus Grundsatz soll insofern synonym Gebrauch finden.

b) Prinzipienfindung

Die beschriebenen Prinzipienbegriffe sind als Näherungsversuch hilfreich. Danach könnten sowohl ökonomische Effizienzüberlegungen als auch Prozessökonomie unabhängig von dem genauen Prinzipienbegriff Rechtsprinzipien sein. Das offenbart jedoch auch bereits die Schwäche dieser offenen Prinzipienbegriffe: Sie sagen noch nichts darüber aus, wie man Prinzipien und insbesondere Rechtsprinzipien identifiziert.[99]

---

[94] Dazu *Lübbe-Wolf*, FS Kirchberg, S. 143–154.

[95] *Reimer*, Verfassungsprinzipien, S. 171–182.

[96] *Ders.*, Verfassungsprinzipien, S. 179.

[97] *Ders.*, Verfassungsprinzipien, S. 182.

[98] Wohl auch *Röhl/Röhl*, Allgemeine Rechtslehre, S. 288.

[99] Ähnlich *Eidenmüller*, Effizienz als Rechtsprinzip, S. 463.

Prinzipien zeigen die *„inneren Zusammenhänge der zahlreichen Einzelwertungen"*.[100] Sie können sich als übergeordnete Grundsätze aus Erwägungsgründen oder dem Normtext selbst ergeben. Ohne derartige explizite Aussage erfolgt die Prinzipienfindung induktiv durch Abstrahieren der wesentlichen Grundgedanken von Vorschriften und das Auffinden von gemeinsamen übergeordneten Gedanken, die diesen zugrunde liegen.[101]

Auch wenn das Vorherige als grundsätzliche Methode zur Prinzipienfindung plausibel klingt, bleibt dennoch eine Wertungsfrage, ab wann eine gemeinsame Idee mehrerer Normen die Stufe des Prinzips erreicht. Genügen bereits zwei Normen mit gleichem „Wesensgehalt"[102], um ein Prinzip für eine gesamte Rechtsordnung zu etablieren? Eine abstrakte Antwort auf diese Frage scheint unmöglich. Es liegt lediglich nahe, dass ein Prinzip wahrscheinlicher und vor allem in der Abwägung mit anderen Prinzipien gewichtiger ist, je mehr Normen den entsprechenden Gedanken abbilden.[103] Letztlich wird man diese Unschärfe auch mit der Frage der Reichweite des Prinzips lösen (müssen).

c) *Reichweite und Vorrangregeln*

Je nachdem wie „allgemein" derartig gefundene Prinzipien sind, können sie eine unterschiedliche Reichweite haben. Sie können lokal begrenzt wirken, weil sich eine entsprechende abstrakte Idee nur in einem Teilrechtsbereich finden lässt.[104] Ein solcher Teilrechtsbereich kann ein

---

[100] *Koch*, Die Prozessökonomie als Auslegungskriterium der Zivilprozessordnung, S. 33.

[101] *Larenz/Canaris*, Methodenlehre der Rechtswissenschaft.

[102] *Canaris*, Systemdenken und Systembegriff in der Jurisprudenz, S. 48.

[103] Ähnlich *Koch*, Die Prozessökonomie als Auslegungskriterium der Zivilprozessordnung, S. 36.

[104] Vgl. *Eidenmüller*, Effizienz als Rechtsprinzip, S. 464.

bestimmtes materielles Gebiet umfassen (z.B. das Steuerrecht) oder auch das Verfahrensrecht insgesamt oder nur das Zivilverfahrensrecht. Im Zivilverfahrensrecht sind Prinzipien beispielsweise die bekannten Prozessmaximen.[105] Das Rechtsprinzip muss dabei nicht in jeder einzelnen Norm zum Ausdruck kommen, um Geltung für den Teilrechtsbereich zu erlangen.[106]

Prinzipien können aber auch global – mithin für das gesamte Recht – Geltung beanspruchen, wie z.B. die aus der Verfassung abgeleiteten Prinzipien des Rechtsstaats oder der Demokratie.[107]

Der Begriff des Rechtsprinzips könnte damit sowohl ökonomische Effizienz als auch rechtliche Effizienz im Sinne von Wirtschaftlichkeit und Prozessökonomie umfassen. Dazu müssten sich einzelne Effizienzbegriffe in einzelnen Rechtsgebieten als übergeordnete Idee zeigen oder sogar verfassungsmäßig abgesichert sein.

An dieser Stelle können nicht erschöpfend alle geschriebenen und ungeschriebenen Elemente des Rechts auf einen gegebenenfalls abzuleitenden globalen oder lokalen Effizienzgrundsatz hin untersucht werden. Im Folgenden muss vielmehr eine Auswahl erfolgen, die jedenfalls das für den Fortgang der Arbeit relevante Zivilverfahrensrecht erfassen soll.

d) Globales Rechtsprinzip der Effizienz?

aa) Ökonomische Effizienz

Ein verfassungsrechtlich fundiertes Prinzip ökonomischer Effizienz, das diese zu einem globalen Rechtsprinzip erheben würde, existiert

---

[105] Dazu noch → S. 61 ff.

[106] Prütting/Gehrlein/*Prütting*, Einl. Rn. 23.

[107] Vgl. *Eidenmüller*, Effizienz als Rechtsprinzip, S. 464.

nicht.[108] Zunächst findet ökonomische Effizienz im Normtext der Verfassung keine Stütze. Die Verfassung kennt auch das (Staats-) Ziel der Wohlfahrtsmaximierung der Gesamtheit nicht. Vielmehr zielt sie mit dem umfangreichen Grundrechtekatalog auf Sicherung der Rechte des Einzelnen. Ausnahmen bilden explizit erwähnte Staatszielbestimmungen wie z.B. der Umweltschutz (Art. 20a GG). Die Wohlfahrtsmaximierung zählt nicht dazu.

Zwar bilden diese subjektiven Rechte in ihrer Gesamtheit eine objektive Werteordnung, die den Gesetzgeber und alle staatliche Gewalt in ihrem Handeln bindet.[109] Wohlfahrtsökonomische Effizienz ist allerdings nicht Teil dieser objektiven Werteordnung. Zurecht verweist *Eidenmüller* darauf, dass nach der Rechtsprechung des Bundesverfassungsgerichts aus dem Grundgesetz nicht einmal eine bestimmte Wirtschaftsverfassung wie die soziale Marktwirtschaft folgt. Dann kann sich aus der Verfassung erst recht keine Bindung des Gesetzgebers an ein wohlfahrtsökonomisches Effizienzkriterium ergeben.[110]

Noch fernliegender wäre die Behauptung, ökonomische Effizienz sei ein im Zivilrecht, Öffentlichen Recht und Strafrecht gleichermaßen verankerter Gedanke. Das wird – soweit ersichtlich – auch nicht vertreten.

---

[108] Ebenso *ders.*, Effizienz als Rechtsprinzip, S. 464.

[109] BVerfG, Urt. v. 15.01.1958, Rs. 1 BvR 400/57, BVerfGE 7, 198.

[110] *Eidenmüller*, Effizienz als Rechtsprinzip, S. 445.

bb) Juristische Effizienz

Jedenfalls die Prozessökonomie kann schon begrifflich kein globales Rechtsprinzip sein, weil sie sich auf einen spezifischen Bereich des Rechts, nämlich das Verfahren, beschränkt.

Für ein allgemeines Wirtschaftlichkeitsprinzip ist das Ergebnis weniger eindeutig.[111] Immerhin findet „*die Wirtschaftlichkeit*“ explizit in Art. 114 Abs. 2 GG Erwähnung. Unabhängig von der genauen Reichweite des dort an den Bundesrechnungshof gerichteten Prüfungsauftrags, ist jedoch klar, dass die Landesbehörden nur durch eine ähnliche Vorschrift in den Landesverfassungen gebunden werden können. Eine solche existiert nicht durchgängig.[112] Jedenfalls kann über Art. 114 Abs. 2 GG auch kein derartiger Eingriff in die richterliche Unabhängigkeit erfolgen, dass der Bundesrechnungshof die Entscheidungen der Judikative in der Sache und hinsichtlich des Verfahrens auf Wirtschaftlichkeit überprüft.[113] Damit ist die Wirtschaftlichkeit kein globales Rechtsprinzip, das verfassungsrechtlich fundiert alle Rechtsbereiche durchzieht.[114]

e) Lokale Rechtsprinzipien der Effizienz?

Nachdem weder ökonomische noch juristische Effizienz als globale Rechtsprinzipien gesehen werden können, bleibt die Möglichkeit, dass sie zumindest in Teilbereichen des Rechts den Status eines Prinzips einnehmen. Im Folgenden soll das für den Fortgang der Arbeit relevante Zivilverfahrensrecht daraufhin untersucht werden.

---

[111] Zu diversen Begründungsansätzen *Pflughaupt*, Prozessökonomie, S. 160–169.

[112] *Ders.*, Prozessökonomie, S. 162 mit Verweis auf *Gersdorf*, Öffentliche Unternehmen im Spannungsfeld zwischen Demokratie- und Wirtschaftlichkeitsprinzip, S. 443.

[113] *Franz*, in: Schulze-Fielitz (Hrsg.), Fortschritte der Finanzkontrolle in Theorie und Praxis, 2000, S. 76, 88.

[114] Ebenso *Pflughaupt*, Prozessökonomie, S. 178; wohl auch bereits *Leisner*, Effizienz als Rechtsprinzip, 1971, S. 30.

aa) Ökonomische Effizienz

Insbesondere die Vertreter der ökonomischen Analyse des Rechts haben vielfach den Versuch unternommen, das Zivilrecht auf ökonomische Effizienzerwägungen zurückzuführen. Viele Rechtsprinzipien seien lediglich „*Konkretisierungen des Effizienzprinzips*".[115] Das mag z.B. im Bereich der Gefährdungshaftung einleuchtend sein. An anderer Stelle – *Eidenmüller* verweist zurecht auf die von ökonomischen Gesichtspunkten abweichende juristische Bewertung von Personenschäden[116] – ist es das weniger. Letztlich dreht sich die Diskussion jedoch fast ausschließlich um das materielle Zivilrecht. Ob ökonomische Effizienz ein Rechtsprinzip des Zivilverfahrens ist, spielt in dieser Kontroverse zumeist keine Rolle. Wenn an anderer Stelle sodann Effizienz und Zivilprozess verknüpft werden, erfolgt dies ohne Klarheit, welcher Effizienzbegriff denn maßgeblich sein soll.

Im in dieser Arbeit definierten Sinne verfolgt ökonomische Effizienz als alleiniges Ziel die Wohlfahrtsmaximierung. Dieses Ziel kollidiert jedoch mit den Zwecken des Zivilprozesses[117] und dort insbesondere mit der Durchsetzung subjektiver Rechte. Zumindest teilweise werden bewusst Ineffizienzen hingenommen, um eine „gerechte" Lösung zu erzielen. Ökonomische Effizienz findet auch keinerlei Stütze im Normtext oder an anderer Stelle, die für die Prinzipienidentifikation relevant wäre. Bereits aus diesem Grund ist ökonomische Effizienz kein Rechtsprinzip des Zivilverfahrens.

---

[115] *Ott*, Allokationseffizienz, S. 25, 28.

[116] *Eidenmüller*, Effizienz als Rechtsprinzip, S. 470.

[117] Zu den Prozesszwecken → S. 59.

bb) Juristische Effizienz

Anders fällt der Befund hinsichtlich Wirtschaftlichkeit und Prozessökonomie im Zivilverfahrensrecht aus. Wie oben gezeigt, zeichnet den Wirtschaftlichkeitsbegriff gerade seine Zweckoffenheit aus, sodass auch die Zwecke des Zivilprozesses als Ziele in Betracht kommen. Die Prozessökonomie wurde dabei lediglich als Wirtschaftlichkeit im Rahmen des Zivilverfahrens definiert. [118] Wenn die Prozessökonomie ein Rechtsprinzip des Zivilverfahrens ist, ist damit gleichzeitig auch das Wirtschaftlichkeitsprinzip ein lokales Rechtsprinzip des Zivilprozesses.

(i) Einfachrechtliche Fundierung

Das setzt voraus, dass die Prozessökonomie entweder als solche in der ZPO normiert ist oder zumindest einer hinreichend großen Zahl von Regelungen der ZPO zugrunde liegt. Die ZPO kennt den Begriff der Prozessökonomie nicht. Lediglich verwandte Begriffe wie Sachdienlichkeit und Zweckmäßigkeit sind im Normtext ausdrücklich genannt. [119] Dennoch stehen hinter diversen Regelungen (auch) prozessökonomische Überlegungen. Eindrücklichstes Beispiel ist das Bagatellverfahren nach § 495a ZPO mit seinen erheblichen Verfahrenserleichterungen bei geringen Streitwerten. [120] Wirtschaftlichkeitserwägungen stehen auch hinter Zuständigkeitsvorschriften und der Möglichkeit der Trennung und Verbindung von Prozessen (§§ 145, 147 ZPO). Die Videokonferenz nach § 128a ZPO oder die Möglichkeit des schriftlichen Verfahrens (§ 128 Abs. 2 S. 1 ZPO) zählt ebenso hierzu wie die Präklusionsvorschriften oder die Konzentration auf einen Termin (§ 272 Abs. 1 ZPO). Diese Aufzählung

---

[118] Insofern ein engeres Begriffsverständnis als *Pflughaupt*, Prozessökonomie, S. 130.

[119] Dazu schon → S. 20.

[120] Dazu noch → S. 74.

lässt sich beliebig fortsetzen.[121] Der angesprochene Ausschnitt dürfte aber bereits genügen, um eine hinreichende Verankerung der Idee von Wirtschaftlichkeit in der ZPO zu belegen.

(ii) Verfassungsrechtliche Fundierung

Auch verfassungsrechtlich ergeben sich Vorgaben für den Zivilprozess, die letztlich prozessökonomische Erwägungen beinhalten. „*Verfassungsrechtliche Säulen*“[122] der Prozessökonomie sind insbesondere die Rechtsweggarantie des Art. 19 Abs. 4 GG zusammen mit dem aus dem Rechtsstaatsprinzip (Art. 20 Abs. 3) in Verbindung mit der allgemeinen Handlungsfreiheit (Art. 2 Abs. 1 GG) abgeleiteten allgemeinen Justizgewährungsanspruch. Einzelne Aspekte der Prozessökonomie finden eine Stütze auch im Gebot rechtlichen Gehörs (Art. 103 Abs. 1 GG) und dem Recht auf ein faires Verfahren.

Insbesondere Art. 19 Abs. 4 GG wurde schon vor einiger Zeit als „*Quelle einer spezifischen Rechtsprechungseffizienz*“ bezeichnet.[123] Die Rechtsweggarantie beinhaltet die Garantie wirksamen Rechtsschutzes. Wirksamer Rechtsschutz bedeutet aber gerade auch „*Rechtsschutz in angemessener Zeit*“.[124] Das in der Forderung nach angemessener Verfahrensdauer zum Ausdruck kommende Beschleunigungsgebot verlangt – ganz prozessökonomisch – nicht eine Beschleunigung um jeden Preis, sondern gerade eine Abwägung mit den zu erreichenden Zielen. Insofern setzt es auch einer „*Überbeschleunigung*“ Grenzen und

---

[121] Vgl. weitere Normen bei *Koch*, Die Prozessökonomie als Auslegungskriterium der Zivilprozessordnung, S. 39–40; sowie bei Stein/Jonas/*Brehm*, vor § 1 ZPO Rn. 112.

[122] *Pflughaupt*, Prozessökonomie, S. 248.

[123] *Pitschas*, in: ders. (Hrsg.), Die Reform der Verwaltungsgerichtsbarkeit, 1999, S. 59, 81; zit. nach *Pflughaupt*, Prozessökonomie, S. 186.

[124] BVerfG, Urt. v. 16.12.1980, Rs. 2 BvR 419/80, NJW1981, 1499 = BVerfGE 55, 349, 1500.

gebietet so eine Balance zwischen Schnelligkeit und Vollständigkeit des Prozesses.[125]

Problematisch an dieser Konstruktion für ein lokales Rechtsprinzip des Zivilverfahrens ist der auf den Rechtsschutz gegen Akte der öffentlichen Gewalt beschränkte Anwendungsbereich des Art. 19 Abs. 4 GG. [126] An dieser Stelle hilft jedoch der allgemeine Justizgewährungsanspruch, der die gleichen Rechtsschutzgarantien auch auf Verfahren in privatrechtlichen Streitigkeiten erstreckt.[127]

Dieses Ergebnis einer verfassungsrechtlichen Absicherung der Prozessökonomie untermauert Art. 103 Abs. 1 GG. Der dortige Anspruch auf rechtliches Gehör beinhaltet auch das Recht auf rechtzeitiges Gehör.[128] Der Inhalt geht damit allerdings nicht über den allgemeinen Justizgewährungsanspruch hinaus.

Gleiches gilt für das aus dem Rechtsstaatsprinzip in Verbindung mit der allgemeinen Handlungsfreiheit abgeleitete Recht auf ein faires Verfahren.[129] Ein faires Verfahren bedeutet immer auch erschwinglicher Rechtsschutzes sowie Rechtschutz in angemessener Zeit. [130] Aus prozessökonomischer Sicht deckt das bereits der allgemeine Justizgewährungsanspruch ab.[131]

[125] *Pflughaupt*, Prozessökonomie, S. 188–189.

[126] Herzog/Scholz/Herdegen/Klein/*Schmidt-Aßmann*, Art. 19 Rn. 45 ff.

[127] BVerfG, Urt. v. 30.04.2003, Rs. 1 PBvU 1/02, NJW2003, 1924 ff.; ausführlich *Maurer*, FS Bethge, S. 551 ff.

[128] Vgl. Herzog/Scholz/Herdegen/Klein/*Remmert*, Art. 103 Rn. 73.

[129] BVerfG, Urt. v. 04.05.2004, Rs. 1 BvR 1892/03, NJW 2004, 2887.

[130] Ähnlich *Pflughaupt*, Prozessökonomie, S. 202–206.

[131] Zu weiteren verfassungsrechtlichen Begründungsansätzen s. *ders.*, Prozessökonomie, S. 179–249.

(iii) Dennoch kein lokales Rechtsprinzip?

Koch behauptet, die Prozessökonomie sei kein lokales Rechtsprinzip, weil die oben genannten Vorschriften der ZPO nach einer Minimierung des prozessualen Aufwands streben würden, nicht jedoch gleichzeitig nach einer größtmöglichen Verwirklichung der Prozesszwecke. Das sei für einen Verfahrensgrundsatz der Prozessökonomie aber erforderlich.[132]

Diese Sichtweise überzeugt nicht: Sollte die ZPO Vorschriften beinhalten, die den Prozesszwecken nicht dienen, müsste man diese Vorschriften aus der ZPO streichen. Jede der oben genannten Vorschriften zielt (auch) auf die – zumindest mittelbare – Verwirklichung der Prozesszwecke. Die Prozessökonomie hingegen verlangt– entgegen *Koch* – nicht die größtmögliche Prozesszweckerreichung, sondern ein Austarieren von Kosten und Nutzen. Genau das gewährleisten die zuvor genannten Regeln der ZPO: Eine erhebliche Kosteneinsparung kann prozessökonomisch zu einem leicht verringerten Nutzenergebnis (Prozesszweckerreichung) führen, solange verfassungsrechtliche Mindestgarantien eingehalten werden. Das ist das Wesen der Wirtschaftlichkeit. Dieses Wesen kommt in der ZPO hinreichend zum Ausdruck, sodass von einem lokalen Rechtsprinzip der Wirtschaftlichkeit im Zivilverfahren ausgegangen werden kann.

4. Adressaten

Was folgt aus der Einordnung der Prozessökonomie als lokales Rechtsprinzip und der Ablehnung eines Rechtsprinzips ökonomischer Effizienz? Die Einordnung hat insbesondere direkte Auswirkungen auf die Frage, wer die Effizienzkonzepte in der Praxis anwenden kann und muss. Als Adressaten eines Effizienzprinzips kommen grundsätzlich Judikative,

[132] *Koch*, Die Prozessökonomie als Auslegungskriterium der Zivilprozessordnung, S. 42.

Legislative und Exekutive in Betracht. Daneben könnte sich das Effizienzpostulat auch an weitere Teilnehmer des Rechtsverkehrs richten.

a) Gesetzgeber

Sofern die Prozessökonomie als lokales Prinzip des Zivilverfahrensrechts aus einfachen ZPO-Vorschriften deduziert wurde, bindet sie den Gesetzgeber grundsätzlich nicht.[133] Als Gesetzgeber kann er das einfache Recht ändern, wodurch sich auch neue Rechtsprinzipien ergeben können oder althergebrachte Prinzipien verschwinden.

Nachdem die Prozessökonomie jedoch auch unmittelbar aus der Verfassung folgt, ist der Gesetzgeber gehalten, diese im Rahmen der Gesetzgebung zu berücksichtigen. Hierbei steht es ihm aber frei, sie in der Abwägung mit anderen Rechtsprinzipien entsprechend zu gewichten. Es bleibt insofern ein weiter Ermessensspielraum.[134]

Daneben ist der Gesetzgeber nicht zwingend daran gebunden, ökonomische Effizienzüberlegungen anzustellen, weil die Wohlfahrtsökonomik nicht aus der Verfassung abzuleiten ist. Damit ist allerdings noch nicht gesagt, ob die Verfassung es ihm sogar verbietet, ökonomische Effizienzentscheidungen in Gesetzesform zu gießen. Entsprechende Grenzen können sich insbesondere aus den Grundrechten als Abwehrrechten des Einzelnen gegen den Staat ergeben. Nachdem die ökonomische Effizienz nicht selbst Verfassungsrang genießt, ist eine Einschränkung von Grundrechten nur möglich, sofern der Gesetzgeber durch einen allgemeinen (einfachen) Gesetzesvorbehalt dazu ermächtigt

---

[133] AA ohne Begründung *ders.*, Die Prozessökonomie als Auslegungskriterium der Zivilprozessordnung, S. 36.

[134] *Pflughaupt*, Prozessökonomie, S. 277.

ist (z.B. Art. 2 Abs. 2 S. 3 GG). Weder qualifizierte Gesetzesvorbehalte noch verfassungsimmanente Schranken kommen in Betracht.[135]

Eine verfassungskonforme Einschränkung setzt ferner voraus, dass der Eingriff verhältnismäßig ist.[136] Zwar scheinen danach einer wohlfahrtsökonomischen effizienzorientierten Gesetzgebung auf den ersten Blick enge Grenzen gesetzt. Bei genauerem Hinsehen entpuppen sich die Schranken jedoch als weit.[137]

Grundrechte sind vor allem Freiheitsrechte wie z. B. die Glaubens- (Art. 4 Abs. 1 GG), Meinungs- (Art. 5 Abs. 1 GG) oder Versammlungsfreiheit (Art. 8 Abs. 1 GG). Entsprechende Eingriffe aufgrund wohlfahrtsökonomischer Überlegungen sind zwar möglich, aber bisher theoretischer Natur. Die Diskussion zur Effizienzsteigerung betrifft überwiegend das Privatrecht. Dort dürfte häufig lediglich die allgemeine Handlungsfreiheit (Art. 2 Abs. 1 GG) betroffen sein. Diese steht jedoch unter einem einfachen Gesetzesvorbehalt, und wohlfahrtsökonomische Wertungen dürften bis auf extreme Ausnahmen auch in der Verhältnismäßigkeitsabwägung selten zu einem verfassungswidrigen Gesetz führen.[138]

b) Richter

Sind Richter „*Promotoren des Effizienzdenkens*“[139]? Der Richter ist zunächst an Recht und Gesetz gebunden (Artt. 97 Abs. 1, 100 GG). Wenn es eine Rechtsregel zu einer Rechtsfrage gibt, muss er diese anwenden. Das Gesetz mag dem Richter jedoch einen gewissen Spielraum gewähren,

---

[135] *Eidenmüller*, Effizienz als Rechtsprinzip, S. 447.

[136] Ausführlich Herzog/Scholz/Herdegen/Klein/*Grzeszick*, Art. 20 GG Rn. 107-120.

[137] Ähnlich *Eidenmüller*, Effizienz als Rechtsprinzip, S. 447.

[138] Ebenso *ders.*, Effizienz als Rechtsprinzip, S. 448.

[139] Formulierung bei *ders.*, Effizienz als Rechtsprinzip, S. 414.

indem es unbestimmte Rechtsbegriffe verwendet oder mehrere Alternativen von Rechtsregeln für die Lösung einer Rechtsfrage bietet (zu einem Beispiel sogleich). [140] An anderer Stelle mögen einschlägige Regelungen zur Lösung der Rechtsfrage völlig fehlen. Diese Lücken kann und muss der Richter durch Rückgriff auf Rechtsprinzipien schließen.[141] Auch sie sind Teil des Rechts, an das er gebunden ist. Dabei muss der Richter verschiedene lokale wie globale Rechtsprinzipien untereinander abwägen. Nachdem die Prozessökonomie ein lokales Rechtsprinzip darstellt, ist auch sie ein Abwägungsgesichtspunkt, den der Richter berücksichtigen darf und als Teil des Rechts sogar berücksichtigen muss.[142]

Ein Beispiel aus dem Zivilverfahrensrecht wäre das richterliche Ermessen, ob ein Verfahren zunächst mit einem frühen ersten Termin beginnen soll oder im schriftlichen Vorverfahren umfangreich vorbereitet wird (vgl. §§ 275 Abs. 1, 286 Abs. 1 ZPO). Hierbei sind prozessökonomische Erwägungen zu berücksichtigen. Gleiches gilt bei der Frage, wie der Richter das Verfahren strukturiert und welche Hinweise er erteilt (§ 139 Abs. 1 ZPO).

Nachdem ökonomische Effizienz weder ein globales noch ein lokales Rechtsprinzip darstellt, muss der Richter sie nicht zur Lückenfüllung heranziehen. Sie ist nicht Teil des Rechts. Andererseits ist es dem Richter nicht verboten, ökonomische Effizienzerwägungen anzustellen. Es mag an dieser Stelle jedoch bezweifelt werden, ob der Richter stets die Ressourcen aufwenden kann, um die Auswirkungen auf die Gesamtwohlfahrt zu

[140] *Pflughaupt*, Prozessökonomie, S. 313.

[141] *Eidenmüller*, Effizienz als Rechtsprinzip, S. 397–404 auch zur aA, die den Richter in diesen Fällen faktisch zum Gesetzgeber machen wollen (sog. Folgenorientierung) .

[142] *Pflughaupt*, Prozessökonomie, S. 276.

bestimmen.[143] Grenzen für die Berücksichtigung ökonomischer Effizienz ergeben sich schließlich sowohl aus dem einfachen Recht als auch aus der Verfassung. Nachdem ökonomische Effizienz auch kein Rechtsprinzip des Zivilverfahrens ist, dürfte sie regelmäßig von den Verfahrensprinzipien verdrängt werden.

Es kann vorkommen, dass ein prozessökonomisches Ergebnis auch gleichzeitig wohlfahrtsökonomisch effizient ist. Dann ist aber nicht die wohlfahrtökonomische Effizienz der Leitgedanke, sondern die Prozessökonomie als lokales Rechtsprinzip.

c) *Exekutive*

Auch die Exekutive kommt als Adressat von Rechtsprinzipien in Betracht. Im Zivilverfahrensrecht spielt sie jedoch – im Gegensatz zum Straf- oder öffentlichen Recht – auf den ersten Blick keine Rolle. Am Rande sei erwähnt, dass eine Bindung der Exekutive an das – wie oben gezeigt auch verfassungsrechtlich abgesicherte lokale Rechtsprinzip der Prozessökonomie – relevant werden kann, sofern ihr die *„Bereitstellung der erforderlichen Ressourcen“* für die Judikative obliegt.[144]

d) *Verfahrensbeteiligte*

Schließlich kommen abstrakt auch die betroffenen Parteien als Adressaten des Effizienzprinzips in Betracht. Im Verfahren sind das die Beteiligten wie z.B. Kläger und Beklagter sowie deren Vertreter. Sie sind zwar an das Recht gebunden, können aber nicht Adressaten eines Rechtsprinzips in dem Sinne sein, dass dieses Prinzip diejenigen Spielräume einschränken könnte, die die Rechtsregeln ihnen lassen. Beteiligte können und sollten prozessökonomische Überlegungen

[143] Ähnlich *Eidenmüller*, Effizienz als Rechtsprinzip, S. 428.

[144] Vgl., Dreier/*Schulze-Fielitz*, Art. 19 Abs. 4 GG Rn. 85.

anstellen. Ob sie ihr Handeln auch daran ausrichten, bleibt jedoch ihnen überlassen. Letztlich ist es die Aufgabe von Gesetzgeber und Richter ein prozessökonomisches Verfahren sicherzustellen und die Beteiligten durch eine entsprechende Verfahrensausgestaltung (mittelbar) zu effizientem Verhalten zu bewegen.[145]

Noch viel weniger als die Prozessökonomie als Rechtsprinzip kann von einzelnen Beteiligten ein Handeln gemäß wohlfahrtsökonomischer Effizienz verlangt werden. Der Einzelne darf zu seinem Vorteil handeln und muss dabei nicht die Gesamtwohlfahrt im Blick behalten. Wohlfahrtsökonomische Effizienz ist in der Terminologie *Alexys*[146] – wenn überhaupt – ein kollektives Gut des Rechtssystems, nicht jedoch eine Pflicht des Einzelnen.[147]

5. Verletzung eines Rechts auf Effizienz?

Die zuvor diskutierte Frage der Adressaten eines Rechtsprinzips der Effizienz führt auch zu der Frage, welche Konsequenzen ein ineffizientes Handeln der Adressaten haben kann und ob das Rechtsprinzip der Effizienz sogar dem Einzelnen einen durchsetzbaren Anspruch auf effizientes Handeln gewährt. Nachdem die wohlfahrtsökonomische Effizienz weder ein globales noch ein lokales Rechtsprinzip des Zivilverfahrensrechts darstellt, beschränken sich die folgenden Gedanken auf die Prozessökonomie als lokales Rechtsprinzip des Zivilverfahrensrechts.

---

[145] *Pflughaupt*, Prozessökonomie, S. 278; mit Verweis auf *Noske*, Die Prozessökonomie als Bestandteil des verfassungsrechtlichen Grundsatzes der Verhältnismäßigkeit, S. 70.

[146] *Alexy*, Theorie der Grundrechte, S. 98.

[147] *Eidenmüller*, Effizienz als Rechtsprinzip, S. 412.

a) Gesetzgeber

Aufgrund der verfassungsrechtlichen Fundierung der Prozessökonomie ist der Gesetzgeber zwar zu ihrer Berücksichtigung verpflichtet. Der dabei bestehende weite Ermessenspielraum führt aber nur selten dazu, dass er zu konkreten Effizienzsteigerungen angehalten werden kann.[148]

Einen der seltenen und zugleich prominenten Ausnahmefälle bildet in dieser Hinsicht die im Jahr 2011 eingeführte Verzögerungsrüge (§ 198 GVG). Der EGMR hatte mehrfach Verfahren wegen der Dauer von Zivilprozessen in Deutschland zu entscheiden und dabei festgestellt, dass das Fehlen eines gerichtlichen Rechtsbehelfs gegen überlange Verfahrensdauer im deutschen Zivilprozessrecht einen Verstoß gegen Art. 6 Abs. 1 EMRK darstellt.[149] Der Wortlaut der sodann geschaffenen Norm (§ 198 GVG) spricht zwar von Angemessenheit der Verfahrensdauer. In der Praxis geht es jedoch nur um einen Beschleunigungseffekt. Letztlich gewährt der Rechtsbehelf auch nur eine Entschädigungsmöglichkeit bei unangemessen langer Verfahrensdauer. Er führt damit nur mittelbar zu einem effizienten Verfahren, begründet aber keine Möglichkeit der Verfahrensbeteiligten, direkte Be- (oder Ent-) schleunigungsmaßnahmen des Gerichts zu verlangen.[150]

Die Schaffung der Verzögerungsrüge war insofern ein Auftrag an den Gesetzgeber zur Herstellung einer prozessökonomischeren Rechtslage.[151] Der Rechtsbehelf selbst hält jedoch nicht den Gesetzgeber zu ökonomischen Verhalten an, sondern adressiert die Judikative.

---

[148] Ebenso *Pflughaupt*, Prozessökonomie, S. 318.

[149] EGMR, Urt. v. 08.06.2006, Rs. 75529/01, NJW2006, 2389 ff.

[150] MüKoZPO/*Zimmermann*, § 198 GVG Rn. 3.

[151] Diese Dimension übersieht *Pflughaupt*, Prozessökonomie, S. 327.

b) Richter

Richter sind entscheidend für die Einhaltung der Prozessökonomie in den jeweiligen Verfahren. Einzelne Normen, die prozessökonomisches Handeln fördern, wenden sie an. Sofern ihnen ein Ermessen bleibt, wägen sie die Prozessökonomie als lokales Rechtsprinzip mit anderen Rechtsprinzipien ab und besitzen insofern ein weites Ermessen. Es ist daher selten anzunehmen, dass Verfahrensbeteiligte ein ineffizientes Verhalten wirksam gegenüber dem Richter anmahnen und eine effiziente Verhaltensweise des Richters wirklich einfordern können.

Das zeigt auch die bereits erwähnte Verzögerungsrüge des § 198 GVG. Sie richtet sich speziell gegen die unangemessene Dauer von Verfahren, sieht aber nur eine Entschädigungsmöglichkeit vor. Es handelt sich somit um einen speziellen Staatshaftungsfall.[152] Sie bietet keinen Ansatzpunkt, das Gericht zu effizientem Verhalten zu zwingen. Lediglich mittelbar dürfte ein (geringer) Druck auf die Gerichte entstehen, entsprechende Rügen zu vermeiden, weil eine solche für den Richter beurteilungsrelevant ist.

In dieselbe Richtung gehen Dienstaufsichtsbeschwerden. Die Nichtberücksichtigung des Prozessökonomiegrundsatzes müsste gravierend sein. Der Richter kann jedoch nicht zu einem effizienteren Vorgehen gezwungen werden. Es entfaltet sich allenfalls ein mittelbarer Anpassungsdruck, um entsprechende Beschwerden „nicht in der Akte zu haben“.[153]

---

[152] MüKoZPO/*Zimmermann*, § 198 GVG Rn. 4.

[153] Zu diesem und weiteren Ansätzen *Pflughaupt*, Prozessökonomie, S. 329–345.

In besonders gravierenden Fällen käme aufgrund der mittelbaren verfassungsrechtlichen Verankerung der Prozessökonomie eine Verfassungsbeschwerde in Betracht.

c) Exekutive

Nachdem die Exekutive im Rahmen des Zivilprozesses keine Rolle spielt, ist auch ein Verstoß gegen das Prozessökonomieprinzip im Zivilverfahren fernliegend. Im Übrigen kämen die üblichen verwaltungsprozessrechtlichen Rechtsbehelfe inklusive der Staatshaftungsansprüche in Betracht.[154] Hierauf soll im Rahmen dieser Arbeit nicht näher eingegangen werden.

d) Verfahrensbeteiligte

Wie bereits gezeigt, sind die Beteiligten eines Rechtsstreits lediglich mittelbar Adressaten des Prinzips der Prozessökonomie. Handelt ein Beteiligter ineffizient, kann der andere Beteiligte nicht auf ein effizientes Verhalten klagen. Einen direkten Anspruch gewährt das Rechtsprinzip der Prozessökonomie nicht. Lediglich sofern einzelne Normen der ZPO die Effizienz des Verfahrens fördern sollen, kommen entsprechende Ansprüche abstrakt in Betracht. Im konkreten Fall obliegt es jedoch dem Richter, diese auch durchzusetzen.[155] Eine betroffene Partei könnte allenfalls das Gericht auf ein ineffizientes Verhalten einer anderen Partei hinweisen. Einen Anspruch auf richterliches Einschreiten gibt es aber nicht. In seltenen Ausnahmefällen wäre eine Verfassungsbeschwerde denkbar.

---

[154] *Ders.*, Prozessökonomie, S. 327–328.

[155] Ähnlich *ders.*, Prozessökonomie, S. 323–326.

III. Anwendung der Effizienzbegriffe

1. Notwendigkeit eines Handlungsmodells

Die Identifizierung des Maßstabs (Effizienz) ist für sich genommen nur einer von mehreren Schritten auf dem Weg zu einem effizienten Zivilprozess. Effizienzbegriffe geben das Austarieren von Mitteln und Zwecken vor. Innerhalb dieser Methode stellt sich die schwierige Frage der Bemessung und Anwendung.

Ein anderer Schritt ist der Anwendung der Effizienzmethode vorgelagert: Ziel der Arbeit ist das Hinweisen auf Effizienzdefizite des Zivilprozesses. Das setzt eine Standortbestimmung des *status quo* voraus. Welche Normen und tatsächlichen Verhaltensweise prägen einzelne Teile des Zivilprozesses? Effizienzdefizite können sich nur dann ergeben, wenn es zu diesem *status quo* auch Handlungsalternativen gibt. In einem ersten Zugriff versucht diese Arbeit daher Handlungsalternativen aus einem anderen Normenkonstrukt zu entlehnen, das wie die ZPO den tatsächlichen Komplex des Zivilprozesses regelt – die EUBagatellVO. Daneben können jedoch weitere (effiziente) Handlungsalternativen bestehen, die sich durch Gesetzesänderungen oder auch nur Änderungen der praktischen Rechtsanwendung ergeben.

Die Frage, ob Alternativen effizienter sind oder nicht, lässt sich nur beantworten, wenn man deren Wirkungen kennt. Erkenntnisse zu diesen alternativen Wirkungen können insbesondere empirische Untersuchungen liefern. Nicht jede denkbare Handlungsalternative kann jedoch auch empirisch untersucht werden – der Aufwand wäre immens. Es bleibt sodann nur der Rückgriff auf entsprechende Modelle, die eine fiktive Folgenabschätzung ermöglichen. Wie sich Handlungen auswirken, erläutern die Effizienzbegriffe selbst nicht.

Im Folgenden soll daher kurz der Frage nachgegangen werden, wie eine Prognose der Handlungen erfolgen kann. Die Fragestellungen ähneln bereits denjenigen zur Bestimmung des Effizienzmaßstabs: Gibt es ein originär juristisches Handlungsmodell? Ist im Rahmen eines ökonomischen Effizienzmodells stets auf das ökonomische Handlungsmodell des homo oeconomicus zurückzugreifen? Ist dieses Modell gegebenenfalls aufgrund sozial-empirische Forschungsergebnisse zu modifizieren?

2. Homo iuridicus / homo legalis

Man sollte annehmen, dass der Gesetzgeber Rechtsnormen nur schafft, wenn er zuvor die Folgen modelliert und bewertet hat. Es wäre daher naheliegend, dass dieser (oder die Rechtswissenschaft) ein eigenes Handlungsmodell zur Folgenabschätzung von Gesetzen – einen homo iuridicus – entwickelt hat.

Überraschenderweise muss man feststellen: Ein solches Modell gibt es nicht. [156] Als Terminus taucht der homo iuridicus vereinzelt im rechtswissenschaftlichen Kontext auf.[157] *Raiser* sieht in ihm eine *„Person im Rechtssinne“*. Homines iuridici sind daher alle mit subjektiven Rechten ausgestatteten Menschen. [158] Leider lässt sich daraus jedoch kein Prognosemodell entwickeln. Es handelt sich um eine bloße Beschreibung eines Terminus, ohne dass erkennbar wäre, wie sich der homo iuridicus im Gegensatz zum homo oeconomicus verhalten wird.

[156] Ebenso *Breidenstein*, Zur Methodik der Verfahrensrechtsvergleichung, S. 71; ähnlich *Raiser*, FS Rottleuthner, S. 347, 353.

[157] Im Überblick bei *Röhl*, Homo juridicus - nice guy oder bad man?.

[158] *Raiser*, FS Rottleuthner, S. 347, 353.

Daneben findet sich ebenso vereinzelt der Begriff des homo legalis. Der homo legalis verhält sich stehts rechtstreu. [159] Er scheint zunächst prädestiniert für ein juristisches Handlungsmodell. Letztlich ist er aber aus zwei Gründen für eine Folgenabschätzung ungeeignet: Zum einen sind nicht alle Lebensbereiche gesetzlich geregelt, und gesetzliche Regelungen selbst lassen dem Normadressaten häufig die Freiheit, aus mehreren – legalen – Handlungsalternativen zu wählen. Sie beschreiben dann nur, welche von mehreren Handlungsalternativen gerade nicht gewählt werden kann. Der homo legalis trifft jedoch keine Aussage, für welche von mehreren – sei es ausdrücklich oder durch Nichtregelung – gesetzlich gestatteten Alternativen sich Menschen entscheiden werden. Mangels eindeutiger Handlungsalternative kann somit auch kein Effizienzvergleich durchgeführt werden, der für die Zwecke dieser Arbeit aber erforderlich ist.

Zum anderen berücksichtigt die homo legalis-Idee nicht, dass Menschen bewusst und unbewusst gegen Gesetze verstoßen. Letzteres kommt angesichts der Unkenntnis von Regelungen häufig vor. Ersteres hängt maßgeblich von der Sanktionierung des Verstoßes ab. Menschen verstoßen gegen Gesetze, wenn der Nutzen (finanziell, sozial etc.) höher als die Kosten ist. Das jedoch ist der Inbegriff des sogleich zu erläuternden homo oeconomicus. Der homo legalis stößt hier an seine Grenzen.

Schließlich vernachlässigt der homo legalis Begriff, dass Menschen sich auch unabhängig von gesetzlichen Ge-/Verboten sozialen Normen unterwerfen. Diese ungeschriebenen Regeln haben erhebliche Auswirkungen auf das tatsächliche Handeln, können aber durch ein homo legalis-Modell nicht abgebildet werden.

[159] *Bohne*, Verwaltungswissenschaft, S. 189.

Die existierenden juristisch geprägten Begriffe stellen somit entweder – im Falle des homo iuridicus - bereits kein Handlungsmodell zur Verfügung oder sind – im Falle des homo legalis – aufgrund ihrer Begrenztheit nicht für eine Prognose der tatsächlichen Folgen einer Rechtsnorm geeignet.

3. Homo oeconomicus

Mangels eines originär juristischen Handlungsmodells liegt es nahe, sich bei fremdwissenschaftlichen Modellen zu bedienen. Nachdem der Effizienzbegriff bereits der Ökonomik entliehen wurde, kommt als Ausgangspunkt auch das in den Wirtschaftswissenschaften verbreitete neoklassische Handlungsmodell des homo oeconomicus zur Folgenabschätzung in Betracht.

Das Modell des homo oeconomicus setzt bei den Entscheidungen eines typisierten Individuums an: Angesichts begrenzter Ressourcen ist das Individuum zu einer Wahl zwischen unterschiedlichen Handlungsalternativen gezwungen. Der homo oeconomicus trifft diese Wahl, indem er Handlungsalternativen einen (egoistischen) Nutzen zumisst und im Wege einer rationalen Abwägung zwischen den Alternativen diesen Nutzen zu maximieren sucht.[160] *Schäfer/Ott* sprechen vom *„rationalen egoistischen Menschen"*.[161] Beide Merkmale – rationales Handeln und Eigennutz – sind Gegenstand umfangreicher Diskussionen, die hier nicht nachgezeichnet werden können.[162] In der gebotenen Kürze seien jedoch folgende Kritikpunkte am Modell des homo oeconomicus erwähnt:

---

[160] *Kirchgässner*, Homo oeconomicus, S. 12.

[161] *Schäfer/Ott*, Lehrbuch der ökonomischen Analyse des Zivilrechts, S. 95.

[162] Aus der rechtswissenschaftlichen Literatur *Mathis*, Effizienz statt Gerechtigkeit?, S. 22–52; *Janson*, Ökonomische Theorie im Recht, S. 24–56.

Empirische Untersuchungen haben mehrfach gezeigt, dass Menschen nicht stets ihren Eigennutz maximieren. Beispielhaft sei an dieser Stelle nur das Diktatorspiel kurz dargestellt: [163] Ein Spieler A soll einen Geldbetrag auf sich und Spieler B aufteilen, wobei Spieler A (als Diktator) über die Verteilung bestimmen kann, ohne dass Spieler B ein Veto-Recht zusteht. Als homo oeconomicus müsste Spieler A den gesamten Geldbetrag für sich behalten. Empirische Untersuchungen haben jedoch gezeigt, dass Spieler A durchschnittlich 20-30 % an Spieler B abgibt.[164]

Auch eine strikte Rationalitätsannahme findet sich in der Wirklichkeit nicht. Angesichts der Komplexität von Entscheidungen im alltäglichen Leben greifen Menschen auf kognitive Faustregeln („*heuristics*") zurück. Diese führen jedoch zu erheblichen Fehleinschätzungen („*biases*").[165] Ein Beispiel ist die sog. Verlustaversion: Die Einbuße in Höhe eines Betrages X empfinden und bewerten Menschen regelmäßig schwerer als einen Gewinn in Höhe desselben Betrages. Rational ist eine solches Verhalten nicht.

Voraussetzung von Nutzenmaximierung ist schließlich auch die Annahme, der homo oeconomicus habe jederzeit kostenlosen Zugriff auf alle notwendigen Informationen. Informationsbeschaffung ist jedoch stets mit Kosten verbunden und allumfassende Information nur mit derart hohen Kosten erreichbar, dass sie jeglichen Nutzen einer Handlungsalternative übersteigen würde.[166]

---

[163] Zu dieser und weiterer sozial-empirischer Untersuchungen *Janson*, Ökonomische Theorie im Recht, S. 45–47.

[164] *Ders.*, Ökonomische Theorie im Recht, S. 46 mit Verweis auf *Christoph Engel*, Dictator Games: A Meta Study.

[165] Beispiele bei *Janson*, Ökonomische Theorie im Recht, S. 42–45; *Mathis*, Effizienz statt Gerechtigkeit?, S. 43–46.

[166] *Kirchgässner*, Homo oeconomicus, S. 13; ähnlich *Janson*, Ökonomische Theorie im Recht, S. 40.

4. Homo sociologicus

Angesichts der Defizite des homo oeconomicus Modells bliebe noch ein anderes verbreitetes Handlungsmodell – der homo sociologicus.[167] Das Modell geht davon aus, dass sich Menschen jeweils entsprechend der ihnen im sozialen Leben zugewiesenen Rolle verhalten. Die Erwartungen der Gesellschaft an die Rolle üben einen Zwang aus – sei es durch gesetzliche Sanktionierung oder gesellschaftliche Ächtung –, der den Einzelnen zu rollenkonformem Handeln drängt.[168]

Ein Mensch kann dabei in verschiedenen Lebenssituationen verschiedene Rollen annehmen, z.B. im familiären Bereich als Elternteil und gleichzeitig im beruflichen Kontext als Arbeitnehmer. Auch rechtlich geprägte Rollen, z.B. als Mieter, sind möglich. Letzteres Beispiel zeigt jedoch auch bereits die Schwächen des Modells. Neben der unüberschaubaren Vielfalt an gleichzeitig zu berücksichtigenden Rollen, wird der homo sociologicus in seiner Rolle als Mieter alle ihn betreffenden gesetzlichen Regelungen schlicht befolgen. Gleiches gilt in anderen Rollen für andere Gesetze, sodass er alle Gesetze schlicht einhält.[169] Dann ist der homo sociologicus jedoch weitgehend vergleichbar mit dem bereits erwähnten homo legalis, und das Handlungsmodell ist aus denselben Gründen für Zwecke dieser Untersuchung unbrauchbar.

5. Verhaltensökonomik

In jüngerer Zeit hat der Ansatz der Verhaltensökonomik (*behavioural economics*) vielfach Beachtung gefunden. Er scheint die oben genannten Kritikpunkte an dem Modell des homo oeconomicus aufzugreifen und auf

[167] Ausführlich und grundlegend *Dahrendorf/Abels*, Homo Sociologicus.

[168] *Breidenstein*, Zur Methodik der Verfahrensrechtsvergleichung, S. 111.

[169] *Ders.*, Zur Methodik der Verfahrensrechtsvergleichung, S. 112.

der Grundlage empirisch-psychologischer Forschung ein alternatives Handlungsmodell zu entwickeln.[170] Die Verhaltensökonomik stellt insbesondere die Rationalitätsannahme des homo oeconomicus in Frage (sog. *bounded rationality*). Diverse empirische Studien haben nachgewiesen, dass Menschen ausgeprägte heuristische Schwächen haben.[171] Zudem sind sie häufig willensschwach: Wenn etwas in der Gegenwart einen Genuss verspricht, wird dieser regelmäßig höher bewertet als ein in ferner Zukunft liegender Zukunftsgenuss. Schließlich verzichten Menschen in vielen Situationen zugunsten eigener Gerechtigkeitsvorstellungen auf rationales Verhalten oder greifen bei als unfair empfundenen Behandlungen zu reziproken Vergeltungsstrategien, mit denen sie sich selbst schädigen.[172]

Bisher hat sich aus der Verhaltensökonomik jedoch kein eigenes Handlungsmodell entwickelt.[173] Vielmehr bestand die Absicht stets darin, die Rationalitätsannahme des homo oeconomicus zu erschüttern.[174] Es handelt sich nur um situativ umgrenzte Befunde. Als Modell eignen sich diese alleine nicht.

6. Synthese

Es hat sich gezeigt, dass keines der dargestellten Handlungsmodelle für sich genommen in allen Fällen geeignet ist, menschliche Handlungen vorauszusagen.

---

[170] So wohl *Schäfer/Ott*, Lehrbuch der ökonomischen Analyse des Zivilrechts, S. 103.

[171] Einzelne Aspekte bei *Breidenstein*, Zur Methodik der Verfahrensrechtsvergleichung, S. 85.

[172] Mit Beispielen *Schäfer/Ott*, Lehrbuch der ökonomischen Analyse des Zivilrechts, S. 104–110.

[173] *Dies.*, Lehrbuch der ökonomischen Analyse des Zivilrechts, S. 115.

[174] *Breidenstein*, Zur Methodik der Verfahrensrechtsvergleichung, S. 85.

Man könnte daher mangels brauchbaren Modells auf die Prognose der Handlungen vollständig verzichten. Das wäre das Ende dieser Untersuchung. Alternativ könnte man das am besten geeignete Modell anwenden. Das homo oeconomicus Modell hat zumindest seine Klarheit für sich. Dennoch sind die oben gezeigten Schwächen zu gravierend, als dass es ohne Ergänzungen als Modell zur Vorhersage menschlicher Handlungen verwendet werden könnte.

Im Folgenden sei ein Ansatz von *Breidenstein* näher untersucht, der eine Synthese wagt. Er befasst sich in seiner Dissertation mit der Methodik des Rechtsvergleichs von Verfahrensordnungen am Beispiel der deutschen und europäischen Fusionskontrolle. Seine Erkenntnisse dürften damit auf die vorliegende Arbeit weitestgehend übertragbar sein. Auch hier werden zwei Verfahrensordnungen, die deutsche ZPO und die europäische EUBagatellVO miteinander verglichen.

Auch *Breidenstein* gelangt zu der Einschätzung, dass das neoklassische Handlungsmodell des homo oeconomicus erhebliche Schwächen aufweist, auf die insbesondere die Verhaltensökonomik hingewiesen hat.[175] Auch das alternative Modell des homo sociologicus sei für sich genommen zur Prognose von Handlungen ungeeignet, weil dieser letztlich jede Rechtsregel befolge.[176]

Nach *Breidenstein* sei es aber möglich, beide Handlungsmodelle zu verknüpfen. Ausgangspunkt ist der homo oeconomicus. Wo sich dieses Modell als realitätsfern erweist (insbesondere bei den Annahmen von vollständiger Information und vollständiger Rationalität), könne der homo sociologicus die entsprechenden Lücken füllen.[177] Das ermögliche

[175] *Ders.*, Zur Methodik der Verfahrensrechtsvergleichung, S. 86.

[176] *Ders.*, Zur Methodik der Verfahrensrechtsvergleichung, S. 112.

[177] *Ders.*, Zur Methodik der Verfahrensrechtsvergleichung, S. 115.

zumindest teilweise ein System und sei daher gegenüber verhaltensökonomischen ad-hoc Annahmen vorzugswürdig. In Betracht kommen insbesondere Sachverhalte, bei denen ein Individuum eine Regel nicht bricht, obwohl es sein Nutzenniveau steigern würde. Hier kann auf Basis des homo sociologicus von einer Internalisierung der Norm ausgegangen werden. Je stärker die Internalisierung (z.B. durch kulturelle Akzeptanz), desto eher unterbleibt eine Nutzenmaximierung.[178]

Konkret schlägt *Breidenstein* zwei Ergänzungen des homo oeconomicus Modells vor, nämlich (i) die Kompetenz-Schwierigkeitslücke und (ii) die Low cost-Hypothese. Damit lässt sich Verhalten von Menschen nicht nur in bestimmten Situationen, sondern in bestimmten typischen Situationen vorherbestimmen.[179]

a) Kompetenz-Schwierigkeitslücke

Ein Problem des homo oeconomicus ist die Annahme allumfassender Information. Die in der Realität bestehende Entscheidungsunsicherheit – nichts anderes sind Informationsdefizite – führt jedoch zu einer gesteigerten Normtreue.[180]

Der Ansatz erscheint plausibel. Es bleibt lediglich zweifelhaft, ob sich derartiges nicht bereits auch aus dem homo oeconomicus selbst ergibt. Entscheidungsunsicherheiten aufgrund von Informationsdefiziten können schließlich in eine ökonomische Kosten-Nutzen-Bemessung durch Einfügen von Faktoren berücksichtigt werden, die entsprechende Wahrscheinlichkeiten in die Rechnung miteinbeziehen. Diese leise Kritik ändert allerdings nichts an der Sinnhaftigkeit der zuvor geschilderten

---

[178] *Ders.*, Zur Methodik der Verfahrensrechtsvergleichung, S. 117.

[179] *Ders.*, Zur Methodik der Verfahrensrechtsvergleichung, S. 119.

[180] *Breidenstein*, Zur Methodik der Verfahrensrechtsvergleichung, S. 118; mit Verweis auf *Weise*, in: Held/Nutzinger (Hrsg.), Institutionen prägen Menschen, S. 207, 218.

Einbeziehung der Kompetenz-Schwierigkeits-Lücke zur Vorhersage von Verhalten. Besteht eine Kompetenz-Schwierigkeits-Lücke, kann eine neu zu schaffende Norm diese also verringern, wenn sie eine leicht handhabbare Entscheidungsregel formuliert. Bleibt auch durch eine Norm noch eine entsprechende Lücke bestehen, sind andere Normen zu identifizieren, auf die sich das Individuum dann zurückziehen wird.

b) Low-cost-Hypothese

Eine weitere Ergänzung nimmt *Breidenstein* vor, weil Menschen nicht stets nutzenmaximierend im Sinne des homo oeconomicus handeln. Vielmehr sind Menschen bereit, Kosten zu tragen, wenn sie dadurch moralisch handeln können.[181] Voraussetzung dafür ist, dass die Kosten für das moralische Verhalten als vergleichsweise gering empfunden werden (low cost-Hypothese; vgl. bereits oben zum Diktatorspiel).

Auch hier ist zweifeilhaft, ob die Schwäche des homo oeconomicus tatsächlich durch den homo sociologicus ausgeglichen wird oder ob es sich nur um einen erweiterten Nutzenbegriff (Nutzen auch im Sinne von moralischer Befriedigung) handelt. Letztlich kommt es darauf jedoch nicht an. Die low cost-Hypothese leistet jedenfalls eine gute Ergänzung zur Erklärung von auf den ersten Blick unökonomischem Handeln und kann das Modell des homo oeconomicus für die Zwecke dieser Arbeit optimieren.

Zwar können auch diese beiden Ergänzungen des homo oeconomicus die Realität nicht vollständig abbilden. Das ist aber auch nicht ihr Anspruch. Ziel des Handlungsmodells ist eine Reduzierung von

---

[181] *Breidenstein*, Zur Methodik der Verfahrensrechtsvergleichung, S. 119; mit Verweis auf *Kirchgässner*, in: Herder-Dorneich/Schenk/Schmidtchen (Hrsg.), Neue Politische Ökonomie von Normen und Institutionen, 12 (1993), S. 181, 192.

Komplexität.[182] Letztlich bleibt der (ergänzte) homo oeconomicus immer (nur) ein Modell.

IV. Zwischenergebnis

Was bedeutet die vorhergehende Darstellung für die Einordnung der Effizienz in das Rechtsgefüge?

(1) Versucht man die diversen Ansätze zu systematisieren, so lassen sich sinnvoll zwei Kategorien bilden: Auf der einen Seite stehen das Wirtschaftlichkeitsprinzip und die Prozessökonomie. Die Prozessökonomie ist für Zwecke dieser Arbeit als spezifisches Wirtschaftlichkeitsprinzip des Zivilverfahrens definiert. Sie existiert bereits von vorneherein nur innerhalb der Grenzen des Prozessrechts. Auch das Wirtschaftlichkeitsprinzip lässt sich angesichts der zuvor geschilderten Variabilität der Zwecke leicht in einen rechtlichen Rahmen bringen. Auf der anderen Seite stehen die wohlfahrtsökonomischen Effizienzbegriffe. Deren Zweck ist die Wohlfahrtsmaximierung. Weitere Zwecke lassen sie originär nicht zu. Eine rechtliche Eingrenzung sieht das ökonomische Verständnis nicht vor.

(2) Wohlfahrtsökonomische Effizienzbegriffe können nicht als Rechtsprinzipien fungieren. Sie sind weder in der Verfassung noch im Bereich des Zivilverfahrens als Idee verankert. Demgegenüber können Prozessökonomie und (rechtliches) Wirtschaftlichkeitsgebot im Grundsatz ein Rechtsprinzip darstellen. Die Prozessökonomie lässt sich sowohl einfachrechtlich als auch verfassungsrechtlich als lokales

[182] Ebenso *Lieth*, Die ökonomische Analyse des Rechts, S. 62.

Rechtsprinzip des Zivilverfahrensrechts verorten.

(3) Aus diesen Feststellungen folgt bereits, dass wohlfahrtsökonomische Effizienzüberlegungen für Richter keine Rolle spielen. Sie sind an Recht und Gesetz gebunden. Anders verhält es sich in Bezug auf die Prozessökonomie. Hier ist es gerade der Richter, der dem prozessökonomischen Gedanken zur praktischen Wirksamkeit verhelfen soll und muss. Der Richter ist nicht nur zu prozessökonomischen Erwägungen berechtigt; er ist aufgrund der Qualität als lokales Rechtsprinzip sogar dazu verpflichtet.

(4) Auch der Gesetzgeber kann prozessökonomische Überlegungen sowie das Wirtschaftlichkeitsprinzip anwenden. Wohlfahrtsökonomische Aspekte können lediglich Impulse für die Rechtssetzung bieten. Die Vereinbarkeit mit grundgesetzlichen Wertungen ist jedoch stets zu überprüfen.

(5) Wenngleich Richter und Gesetzgeber an die Prozessökonomie als Rechtsprinzip gebunden sind, hat eine Durchsetzung dieser Bindung lediglich mittelbar Aussicht auf Erfolg.

(6) Die Ermittlung von Handlungsalternativen bedarf eines Handlungsmodells. Der homo oeconomicus weist einige Schwächen auf, auf die die Vertreter der Verhaltensökonomik hingewiesen haben. Daraus ergibt sich jedoch kein eigenes Handlungsmodell. Mit *Breidenstein* soll – soweit im Rahmen dieser Arbeit erforderlich – ein modifiziertes homo oeconomicus-Modell zur Anwendung gelangen.

B. Gesetzliche Grundlagen

Vor der Identifizierung von konkreten Effizienzdefiziten sei jedoch zunächst der Blick auf die beiden Untersuchungsgegenstände – ZPO und EUBagatellVO – gelenkt.

I. Das ZPO-Verfahren

Das Zivilverfahren gemäß den Vorgaben der ZPO ist Hauptgegenstand der Untersuchung. Nur wenn dieser Untersuchungsgegenstand definiert ist, kann die eigentliche Untersuchung anhand des Kriteriums Effizienz erfolgen. Ein tieferes und präzises Verständnis des Zivilverfahrens ist somit Voraussetzung für den Fortgang der Arbeit.

Der folgende Abschnitt widmet sich den rechtlichen und tatsächlichen Abläufen des Zivilprozesses. Er beginnt mit einer Skizze der dogmatischen Grundsätze des Zivilprozesses (1.). Diese werden den ökonomischen Überlegungen der Arbeit wiederholt Grenzen setzen. Es folgen die Darstellung eines Standardverfahrens vor dem Landgericht (5.) und die Verfahrenserleichterungen im amtsgerichtlichen Verfahren (6.). In einem kurzen Exkurs werden die besonderen Verfahrensarten Mahnverfahren (7.7.a).) und Urkundsprozess (7.7.b).) vorgestellt. Diese Verfahren enthalten bereits effizienzfördernde Aspekte.

1. Grundsätze des Zivilprozesses

Der Zivilprozess basiert auf seinem Prozesszweck und den Verfahrensgrundsätzen – insbesondere den Verfahrensgrundrechten. So wie die Prozesszwecke das Ziel des Zivilprozesses vorgeben, grenzen die Prozessmaximen (synonym: Verfahrensgrundsätze) den Weg ein, wie diese Ziele zu erreichen sind. Die Verfahrensgrundrechte sind Verfahrensgrundsätze, die direkt aus dem Verfassungsrecht selbst abgeleitet werden. Eine strikte Trennung ist kaum möglich, weil sich auch die Verfahrensmaximen häufig auf Grundrechte zurückführen lassen.[183]

2. Zweck des Zivilprozesses

Sofern im Rahmen von Effizienzüberlegungen Zweck-Mittel-Relationen aufgestellt werden, müssen zunächst die relevanten Zwecke benannt werden. Dazu gehören (vor allem) die übergeordneten Zwecke des Zivilprozesses.[184]

Anders als in den Erwägungsgründen europäischer Verordnungen und Richtlinien findet sich weder in der ZPO selbst, noch im GVG oder dem EGZPO eine Aussage zum Zweck des Zivilprozesses an sich.

In den Materialien zu den Reichsjustizgesetzen heißt es hingegen bereits:

„*Als oberstes Erfordernis einer Prozessordnung darf hingestellt werden, dass sie praktisch brauchbar und zweckmäßig ist, dass sie den Rechtsstreit auf dem einfachsten, kürzesten, sichersten Wege seiner Entscheidung zuführt.*“[185]

Nach der Begründung des Zivilprozessreformgesetz 2002 liegt die gesellschaftliche Funktion des Zivilprozesses in der „*zügigen Herstellung von Rechtsfrieden und Rechtssicherheit*“.[186]

Letztlich basiert der gesamte Zivilprozess darauf, dass materielles Recht und dem Einzelnen hierdurch zugewiesene Rechtspositionen nicht

[183] *Bruns*, FS Stürner, S. 53 ff.

[184] Sehr ausführlich zum Prozesszweck in Bezug auf die Prozessökonomie *Pflughaupt*, Prozessökonomie, S. 71–130.

[185] *Hahn/Stegemann*, Die gesammten Materialien zur Civilprozeßordnung und dem Einführungsgesetz zu derselben vom 30. Januar 1877, 1880, S. 115.

[186] BT-Drucks. 14/4722, Entwurf eines Gesetzes zur Reform des Zivilprozesses, S. 58.

nur auf dem Papier bestehen, sondern in der Praxis auch durchgesetzt werden können. Zweck des Zivilverfahrens ist somit die Rechtsdurchsetzung.[187] Sie gewährleistet den Schutz subjektiver Rechte durch ein staatliches Verfahren, sodass der Einzelne seine Rechte nicht selbst durchsetzen muss (was dieser auch regelmäßig nicht darf).[188]

Diese Verwirklichungsmöglichkeit vieler Einzelpersonen führt in ihrer Gesamtheit mittelbar zu einer Bewährung der objektiven Rechtsordnung. [189] Die materielle Rechtskraft am Ende eines Zivilprozesses – gleich ob durch Urteil oder im Wege des Vergleichs – führt idealiter zu Rechtsfrieden zwischen den Parteien hinsichtlich des konkreten Streitgegenstandes.[190] *Brehm* nennt dies *„Rechtsgewissheit“* als Aufgabe des Erkenntnisverfahrens.[191]

Am Ende dieses Prozesses sind die subjektiven Rechte des Einzelnen geschützt bzw. durchgesetzt. In diesem Verständnis zeigt sich auch die *„dienende Funktion“* des Prozesses.[192]

Auch Rechtsfortbildung und Einheit der Rechtsordnung werden häufig als Zwecke genannt.[193] Sie stehen jedoch nicht auf derselben Stufe wie die zuvor genannten Erwägungen, sondern werden lediglich mittelbar durch die Rechtsdurchsetzung gefördert.[194]

---

[187] Stein/Jonas/*Brehm*, vor § 1 ZPO Rn. 5; MüKoZPO/*Rauscher*, Einl. Rn. 8; *Roth*, ZfPW 2017, 129 ff. mwN.

[188] Vgl. Stein/Jonas/*Brehm*, vor § 1 ZPO Rn. 9.

[189] Stein/Jonas/*Brehm*, vor § 1 ZPO Rn. 12; ausführlich zum Widerstreit der subjektiven und objektiven Prozesszwecktheorie *Münch*, FS Stürner, S. 6 ff.

[190] MüKoZPO/*Rauscher*, Einl. Rn. 9.

[191] Stein/Jonas/*Brehm*, vor § 1 ZPO Rn. 14.

[192] *Roth*, ZfPW 2017, 129, 132.

[193] MüKoZPO/*Rauscher*, Einl. Rn. 10.

[194] *Münch*, FS Stürner, S. 6, 49.

Es ist umstritten, inwiefern die Wahrheitsfindung Zweck des Zivilprozesses sein kann und sollte. [195] Wahrheitsfindung ist erstrebenswert. Sie wird jedoch durch den Verhandlungsgrundsatz, Verspätungsregeln und Beweisvorschriften entscheidend eingeschränkt. Sie als eigentlichen Zweck zu begreifen, würde in Fällen von Beweisnot den Zweck der Rechtsdurchsetzung vereiteln. Sie ist somit lediglich Mittel zum Zweck.[196]

Jedenfalls ist *„die Effizienz“* kein Prozesszweck. [197] Sie stellt lediglich ein Werkzeug dar, um die Zwecke des Zivilprozesses zu verwirklichen.[198] Sie setzt nach den obigen Ausführungen bereits begrifflich voraus, dass sie zur Anwendung eines weiteren Zweckes bedarf und nicht selbst Zweck sein kann.

3. Verfahrensgrundsätze

Die Verfahrensgrundsätze dienen der Verwirklichung des Prozesszwecks. Sie sind als übergeordnete Strukturprinzipien [199] selbst nicht in Gänze kodifiziert. Ausschnittsweise finden sie sich in vielen Verfahrensnormen wieder und prägen den Zivilprozess.[200] Gegenläufige Prozessmaximen stehen regelmäßig in einem Spannungsverhältnis, das es im Einzelfall aufzulösen gilt.

---

[195] Vgl. Stein/Jonas/*Brehm*, vor § 1 ZPO Rn. 25.

[196] *Roth*, ZfPW 2017, 129, 135; MüKoZPO/*Rauscher*, Einl. Rn. 8.

[197] Sehr pauschal *Roth*, ZfPW 2017, 129, 138; *Pflughaupt*, Prozessökonomie, S. 113.

[198] Mit Blick auf die Prozessökonomie Stein/Jonas/*Brehm*, vor § 1 ZPO 110.

[199] Zum Begriff der Rechtsprinzipien bereits → S. 27 ff.

[200] "Bauplan einer Verfahrensordnung", *Bruns*, FS Stürner, S. 53, 55.

a) *Dispositionsmaxime*

Der Dispositionsgrundsatz überträgt die das materielle Zivilrecht prägende Parteiautonomie auf den Zivilprozess.[201] Er gibt den Parteien die Herrschaft über das Verfahren. Der Kläger bestimmt mit dem Streitgegenstand den Umfang des Verfahrens; er ist frei darin, eine Klage einzureichen und das Verfahren kann einseitig bzw. im Einvernehmen mit der anderen Partei jederzeit beendet werden (z.B. durch Anerkenntnis, Verzicht, Vergleich, Erledigung, Klagerücknahme).[202]

Einschränkungen ergeben sich insbesondere im Hinblick auf Nebenentscheidungen (z.B. Prozesskosten, vorläufige Vollstreckbarkeit).[203] Daneben gilt für den äußeren Verfahrensablauf der Amtsbetrieb: Das Betreiben/Inganghalten des Prozesses ist Aufgabe des Gerichts, der es durch Terminfestsetzung, Ladungen, Zustellungen und Fristsetzungen nachkommt.[204]

b) *Verhandlungsmaxime*

Nach der Verhandlungsmaxime obliegt es den Parteien, den Tatsachenstoff durch Vortrag und Beweismittel in den Prozess einzubringen (synonym daher: *Beibringungsgrundsatz*).[205] Er ist eng verwandt mit der Dispositionsmaxime.[206] Beide weisen einen Großteil der (Prozess-) Verantwortung den Parteien zu. Er gilt jedoch nur für die Tatsachenebene. Die Rechtsanwendung bleibt dem Gericht vorbehalten.[207]

---

[201] Vgl. MüKoZPO/*Rauscher*, Einl. Rn. 312.

[202] Stein/Jonas/*Kern*, vor § 128 Rn. 162–168.

[203] MüKoZPO/*Rauscher*, Einl. Rn. 324; Stein/Jonas/*Kern*, vor § 128 Rn. 170.

[204] MüKoZPO/*Rauscher*, Einl. Rn. 316–317.

[205] Stein/Jonas/*Kern*, vor § 128 Rn. 175.

[206] Stein/Jonas/*ders.*, vor § 128 Rn. 161.

[207] MüKoZPO/*Rauscher*, Einl. Rn. 344–345; Stein/Jonas/*Kern*, vor § 128 Rn. 189–190.

Auch dieser Grundsatz kennt Ausnahmen:[208] Die Parteien sind zur Wahrheit und Vollständigkeit verpflichtet (§ 138 Abs. 1 ZPO). Daneben ist der Richter gehalten, Hinweise zu geben und Fragen zu stellen (§ 139 ZPO), teilweise kann er den Sachverhalt seinerseits von Amts wegen aufklären (§§ 141-144, § 273 ZPO).[209] Auch die Zulässigkeit der Klage prüft das Gericht von Amts wegen.[210]

c) Konzentrationsmaxime / Beschleunigungsgrundsatz

Der Beschleunigungsgrundsatz richtet sich insbesondere an den Richter.[211] Als Anspruch auf Entscheidung in angemessener Zeit gewährt er sogar ein subjektives Recht, welches üblicherweise aus dem Rechtsstaatsprinzip (Art. 20 Abs. 3 GG)[212] hergeleitet wird und ausdrücklich in Art. 6 Abs. 1 S. 1 EMRK[213] sowie in den ALI/UNIDROIT Principles of Transnational Civil Procedure als „*Prompt Rendition of Justice*“ erwähnt ist.

Die Konzentrationsmaxime ist ein Teilausschnitt des Gebots, das Verfahren möglichst schnell zu erledigen.[214] Der Begriff „Konzentration“ stammt daher, dass eine Beschleunigungsmaßnahme darin liegen kann, den Prozess in einem einzigen Termin zu verhandeln und zu entscheiden. Weitere Ausprägungen finden sich an diversen Stellen der ZPO, z.B. die Vorbereitung des Termins durch das Gericht (§ 273 ZPO) oder die zeitige Vorbringung aller Angriffs- und Verteidigungsmittel durch die Parteien

[208] Ausführlich Stein/Jonas/*Kern*, vor § 128 Rn. 191–222.

[209] MüKoZPO/*Rauscher*, Einl. Rn. 331 mwN.

[210] Stein/Jonas/*Kern*, vor § 128 Rn. 193.

[211] MüKoZPO/*Rauscher*, Einl. 382/383.

[212] Siehe nur BVerfG NJW 2001, 214.

[213] Z.B. EGMR NJW 2001, 213.

[214] MüKoZPO/*Rauscher*, Einl. 385.

(§ 282 ZPO). Über die Präklusionsvorschriften (z.B. §§ 296, 296a ZPO) stellt die ZPO die Einhaltung dieser Gebote sicher.[215]

d) Mündlichkeit

§ 128 Abs. 1 ZPO gebietet ausdrücklich die Mündlichkeit der Verhandlung. Der Mündlichkeitsgrundsatz erfährt jedoch an zahlreichen Stellen Einschränkungen, z. B. durch die Möglichkeit des schriftlichen Verfahrens nach § 128 Abs. 2 ZPO sowie im amtsgerichtlichen Bagatellprozess (§ 495a S. 1 ZPO). Mündlichkeit und Schriftlichkeit haben in unterschiedlichen Fallgestaltungen des Zivilprozesses jeweils ihre Vor- und Nachteile. Man mag aufgrund der Durchbrechungen bezweifeln, ob es sich beim Mündlichkeitsgrundsatz tatsächlich um ein tragendes Rechtsprinzip des Zivilprozesses handelt. [216] Hierauf wird zurückzukommen sein.[217]

e) Öffentlichkeit

§ 169 S. 1 GVG schreibt die Öffentlichkeit der Verhandlung als Prinzip fest. Sie soll eine demokratische Kontrolle der Gerichte ermöglichen.[218] Auch in Art. 6 Abs. 1 S. 1 EMRK ist die Öffentlichkeit erwähnt. Durchbrechungen sind insbesondere zum Schutz einzelner Beteiligter möglich.[219]

Gemeinhin wird angenommen, dass Öffentlichkeit die Mündlichkeit des Verfahrens voraussetzt und nur durch sie verwirklicht werden kann.[220]

---

[215] Vgl. Stein/Jonas/*Kern*, vor § 128 Rn. 224–227.

[216] Unklar MüKoZPO/*Rauscher*, Einl. Rn. 374–375.

[217] → S. 111.

[218] MüKoZPO/*Rauscher*, Einl. Rn. 400.

[219] MüKoZPO/*ders.*, Einl. Rn. 401.

[220] MüKoZPO/*ders.*, Einl. Rn. 402.

Das erscheint zweifelhaft, da auch eine Veröffentlichung der entsprechenden Schriftstücke (ggf. in anonymisierter und um Geschäftsgeheimnisse bereinigter Form) möglich wäre. Dadurch dürfte das Verfahren sogar noch einer breiteren Öffentlichkeit bekannt werden als durch eine Verhandlung zu einem bestimmten Termin an einem bestimmten Ort.[221] Gesteigert würde die Öffentlichkeit der Verhandlung noch durch eine (Video-)Übertragung der Verhandlung im Internet.

f) Unmittelbarkeit

Nach § 309 ZPO darf nur derjenige Richter ein Urteil fällen, der auch die Verhandlung durchgeführt hat. Folgerichtig statuiert § 355 ZPO die Unmittelbarkeit der Beweisaufnahme, wonach der Richter sich selbst ein Bild der Zeugen und anderer Beweise machen muss. Den weiteren Schritt einer Unmittelbarkeit der Beweismittel geht die ZPO nicht. Auch mittelbare Beweise (z. B. schriftliche Zeugenaussagen) sind im Grundsatz möglich.[222] Ein Spannungsverhältnis ergibt sich bei Verhandlung im Wege der Bild- und Tonübertragung (§ 128a ZPO).[223]

4. Verfahrensgrundrechte

Im Folgenden werden nur diejenigen Rechte näher beleuchtet, die direkte Auswirkungen auf die Ausgestaltung des zivilprozessualen Verfahrens haben (nicht z.B. der gesetzliche Richter, Art. 101 Abs. 1 S. 2 GG).

---

[221] Zweifelnd MüKoZPO/*Rauscher*, Einl. Rn. 371.

[222] MüKoZPO/*ders.*, Einl. Rn. 392–393; Stein/Jonas/*Kern*, vor § 128 Rn. 236.

[223] Dazu noch ausführlich → S. 184 ff.; MüKoZPO/*Rauscher*, Einl. Rn. 394–395.

a) *Rechtliches Gehör*

Art. 103 Abs. 1 GG gewährt jedermann das Recht, vor Gericht gehört zu werden. Er garantiert die Subjektstellung der Parteien im Gerichtsprozess.[224] Den Parteien muss die Gelegenheit zur Äußerung hinsichtlich des Streitgegenstandes gegeben werden und das Gericht muss den Vortrag angemessen berücksichtigen.[225]

b) *Justizgewährungsanspruch / Rechtsschutzgarantie*

In einem System, das dem Einzelnen die Selbsthilfe untersagt, muss der Inhaber subjektiver Rechte einen Anspruch auf Rechtsschutz gegenüber dem Staat haben.[226] Diesen Justizgewährungsanspruch sichert nicht nur Art. 6 Abs. 1 EMRK. Das BVerfG leitet ein Gebot effektiven Rechtsschutzes aus dem Rechtsstaatsprinzip ab (Art. 20 Abs. 3 iVm Art. 2 Abs. 1 GG).[227]

c) *Waffengleichheit / Rechtsschutzgleichheit / Willkürverbot*

Art. 3 Abs. 1 GG garantiert auch im Zivilprozess die Gleichheit der Rechte. Das umfasst insbesondere die prozessuale Waffengleichheit beider Parteien.[228] Die Symmetrie der Handlungsmöglichkeiten der Parteien kennzeichnet einen fairen Prozess.[229]

d) *Faires Verfahren*

Art. 6 EMRK garantiert schon nach seiner Überschrift das Recht auf ein faires Verfahren. Das BVerfG zieht hierfür üblicherweise das

[224] BVerfG, Urt. v. 08.01.1959, Rs. 1 BvR 396/55, BVerfGE 9, 89, 95.

[225] MüKoZPO/*Rauscher*, Einl. Rn. 243 mVa BVerfG, NVwZ 2010, 954, 955.

[226] Vgl. Stein/Jonas/*Brehm*, vor § 1 ZPO Rn. 284.

[227] Z.B. BVerfG, Urt. v. 11.06.1980, Rs. 1 PBvU 1/79, BVerfGE 54, 277, 291.

[228] BVerfG, Urt. v. 30.10.1991, Rs. 1 BvR 1386/91, NJW1992, 889.

[229] Stein/Jonas/*Brehm*, vor § 1 ZPO Rn. 103.

Rechtsstaatsprinzip iVm Art. 2 Abs 1 GG heran.[230] Eine trennscharfe Abgrenzung zu den weiteren Verfahrensgrundrechten erfolgt nicht immer. Rechtliches Gehör und Waffengleichheit können ebenso als Ausprägungen des fairen Verfahrens verstanden werden wie die Voraussetzung eines wirksamen Rechtsschutzes. Ohnehin bedarf das Recht auf faires Verfahren als *„verfahrensrechtliche Generalklausel“*[231] der Konkretisierung im Einzelfall.

5. Der Zivilprozess vor dem Landgericht

Der folgende Abschnitt beschreibt den modellhaften Ablauf eines Zivilprozesses vor dem Landgericht. Er basiert auf den gesetzlichen Vorgaben, nimmt aber auch die Praxis in den Blick.

a) Klageerhebung

Jeder Zivilprozess beginnt mit der Erhebung einer Klage beim zuständigen Gericht. Sie ist beim Landgericht zwingend durch einen Rechtsanwalt einzureichen (§ 78 Abs. 1 S. 1 ZPO). Die Klageerhebung erfolgt durch Schriftsatz (§ 253 Abs. 1 ZPO). Dieser muss mindestens (i) die Parteien und (ii) das Gericht bezeichnen, (iii) den Gegenstand und den Grund des erhobenen Anspruchs angeben sowie (iv) einen bestimmten Antrag enthalten (§ 253 Abs. 2 ZPO). Rechtsausführungen sind nicht erforderlich (*iura novit curia*), jedoch üblich und sinnvoll, um das Gericht von der eigenen Rechtsansicht zu überzeugen.[232]

[230] BVerfG, Urt. v. 26.04.1988, Rs. 1 BvR 669/87, 1 BvR 686/87, 1 BvR 687/87, BVerfGE 78, 123, 126.

[231] Stein/Jonas/*Kern*, vor § 128 Rn. 144.

[232] BGH, Urt. v. 18.12.2008, Rs. IX ZR 179/07, NJW2009, 987 ff.; *Schellhammer*, Zivilprozess, Rn. 64.

Die Einreichung des Schriftsatzes erfordert grundsätzlich die Schriftform (§ 253 Abs. 1 ZPO). Eine Übermittlung per Fax ist ausreichend. [233] Alternativ ist die Übermittlung als elektronisches Dokument möglich (§ 130a Abs. 1 ZPO). Seit dem 1. Januar 2022 können Rechtsanwälte Klagen ausschließlich elektronisch einreichen (§ 130d ZPO).[234]

b) Klageingang

Mit Eingang bei Gericht wird die Klage anhängig.[235] Über die Poststelle findet sie ihren Weg zur nach dem Geschäftsverteilungsplan (§ 21e Abs. 1 S. 1 GVG) zuständigen Kammer. Die dortige Geschäftsstelle legt sie mit einem Aktenzeichen versehen dem zuständigen Richter vor.

Dieser trifft die Entscheidung zum weiteren Fortgang des Verfahrens:[236] Er kann entweder einen frühen ersten Termin anberaumen (§ 275 Abs. 1 ZPO) oder ein schriftliches Vorverfahren anordnen (§ 276 Abs. 1 ZPO). Beides dient der Vorbereitung des Haupttermins. Der Rechtsstreit soll grundsätzlich in einem einzigen Haupttermin erledigt werden (§ 272 Abs. 1 ZPO).

Im schriftlichen Vorverfahren findet – in Abgrenzung zum schriftlichen Verfahren nach § 128 Abs. 2 ZPO – lediglich eine Vorbereitung der mündlichen Verhandlung durch Schriftsätze der Parteien statt; diese ist jedoch grundsätzlich weiterhin erforderlich.

Vorteile können darin liegen, dass der Rechtsstreit dann zum mündlichen Verhandlungstermin „ausgeschrieben“ ist. Daneben ist bei

---

[233] BVerfG, Urt. v. 18.04.2007, Rs. 1 BvR 110/07, NJW2007, 3117.

[234] Eingefügt durch das Gesetz zur Förderung des elektronischen Rechtsverkehrs mit den Gerichten vom 10.10.2013 (BGBl I 3786) mWv 1.1.2022.

[235] Zöller/*Greger*, § 253 Rn. 4.

[236] Zu Vor- und Nachteilen der Verfahrensarten MüKoZPO/*Prütting*, § 272 Rn. 5-7.

(teilweisem) Anerkenntnis des Klaganspruchs durch den Beklagten in der Klagerwiderung sofort der Erlass eines Anerkenntnisurteils möglich (§§ 276 Abs. 1 S. 1, 307 ZPO). Auf Antrag des Klägers kann bei fehlender Verteidigungsanzeige auch ein Versäumnisurteil gegen den Beklagten erlassen werden (§§ 276 Abs. 1 S. 1, 331 Abs. 3 ZPO). In beiden Fällen kommt es gar nicht erst zum mündlichen Verhandlungstermin.[237]

Ein früher erster Termin ist nicht mit dem Haupttermin zu verwechseln.[238] Auch ihm geht jedoch ein Gütetermin voraus (§ 278 Abs. 2 ZPO).[239] Ein Vorteil kann darin liegen, dass einfach gelagerte Fälle im Gespräch mit den Parteien schnell erörtert und der Fall bereits in diesem frühen Stadium abgeschlossen werden kann.[240] Schwerer fällt dies bei sehr umfangreichen und tatsächlich komplexen Sachverhalten. Auch hier kann im Einzelfall ein früher erster Termin aber dazu dienen, den weiteren Fahrplan abzustecken und die Parteien auf die aus Sicht der Kammer relevanten Streitpunkte hinzuweisen.[241]

c) Klagzustellung und Klagerwiderung

Nach Eingang der Klage wird diese dem Beklagten zugestellt (§ 271 Abs. 1 ZPO). Die Zustellung erfolgt jedoch erst, wenn der Kläger den Gerichtskostenvorschuss bezahlt hat (§ 12 Abs. 1 GKG). Auch bei Vorliegen allgemeiner Verfahrenshindernisse (z.B. fehlende deutsche Gerichtsbarkeit, §§ 18-20 GVG) oder gravierender formeller Mängel der Klageschrift (z.B. fehlender Antrag) unterbleibt die Zustellung.[242]

---

[237] *Förschler/Steinle/Förschler*, Der Zivilprozess, Rn. 401.

[238] Zur Abgrenzung von weiteren Terminsarten: *dies.*, Der Zivilprozess, Rn. 412–413.

[239] Zöller/*Greger*, § 278 Rn. 10.

[240] *Förschler/Steinle/Förschler*, Der Zivilprozess, Rn. 411.

[241] Zu derartigen Strukturierungsterminen → S. 165.

[242] *Förschler/Steinle/Förschler*, Der Zivilprozess, Rn. 429–433.

Sofern das schriftliche Vorverfahren angeordnet ist, muss der Beklagte einen Anwalt bestellen (§§ 271 Abs. 2, 78 Abs. 1 ZPO), der innerhalb einer Frist von zwei Wochen nach Zustellung der Klage die Bereitschaft zur Verteidigung gegenüber dem Gericht anzeigt (§ 276 Abs. 1 S. 1 ZPO). Innerhalb einer vom Gericht zu bestimmenden Frist von mindestens zwei weiteren Wochen, muss der Beklagte auf die Klage erwidern (§ 276 Abs. 1 S. 2 ZPO). Dabei hat er seine Verteidigungsmittel vorzubringen (§ 277 ZPO), indem er beispielsweise Tatsachenbehauptungen des Klägers unter Beweisantritt bestreitet (vgl. § 138 Abs. 2 u. 3 ZPO).

Die Frist zur Klagerwiderung kann auf Antrag verlängert werden (§ 224 Abs. 2 ZPO), mehrmalig nur nach Anhörung (nicht – wie in der Praxis häufig angenommen – mit Zustimmung) des Klägers (§ 225 Abs. 2 ZPO).[243] In der Praxis wird vielfach von dieser Möglichkeit Gebrauch gemacht.

Bei einem frühen mündlichen Termin wird mit der Zustellung der Klage zugleich auch eine Terminbestimmung (§ 216 Abs. 1 u. 2 ZPO) und die Ladung der Parteien (§ 274 Abs. 1 u. 2 ZPO) erfolgen. Der Termin darf frühestens zwei Wochen nach Klagzustellung anberaumt sein (§ 274 Abs. 3 S. 1 ZPO).

d) Replik und Duplik

Nach Eingang der Klagerwiderung übersendet das Gericht diese an den Kläger. Je nach Einschätzung des Gerichts kann es diesem eine Frist zur Stellungnahme setzen (§ 276 Abs. 3 ZPO). Auch ohne Fristsetzung nehmen Rechtsanwälte häufig mit einer Replik zu den Ausführungen der Klagerwiderung Stellung.

---

[243] Zöller/*Feskorn*, § 225 Rn. 7.

In einigen Fällen kommt es (mit oder ohne Aufforderung und Fristsetzung durch das Gericht) zu weiteren Schriftsatzwechseln zwischen Kläger und Beklagtem (Duplik, Triplik, Quadruplik).

Durch ein derartiges hin und her an Schriftsätzen kann das Vorverfahren – insbesondere wenn ein Termin zur mündlichen Verhandlung noch nicht bestimmt ist und die Parteien von Fristverlängerungsanträgen Gebrauch machen – beträchtlich in die Länge gezogen werden.

Jederzeit kann das Gericht rechtliche Hinweise erteilen, um den Rechtsstreit zu strukturieren und auf die Schwerpunkte der Schriftsätze der Parteien Einfluss zu nehmen (§ 139 ZPO).[244]

e) Güteverhandlung und Termin zur mündlichen Verhandlung

Sofern die mündliche Verhandlung nach Ansicht des Gerichts hinreichend vorbereitet ist, bestimmt es den Haupttermin (§§ 272 Abs. 1, 216 ZPO). Mit der Terminsbestimmung erfolgt die Ladung der Parteien (§§ 214, 215 ZPO). Die Ladungsfrist beträgt in Anwaltsprozessen mindestens eine Woche (§ 217 ZPO). Eine Terminverlegung ist bei Vorliegen erheblicher Gründe möglich (§ 227 Abs. 1 S. 1 ZPO).

Die Abstimmung von begrenzten richterlichen Sitzungstagen, kollidierenden Anwaltsterminen und ggf. anderweitigen Verpflichtungen der Parteien – mithin eine Koordinierung von mindestens fünf Beteiligten und ohne Berücksichtigung etwaiger Zeugen und Sachverständigen – macht die Terminfindung zuweilen schwierig und führt zu einer erheblichen Verzögerung der Entscheidung.

---

[244] Ausführlich *Prütting*, FS Musielak, S. 379 ff.

Direkt im Anschluss an den obligatorischen Gütetermin (§ 278 Abs. 2 S. 1 ZPO) folgt üblicherweise der Haupttermin (§ 279 Abs. 1 S. 1 ZPO).[245] Die Parteien stellen ihre Anträge und das Streitverhältnis wird umfassend tatsächlich und rechtlich erörtert (§ 137 Abs. 1 u. 2 ZPO). Auf die vorbereitenden Schriftsätze kann Bezug genommen werden (§ 137 Abs. 3 ZPO).

An die streitige Verhandlung kann sich eine Beweisaufnahme anschließen (§ 279 Abs. 2 ZPO).[246] Sodann erfolgt eine erneute Erörterung des Sach- und Streitstandes und Verhandlung (§§ 279 Abs. 3, 285 Abs. 1 ZPO).

Mündliche Verhandlung und Beweisaufnahme können im Wege der Bild- und Tonübertragung durchgeführt werden (sog. Videokonferenz, § 128a ZPO).[247]

Mehrere Termine sind möglich und bei der Notwendigkeit von Sachverständigengutachten und mehreren Zeugenaussagen auch üblich.

f) Urteilsverkündung

Der Vorsitzende schließt die mündliche Verhandlung und verkündet das Urteil (§ 136 Abs. 4 ZPO).

Nach Schluss der mündlichen Verhandlung ist kein weiterer Sachvortrag möglich (vgl. § 296a ZPO). Häufig wird einer Partei jedoch noch Gelegenheit gegeben, zum gegnerischen Vortrag Stellung zu nehmen

---

[245] Zum Ablauf MüKoZPO/*Prütting*, § 279 Rn. 7-9.

[246] Ausführlich *Balzer/Walther*, Beweisaufnahme und Beweiswürdigung im Zivilprozess.

[247] Dazu ausführlich → S. 177 ff.

(§ 283 S. 1 ZPO). Rechtsausführungen sind auch nach Schluss der mündlichen Verhandlung möglich.[248]

Die Entscheidung soll sofort oder in einem separaten Verkündungstermin erfolgen (§ 310 Abs. 1 S. 1 ZPO). Letzteres ist in Zivilverfahren der Regelfall.

g) *Rechtsmittel / Instanzenzug*

Als Rechtsmittel kommen die Berufung, die Revision und die Beschwerde in Betracht.[249] Mit der Berufung können erstinstanzliche Urteile von der nächsthöheren Instanz in tatsächlicher und rechtlicher Hinsicht überprüft werden, wenn der Wert der Beschwer EUR 600,- übersteigt oder das erstinstanzliche Gericht sie zugelassen hat (§ 511 Abs. 1 u. 2 ZPO). Die Revision ermöglicht, wenn sie zugelassen wird, eine Überprüfung des Berufungsurteils in rechtlicher Hinsicht durch den BGH (§§ 542, 543 ZPO).[250] Mit der sofortigen Beschwerde können bestimmte erstinstanzliche Zwischenurteile, Beschlüsse und Verfügungen der Amts- und Landgerichte angefochten werden (§ 567 ZPO).[251]

Die Rechtsmittelinstanzen sollen im Rahmen der vorliegenden Untersuchung ebenso wie vollstreckungsrechtliche Aspekte nicht näher betrachtet werden.

---

[248] Zöller/*Greger*, § 296a Rn. 2 mwN.

[249] MüKoZPO/*Rimmelspacher*, Vorbem. zu § 511 Rn. 1 (auch zur Abgrenzung zum Begriff des Rechtsbehelfs).

[250] Zur Sprungrevision MüKoZPO/*Krüger*, § 566 § 566 Rn. 1 ff.

[251] MüKoZPO/*Rimmelspacher*, Vorbem. zu § 511 Rn. 7.

6. Das amtsgerichtliche Verfahren

a) *Allgemein*

Die allgemeinen Regelungen zum Prozessablauf (§§ 253-484 ZPO) formen das Verfahren vor den Landgerichten. Für den Amtsgerichtsprozess verweist § 495 ZPO umfassend auf das landgerichtliche Verfahren. Nur wenige Paragrafen (§§ 495-510b ZPO) regeln Abweichungen vom (Standard-) Landgerichtsprozess.[252]

Der bedeutsamste Unterschied dürfte im Verzicht auf den Anwaltszwang (§ 78 Abs. 1 S. 1 ZPO) liegen. Die Parteien können sich selbst vertreten (§ 79 Abs. 1 S. 1 ZPO). Damit einher geht die Möglichkeit, Erklärungen zu Protokoll der Geschäftsstelle abzugeben (§ 496 ZPO). Auch gesteigerte Hinweispflichten seitens des Richters, wie der Hinweis auf die Unzuständigkeit und die Folgen einer rügelosen Einlassung (§ 504 ZPO), sind direkte Folge des aufgehobenen Anwaltszwanges.[253]

Sofern auch im Amtsgerichtsprozess beide Parteien anwaltlich vertreten sind, sind die Unterschiede zum landgerichtlichen Verfahren kaum erkennbar.[254]

b) *§ 495a ZPO*

Daneben bietet § 495a ZPO dem Gericht für Verfahren mit einem Streitwert bis einschließlich EUR 600,- (sog. *Bagatellverfahren*)[255] die Möglichkeit, *„sein Verfahren nach billigem Ermessen [zu] bestimmen"*. *Schellhammer* spricht von einer *„ebenso verführerischen wie gefährlichen*

---

[252] Zu Abweichungen im ersten Buch der ZPO: Stein/Jonas/*Berger*, § 495 Rn. 3.

[253] MüKoZPO/*Deppenkemper*, § 504 Rn. 1.

[254] *Schellhammer*, Zivilprozess, Rn. 1758.

[255] Den Begriff benutzt auch das BVerfG: Urt. v. 15.12.2008, Rs. 1 BvR 69/08, 2.

Vorschrift".[256] Dem römischen Grundsatz „*minima non curat praetor*" folgend, kennt das deutsche Zivilprozessrecht ein besonderes Verfahren für geringwertige Streitigkeiten bereits seit knapp 100 Jahren.[257]

Umfang und Grenzen der Norm sind allerdings weitestgehend ungeklärt. Seit über 20 Jahren hat, soweit ersichtlich, keine vertiefte wissenschaftliche Auseinandersetzung mit § 495a ZPO stattgefunden.[258] Von den 210.870 durch streitiges Urteil vor den Amtsgerichten erledigten Verfahren im Jahr 2021 entfielen immerhin 69.886 auf Verfahren nach § 495a ZPO.[259]

Klar ist: Die Norm dient der Prozessökonomie und soll den Verfahrensaufwand für Parteien und Gericht in einem angemessenen Verhältnis zum Streitwert halten.[260] Eine äußere Grenze bilden jedenfalls die verfassungsrechtlich abgesicherten rechtsstaatlichen Verfahrensgrundrechte.[261] Dazu gehört auch, dass der Richter auf geplante Abweichungen zum Normalverfahren frühzeitig hinweisen muss.[262] Eine zulässige Abweichung ist beispielsweise, ein Verfahren im Wege einer Telefonkonferenz abzuwickeln (§ 128a ZPO erlaubt nur die Videokonferenz).[263] Im Rahmen der Beweisaufnahme können schriftliche Zeugenaussagen und telefonische Befragungen die förmliche

---

256 *Schellhammer*, Zivilprozess, Rn. 1757.

257 § 20 EntlVO v. 22.12.1923; ausführlich zur Geschichte von Bagatellverfahren in Deutschland *Kunze*, Das amtsgerichtliche Bagatellverfahren nach § 495a ZPO, S. 17–70.

258 Zuletzt wohl *Kunze*, Das amtsgerichtliche Bagatellverfahren nach § 495a ZPO; *Rottleuthner*, NJW 1996, 2473 ff.

259 *Statistisches Bundesamt* (Destatis), Statistik Zivilgerichte - Fachserie 10 Reihe 2.1, 2020, S. 18.

260 Stein/Jonas/*Berger*, § 495a Rn. 1/4.

261 Stein/Jonas/*ders.*, § 495a Rn. 24.

262 Stein/Jonas/*ders.*, § 495a Rn. 20.

263 Stein/Jonas/*ders.*, § 495a Rn. 32.

Zeugenaussage in der mündlichen Verhandlung ersetzen.[264] Auf Antrag einer Partei muss mündlich verhandelt werden (§ 495a S. 2 ZPO).

Darüber, ob die verfassungsrechtlichen Grenzen eingehalten werden, ist wenig bekannt. Eine Wertberufung ist angesichts des Streitwerts nicht möglich (§ 511 Abs. 2 Nr. 1 ZPO);[265] es bleibt nur die Anhörungsrüge (§ 321a Abs. 1 S. 1 ZPO). Angesichts der Tatsache, dass ein Devolutiveffekt nicht gegeben ist, und des engen Statthaftigkeitsbereichs der Verletzung rechtlichen Gehörs darf bezweifelt werden, ob Verfahrensmängel des Ausgangsverfahrens nach § 495a ZPO hier wirksam überprüft werden können.[266]

Die fehlende Berufungsmöglichkeit führt auch dazu, dass gem. § 313a Abs. 1 ZPO in Bagatellurteilen kein Tatbestand erforderlich ist. Man mag darauf hoffen, dass der Richter angesichts dieser Erleichterung seine Entscheidung dennoch mit derselben Sorgfalt durchdenkt.[267]

7. Besondere Verfahrensarten

Auch einige besondere Verfahrensarten der ZPO enthalten Erleichterungen des Verfahrens und tragen so dem Effizienzgedanken Rechnung.

---

[264] Stein/Jonas/*ders.*, § 495a Rn. 38.

[265] MüKoZPO/*Deppenkemper*, § 495a Rn. 2.

[266] Ähnlich *Rottleuthner*, NJW 1996, 2473, 2475; MüKoZPO/*Deppenkemper*, § 495a Rn. 50.

[267] Vgl. MüKoZPO/*Deppenkemper*, § 495a Rn. 4.

a) *Mahnverfahren*

Das Mahnverfahren soll dem Gläubiger ohne Verhandlung in der Sache und ohne Entscheidung schnell einen rechtskräftigen und vollstreckbaren Titel an die Hand geben.[268]

Ein Mahnverfahren ist daher nur dann zulässig, wenn lediglich die Zahlung einer bestimmten Geldsumme in Euro gefordert wird (§ 688 Abs. 1 ZPO). Das Verfahren wird mittlerweile überwiegend elektronisch geführt; Rechtsanwälte müssen den Antrag sogar zwingend elektronisch einreichen (§ 702 Abs. 2 S. 2 ZPO). Für den Antrag müssen sich die Antragsteller der vorgegebenen Formulare bedienen (§ 703c Abs. 2 ZPO).

Zuständig ist das Amtsgericht am Wohnsitz des Antragstellers (§ 689 Abs. 2 S. 1 ZPO). Alle deutschen Bundesländer haben jedoch von der Möglichkeit der Zuständigkeitskonzentration nach § 689 Abs. 3 S. 1 ZPO Gebrauch gemacht und Mahnverfahren einem zentralen Mahngericht zugewiesen.[269]

Der Mahnantrag muss nicht einmal eine Begründung enthalten. Lediglich der Anspruch ist zu bezeichnen (§ 690 Abs. 1 ZPO). Eine mündliche Verhandlung findet daher nicht statt. Der funktional zuständige Rechtspfleger prüft lediglich, ob die Formalien für die Zulässigkeit des Mahnverfahrens eingehalten wurden, nicht jedoch die Schlüssigkeit des Anspruchs selbst (§ 691 Abs. 1 ZPO).[270]

Bei Widerspruch des Antragsgegners erfolgt allerdings der Übergang in ein normales Klagverfahren (§§ 696 Abs. 1 S. 1, 697 Abs. 1, 2 ZPO). Sofern der Antragsgegner keinen Widerspruch erhebt, kann jedoch auf

---

[268] BGH, Urt. v. 16.12.1987, Rs. VIII ZR 4/87, Rn. 24.

[269] Übersicht unter Mahngerichte der Bundesrepublik Deutschland (https://www.mahngerichte.de/de/mahngerichte.html).

[270] MüKoZPO/*Schüler*, § 691 Rn. 14.

Antrag ein Vollstreckungsbescheid – und somit ein Vollstreckungstitel – erlassen werden (§ 699 Abs. 1 S. 1 ZPO).

Insgesamt erscheint das Mahnverfahren als ein schnelles, kostengünstiges und einfaches Verfahren, um einen Vollstreckungsbescheid zu erhalten. Es verliert allerdings diese Vorteile, sobald der Übergang in das streitige Verfahren erfolgt. Insofern darf man das Mahnverfahren unter Effizienzgesichtspunkten allenfalls mit Verfahren vergleichen, die ebenfalls ohne streitige Verhandlung und Entscheidung im Wege des Anerkenntnis- oder Versäumnisurteils entschieden werden.[271] Allerdings erfolgt – überraschenderweise – ein Übergang in das streitige Verfahren nur in weniger als 10 % der Fälle.[272] Angesichts von knapp 4,8 Millionen Mahnverfahren im Jahr 2018[273] trägt das Verfahren somit ganz erheblich zu einer schnellen Verfahrensbeendigung bei.

b) Urkundenprozess

Eine weitere besondere Prozessart ist der Urkundenprozess (§§ 592-600 ZPO). Hier erhält der Kläger schnell einen vollstreckbaren Titel, wenn er seinen Zahlungsanspruch durch Urkunden beweisen kann (§ 592 S. 1 ZPO). Neben Urkunden ist als Beweismittel lediglich ein Antrag auf Parteivernehmung möglich (§§ 595 Abs. 2, 605, 605a ZPO). Der Beklagte hat damit keine Möglichkeit, den Anspruch durch Zeugenbeweis oder andere Beweismittel zu bestreiten (§ 598 ZPO).

Zur Sicherung der Beklagtenrechte ist der Urkundenprozess jedoch zweigeteilt: Es ergeht zunächst lediglich ein (vollstreckbares)

---

271 So auch *Schellhammer*, Zivilprozess, Rn. 1863.

272 Statistik bei MüKoZPO/*Schüler*, Vorbem. § 688 Rn. 6.

273 *Statistisches Bundesamt* (Destatis), Statistik Zivilgerichte - Fachserie 10 Reihe 2.1, 2020, S. 13.

Vorbehaltsurteil (§ 599 ZPO). Es schließt sich sodann das Nachverfahren an, welches einem normalen Klagverfahren entspricht (§ 600 ZPO). Für den Kläger des Urkundenprozesses bleibt damit das Risiko, letztlich doch zu unterliegen. Er muss dann dem Beklagten den Schaden ersetzen, der durch die Vollstreckung des Vorbehaltsurteils entstanden ist (§§ 600, 302 Abs 4 S. 2 ZPO).

Man mag daran zweifeln, ob diese besondere Prozessform wirklich zu einer effizienteren Erledigung führt: Sofern die Gegenseite den Anspruch mit Zeugenbeweisen entkräften kann, wird sie regelmäßig in das Nachverfahren gehen. Wenn ein Zeugenbeweis nicht weiterhilft, so hätte man auch im normalen Verfahren nur mit Urkundsbeweisen gearbeitet und wäre häufig ähnlich schnell zu einem Ergebnis wie im Urkundsprozess gekommen. Auch aus diesem Grund spielt der Urkundsprozess in der Praxis nur eine marginale Rolle. Im Jahr 2003 (seitdem wurden keine Daten mehr erhoben) wurden nur 1,5 % der Verfahren vor den Landgerichten und 0,3 % der Verfahren von der Amtsgerichten als Urkundenprozess geführt.[274]

II. Europäische Regelungen

1. Überblick

Auch auf europäischer Ebene finden sich eine Vielzahl zivilprozessualer Regelungen. Ein einheitliches europäisches Zivilprozessrecht – man mag von einer *„europäischen ZPO“*[275] sprechen – sucht man bislang allerdings vergebens.

---

[274] *Musielak/Voit*, § 592 Rn. 2.

[275] Streinz/Michl/*Leible*, Art. 81 Rn. 7.

Für eine Vereinheitlichung des gesamten Prozessrechts fehlt der EU die Kompetenz: Art. 81 AEUV als zentrale Kompetenznorm für die justizielle Zusammenarbeit in Zivilsachen fordert einen grenzüberschreitenden Bezug. Die jeweiligen nationalen Prozessordnungen können mithin nicht verdrängt werden. Unterschiede zwischen den mitgliedstaatlichen Verfahrensregelungen, die die Beilegung grenzüberschreitender Streitigkeiten erschweren, können jedoch nivelliert werden.[276]

Ein Fortschritt wären auch zivilprozessuale Mindeststandards, die in allen Mitgliedstaaten verbindlich wären. Ein Grünbuch über *„Mindestnormen für Zivilverfahren und erforderliche Folgemaßnahmen"* war zwar bis zum Jahr 2013 angedacht.[277] Bis heute ist es jedoch nicht erschienen.[278] Zumindest die Diskussion in der juristischen Literatur zu diesem Thema dauert an, hat jedoch in jüngerer Zeit wieder an Fahrt verloren.[279]

Dennoch war die EU auf dem Gebiet der justiziellen Zusammenarbeit keineswegs untätig, sondern hat von ihrer Kompetenz aus Art. 81 Abs. 1 AEUV regen Gebrauch gemacht. Sie arbeitete dabei insbesondere die in Art. 81 Abs. 2 AEUV genannten Bereiche ab:

- die gegenseitige Anerkennung und die Vollstreckung gerichtlicher und außergerichtlicher Entscheidungen zwischen den Mitgliedstaaten (Art. 81 Abs. 2 lit. a AEUV), insbesondere durch die Abschaffung des Exequaturverfahrens durch die

---

[276] Streinz/Michl/*Leible*, Art. 81 Rn. 7.

[277] Vgl. KOM (2010) 171 endg.

[278] Streinz/Michl/*Leible*, Art. 81 Rn. 13 Fn. 40.

[279] Vgl. *Hess*, Harmonized Rules and Minimum Standards in the European Law of Civil Procedure,*Manko*, Die Europäisierung des Zivilverfahrens; *Weller/Althammer*, Mindeststandards im europäischen Zivilprozessrecht.

novellierte Brüssel Ia-VO[280] im Jahr 2015 (vgl. Art. 36 und Art. 39 Brüssel Ia-VO) sowie die EUKontenpfändungsVO[281];

- die grenzüberschreitende Zustellung gerichtlicher und außergerichtlicher Schriftstücke (Art. 81 Abs. 2 lit. b AEUV) durch die Verordnung über die Zustellung gerichtlicher und außergerichtlicher Schriftstücke in Zivil- oder Handelssachen (EUZVO);[282]

- die Vereinbarkeit der in den Mitgliedstaaten geltenden Kollisionsnormen und Vorschriften zur Vermeidung von Kompetenzkonflikten (Art. 81 Abs. 2 lit. c AEUV) durch die Verordnungen zum anwendbaren Recht (Rom I-VO, Rom II-VO, Rom III-VO)[283] und die internationale Zuständigkeit (Brüssel Ia-VO, Brüssel IIa-VO[284]);

- die Zusammenarbeit bei der Erhebung von Beweismitteln (Art. 81 Abs. 2 lit. d AEUV) durch die Beweisaufnahmeverordnung (EUBVO).[285]

---

[280] VO (EU) Nr. 1215/2012 (ABl. L 351 S. 1, ber. 2016 L 264 S. 43), zuletzt geändert durch Art. 1 ÄndVO (EU) 2015/281 v. 26.11.2014 (ABl. 2015 L 54 S. 1).

[281] VO (EU) Nr. 655/2014 (ABl. L 189 S. 59).

[282] VO (EG) Nr. 1393/2007 (ABl. Nr. L 324 S. 79), geändert durch Art. 1 Abs. 1 Buchst. k) ÄndVO (EU) 517/2013 v. 13. 5. 2013 (ABl. Nr. L 158 S. 1), geändert durch Anh. Nr. 2 ÄndVO (EG) 1103/2008 v. 22.10. 2008 (ABl. Nr. L 304 S. 80).

[283] VO (EG) 593/2008 (ABl. L 177 S. 6, ber. 2009 L 309 S. 87); VO (EG) 864/2007 (ABl. L 199 S. 40, ber. 2012 L 310 S. 52); VO (EU) 1259/2010 (ABl. L 343 S. 10).

[284] VO (EG) 2201/2003 (ABl. L 338 S. 1, ber. 2016 L 99 S. 34), zuletzt geändert durch Art. 104 Abs. 1 Brüssel IIa-VO 2022 v. 25.6.2019 (ABl. L 178 S. 1).

[285] VO (EG) Nr. 1206/2001 (ABl. Nr. L 174 S. 1, ber. 2014 Nr. L 321 S. 11 u. 2016 Nr. L 324 S. 19).

Eines haben die vorgenannten Verordnungen (mit Ausnahme der EUBVO und der EUZVO) gemein: Sie legen den Fokus nicht auf eine Einwirkung auf die nationalen Verfahrensordnungen, sondern befassen sich mit vorgelagerten Fragen wie der Zuständigkeit oder nachgelagerten Fragen wie der Vollstreckung.[286]

Teilweise erfolgt auf europäischer Ebene nicht einmal mehr eine (räumliche) Trennung zwischen Kollisions- und Verfahrensrecht (sog. Querschnittsverordnungen): So legt die EUErbVO [287] sowohl das anwendbare Recht als auch die internationale Zuständigkeit fest und regelt daneben auch gleich die Vollstreckung.[288]

Ein nächster Schritt in Richtung eines einheitlichen Verfahrens erfolgte mit der Einführung eines europäischen Vollstreckungstitels für unbestrittene Forderungen (EUVTVO)[289]. Diese Verordnung enthält auf den ersten Blick nur die Abschaffung der Volltreckbarerklärung für Titel betreffend unbestrittene Forderungen. Sie schafft damit einen Titel der – unabhängig von der Brüssel Ia-VO – in den Mitgliedstaaten ohne weiteres vollstreckbar ist. Darüber hinaus bestimmt die Verordnung jedoch auch verordnungsautonom Mindeststandards hinsichtlich Zustellung an den und die Unterrichtung des Schuldners.[290] Nur bei deren Vorliegen findet eine Vollstreckung statt. Die Verordnung kann dadurch zwar nicht die nationalen Verfahrensrechte ändern. Sie stellt jedoch rudimentäre Normen für ein europäisches Erkenntnisverfahren auf. Mittelbar entwickelt sie hierdurch einen Anpassungsdruck auf die Mitgliedstaaten,

[286] Ebenso Streinz/Michl/*Leible*, Art. 81 Rn. 24.

[287] VO (EU) 650/2012 (ABl. L 201 S. 107, ber. L 344 S. 3, 2013 L 41 S. 16, L 60 S. 140, 2014 L 363 S. 186).

[288] Weitere Beispiele bei Streinz/Michl/*Leible*, Art. 81 Rn. 31.

[289] VO (EG) Nr. 805/2004, ABl. Nr. L 143 S. 15, ber. ABl. 2005 Nr. L 97 S. 64; ABl. 2008 Nr. L 50 S. 71.

[290] Ausführlich Rauscher/*Pabst*, EG-VollstrTitelVO.

die bisher diese Mindeststandards nicht erfüllen, denn deren Titel können nicht von den Erleichterungen der EUVTVO profitieren.[291]

Einen deutlich darüberhinausgehenden Ansatz verfolgen die EUMahnVO[292] und die EUBagatellVO sowie die EUKontenpfändungsVO. Mit ihnen führte der Unionsgesetzgeber erstmals einen *„originär unionsrechtlichen Verfahrenstypus“* [293] ein. Sie treffen auch Regelungen zum Erkenntnisverfahren selbst und schaffen damit in ihrem begrenzten Anwendungsbereich einen europäischen Zivilprozess, der neben die mitgliedstaatlichen Verfahren tritt. *Varga* bezeichnet das als *„Paradigmenwechsel in der europäischen Verfahrensdurchsetzung“*.[294] *Hau* spricht hinsichtlich der EUBagatellVO sogar vom *„Urmodell einer zukünftigen Europäischen Zivilprozessordnung“*.[295]

2. Im Besonderen: die EU-Bagatell-VO

a) Historie

Die Verordnung (EG) Nr. 861/2007 führte zum 1. Januar 2009 (Art. 29 EUBagatellVO) ein europäisches Verfahren für geringfügige Forderungen ein. [296] Das Verfahren soll die Beilegung grenzüberschreitender Streitigkeiten in Zivil- und Handelssachen erleichtern, beschleunigen und die Kosten solcher Verfahren senken. Letztlich dienen derartige Erleichterungen insbesondere den (klagenden) Gläubigern, die gerade bei

---

[291] Rauscher/*Pabst*, EG-VollstrTitelVO Einl Rn. 31; Streinz/Michl/*Leible*, Art. 81 Rn. 37.

[292] VO (EG) 1896/2006 (ABl. L 399 S. 1, ber. 2008 L 46 S. 52, L 333 S. 17, zuletzt geändert durch Art. 1 ÄndVO (EU) 2017/1260 v. 19.6.2017 ABl. L 182 S. 20.

[293] Streinz/Michl/*Leible*, Art. 81 Rn. 37.

[294] Rauscher/*Varga*, EG-BagatellVO Einl Rn. 1.

[295] MüKoZPO/*Hau*, Vor § 1097 Rn. 21; in diese Richtung auch *Haibach*, EuZW 2008, S. 137 ff.

[296] Grundlegend *Brokamp*, Das Europäische Verfahren für geringfügige Forderungen; *Kern*, Justice between simplification and formalism.

geringem Forderungswert den Rechtsweg aus Kostengründen häufig scheuen.[297] Das Verfahren ist ausdrücklich nur als Alternative zum mitgliedstaatlichen zivilrechtlichen Verfahren ausgestaltet und kann dieses nicht verdrängen (Art. 1 Abs. 2 S. 2 EUBagatellVO).[298]

Ursprünglich sah der Verordnungsvorschlag der Kommission noch eine Frist für das gesamte Verfahren nach der EUBagatellVO von sechs Monaten vor.[299] Wenngleich die Erledigung des Verfahrens von Klageerhebung bis Urteil weiterhin innerhalb von sechs Monaten abgeschlossen werden soll, sind in der EUBagatellVO lediglich einzelne Fristen zwischen 14 und 30 Tagen enthalten, die jeweils verlängert werden können (vgl. Art. 5 Abs. 2-5 iVm. Art. 14 EUBagatellVO).[300]

Mit Wirkung zum 14. Juli 2017 erfolgte eine Novellierung der EUBagatellVO (Art. 3 VO (EU) 2015/2421), wodurch man versuchte, sie aktuellen Erfordernissen von grenzüberschreitenden Streitigkeiten über geringfügige Forderungen anzupassen. Die EUBagatellVO stellt damit ein weiterhin aktuelles Instrumentarium bereit, um Lösungen für mögliche (Effizienz-)Defizite des nationalen Prozessrechts zu formulieren.

Eine wesentliche Änderung der Novelle bestand in der Anhebung der Bagatellgrenze von EUR 2.000,- auf EUR 5.000,- (Art. 2 Abs. 1 S. 1 EUBagatellVO). Die Kommission hatte ursprünglich sogar eine Erhöhung auf EUR 10.000,- geplant.[301] Man darf bezweifeln, dass bei derartigen Streitwerten noch von einem *„small claim"* bzw. *„Bagatellverfahren"*

---

[297] Rauscher/*Varga*, EG-BagatellVO Art. 1 Rn. 1.

[298] Überblick zu Bagatellverfahren in ausgewählten Mitgliedstaaten bei Rauscher/*Varga*, EG-BagatellVO Einl. Rn. 36-54.

[299] Art. 10 COM (2005) 87 final.

[300] *Mayer/Lindemann*, NJW 2012, 2317, Fn. 18; Rauscher/*Varga*, EG-BagatellVO Einl. Rn. 54.

[301] Art. 2 COM (2013) 794 final.

gesprochen werden kann.[302] Die Wertgrenze des § 495a ZPO für das amtsgerichtliche Verfahren nach billigem Ermessen beträgt beispielsweise lediglich EUR 600,-.[303]

b) Verfahrensablauf

aa) Anwendungsbereich

(i) Sachlich

Der oben geschilderten Zielrichtung folgend begrenzt Art. 2 EUBagatellVO den sachlichen Anwendungsbereich auf Zivil- und Handelssachen, wobei neben aus anderen Verordnungen (z.B. Art. 2 Abs. 2 Brüssel Ia-VO) bereits bekannten Bereichsausnahmen (wie z.B. Personenstand, eheliche Güterstände) auch Persönlichkeitsrechtsverletzungen ausgenommen sind (Art. 2 Abs. 2 lit. j EUBagatellVO).[304] Im Gegensatz zur EUMahnVO können jedoch außervertragliche Schuldverhältnisse grundsätzlich unter die EUBagatellVO fallen.[305] Wenngleich Geldforderungen sicherlich den Hauptanwendungsfall bilden, können auch Herausgabeklagen sowie Feststellungs- und Gestaltungsklagen im Rahmen der EUBagatellVO erhoben werden.[306] Der Streitwert darf EUR 5.000,- nicht überschreiten (Art. 2 Abs. 1 S. 1 EUBagatellVO). Zinsen, Kosten und Auslagen bleiben hierbei

---

[302] Krit. *Leipold*, FS Prütting, S. 401, 403; *Kern*, JZ 2012, 389, 393; *Hau*, FS Gottwald, S. 255, 260.

[303] → S. 74.

[304] Ausführlich Rauscher/*Varga*, EG-BagatellVO Art. 2 Rn. 19-22.

[305] MüKoZPO/*Hau*, Art. 2 EUBagatellVO Rn.5.

[306] MüKoZPO/*Hau*, Art. 2 EUBagatellVO Rn. 6; aA hinsichtlich Feststellungs- u. Gestaltungsklagen Rauscher/*Varga*, EG-BagatellVO Art. 2 Rn. 3.

unberücksichtigt (vgl. Erwägungsgrund Nr. 10 EUBagatellVO). Die Streitwertbestimmung im Übrigen erfolgt allerdings nach der lex fori.[307]

(ii) Räumlich

In räumlicher Hinsicht begrenzt Art. 3 Abs. 1 EUBagatellVO den Anwendungsbereich auf grenzüberschreitende Rechtssachen: Mindestens eine der Parteien muss ihren Wohnsitz oder gewöhnlichen Aufenthalt in einem anderen Mitgliedstaat als dem des angerufenen Gerichts haben. Rein nationale Sachverhalte sollen und können entgegen des Wunschdenkens einzelner[308] und der Kommission[309] wegen Art. 81 AEUV nicht von dem Verfahren erfasst sein.[310] Letztlich fallen dennoch mehr Verfahren unter den Terminus der grenzüberschreitende Rechtssache im Sinne von Art. 3 Abs. 1 EUBagatellVO, als man auf den ersten Blick vermuten würde, wie die nachfolgende an *Hau* angelehnte Auflistung zeigt:[311]

- eine Partei ist in Deutschland und die andere Partei in einem anderen Mitgliedstaat ansässig,
- beide Parteien sind in demselben anderen Mitgliedstaat ansässig,
- die Parteien sind in verschiedenen anderen Mitgliedstaaten ansässig,
- eine Partei ist in einem anderen Mitgliedstaat und die andere Partei in einem Drittstaat ansässig.

[307] MüKoZPO/*Hau*, Art. 2 EUBagatellVO Rn. 7.

[308] Z.B. *Haibach*, EuZW 2008, 137, 140.

[309] COM (2005) 87 final.

[310] MüKoZPO/*Hau*, Art. 3 EUBagatellVO Rn. 1.

[311] MüKoZPO/*Hau*, Art. 3 EUBagatellVO Rn. 3.

Dänemark nimmt eine Sonderrolle ein und ist als einziger EU-Mitgliedstaat nicht an die EUBagatellVO gebunden (Erwägungsgrund 26 VO (EU) 2015/2421). Gegenüber dem Vereinigten Königreich galt die EUBagatellVO gem. Art. 127 Brexit-Abkommen[312] jedenfalls bis zum 31.12.2020 fort.

bb) Verfahrenseinleitung durch Formblatt A

Der Kläger leitet das Verfahren ein, indem er das in Anhang I der EUBagatellVO vorgegebene Klageformblatt A ausgefüllt beim zuständigen Gericht einreicht (Art. 4 Abs. 1 EUBagatellVO). Die Nutzung des Formblatts A ist verpflichtend. Ohne das Formblatt kann kein Verfahren nach der EUBagatellVO durchgeführt werden.[313]

Das Formblatt A verlangt vom Kläger zunächst Angaben zum Kläger, dem Beklagten und dem zuständigen Gericht (Nr. 1-4 Formblatt A).[314] Das international zuständige Gericht ergibt sich regelmäßig aus der Brüssel Ia-VO.[315] Der Kläger selbst muss in Nr. 4 Formblatt A die zuständigkeitsrelevanten Anknüpfungspunkte ankreuzen. Die damit einhergehenden Wertungen dürften den durchschnittlichen, nicht anwaltlich vertretenen Kläger regelmäßig überfordern.[316] Sachlich ist

[312] Abkommen über den Austritt des Vereinigten Königreichs Großbritannien und Nordirland aus der Europäischen Union und der Europäischen Atomgemeinschaft v. 24.1.2020, ABl. 2020 L 29, 7.

[313] MüKoZPO/*Hau*, Art. 4 EUBagatellVO Rn. 1; Rauscher/*Varga*, EG-BagatellVO Art. 4 Rn. 2.

[314] Krit. zur Länge des Formblatts *Kern*, JZ 2012, 389, 394.

[315] Str., Nachweise bei MüKoZPO/*Hau*, Art. 3 EUBagatellVO 8-10.

[316] Ebenso Rauscher/*Varga*, EG-BagatellVO Art. 4 Rn. 5.

wegen des Maximalstreitwertes von EUR 5.000,- in Deutschland das Amtsgericht zuständig (vgl. § 23 Nr. 1 GVG).[317]

Ferner muss das Rechtsschutzziel (Geldforderung oder etwas anderes) angegeben (Nr. 7 Formblatt A) und der zugrundeliegende Lebenssachverhalt beschrieben werden (Nr. 8 Formblatt A). Etwaige Beweise sollen beschrieben und in Kopie beigefügt werden, können allerdings auch noch im Laufe des Verfahrens beigebracht werden (Nr. 8 Formblatt A). Präklusionsvorschriften enthält die EUBagatellVO nicht. Über Art. 19 EUBagatellVO mag man zumindest § 296 Abs. 2 ZPO heranziehen.[318]

Für Rechtsausführungen hält das Formblatt A kein spezifisches Feld vor – sie sind nicht erforderlich (vgl. Art. 12 Abs. 1 EUBagatellVO). Das Formblatt selbst muss in der Sprache des Gerichts sein, bei dem es eingereicht wird; Übersetzungen der Beweisstücke sind zunächst nicht erforderlich (Art. 6 Abs. 1 u. 2 EUBagatellVO).[319] Formblatt A endet mit der Unterschrift des Klägers.

Die Übermittlung des Formblatts A erfolgt in der von der jeweiligen lex fori zugelassenen Weise (Art. 4 Abs. 1 EUBagatellVO). § 1097 Abs. 1 ZPO gestattet die Einreichung als Schriftsatz, als Telekopie oder als elektronisches Dokument (§ 130a ZPO). Interessanterweise ist die mündliche Einreichung zu Protokoll der Geschäftsstelle (vgl. § 496 iVm. § 129a ZPO) nicht vorgesehen.[320] Angesichts des Formularzwanges und

---

[317] Zu möglichen Ausnahmen wie Schadensersatzansprüchen aufgrund des KapMuG, die zu einer Zuständigkeit des LG führen können, siehe Rauscher/*Varga*, EG-BagatellVO Art. 2 Rn. 13.

[318] MüKoZPO/*Hau*, Art. 4 EUBagatellVO Rn. 2; anders wohl Rauscher/*Varga*, EG-BagatellVO Art. 4 Rn. 10.

[319] Ausführlich Rauscher/*Varga*, EG-BagatellVO Art. 6 Rn. 2.

[320] Krit. MüKoZPO/*Hau*, Art. 4 EUBagatellVO Rn. 3 mwN.

der umfangreichen Ausfüllhilfen hatte sich der Gesetzgeber bewusst dagegen entschieden.[321]

Einen Anwaltszwang gibt es in dem Verfahren ausdrücklich nicht (Art. 10 EUBagatellVO). Interessant ist in diesem Zusammenhang die – wohl eher theoretische – Möglichkeit einer Klage vor dem Landgericht z.B. wegen Schadensersatzpflichten im Zusammenhang mit Kapitalmarktinformationen (§ 71 Abs. 2 Nr. 3 GVG). Sollte jemand sich in einem solchen Verfahren nicht ohnehin anwaltlich beraten lassen, würde Art. 10 EUBagatellVO den § 78 Abs. 1 S. 1 ZPO verdrängen.[322]

cc) Verfahrensgang

(i) Prüfung der Klage durch das Gericht

Nach Eingang des Klageformblatts A bei Gericht, arbeitet dieses noch vor Zustellung an den Beklagten den Prüfungskatalog des Art. 4 Abs. 3 u. 4 EUBagatellVO ab: Das Gericht prüft zunächst, ob der Anwendungsbereich der EUBagatellVO eröffnet ist. Ist das nicht der Fall, kann der Kläger die Klage zurücknehmen oder im normalen Verfahren des jeweiligen Mitgliedstaates weiterführen (Art. 4 Abs. 3 EUBagatellVO). Anschließend erfolgt eine Prüfung, ob das Klageformblatts A richtig ausgefüllt ist. Ergeben sich hierbei formale Mängel, gibt das Gericht dem Kläger mit einem Formblatt B unter Fristsetzung die Gelegenheit, die Mängel zu beheben. Bei Nichtbehebung erfolgt die Zurückweisung der Klage.[323]

---

[321] BT-Drs. 16/8839, 26.

[322] MüKoZPO/*Hau*, Art. 10 EUBagatellVO Rn. 2; Rauscher/*Varga*, EG-BagatellVO Art. 10 Rn. 2.

[323] MüKoZPO/*Hau*, Art. 4 EUBagetellVO Rn. 16.

Schließlich kann das Gericht die Klage auch wegen offensichtlicher Unzulässigkeit oder offensichtlicher Unbegründetheit zurückweisen (Art. 4 Abs. 4 Uabs. 2 S. 1 EUBagatellVO). Zuvor ist dem Kläger jedoch aus rechtsstaatlichen Gründen rechtliches Gehör zu gewähren, auch wenn sich dies nicht aus der EUBagatellVO selbst ergibt.[324]

Für die vorgenannten Prüfung hat das Gericht 14 Tage Zeit und stellt anschließend mittels des Formblatts C dem Beklagten die Klage zu (Art. 5 Abs. 2 EUBagatellVO). Dieses enthält umfangreiche Hinweise zum Verfahrensablauf für den Beklagten.

(ii) Klagerwiderung

Innerhalb von 30 Tagen nach der Zustellung muss der Beklagte seine Klagerwiderung einreichen (Art. 5 Abs. 3 EUBagatellVO). Maßgeblich für die Fristeinhaltung soll der Zugang bei Gericht sein.[325] Der Beklagte kann durch Ausfüllen von Teil II Formblatt C erwidern, aber auch – im Gegensatz zum Kläger – auf andere Weise als durch das Formblatt vortragen (Art. 5 Abs. 3 EUBagatellVO).[326] Neben der Möglichkeit des (teilweisen) Anerkenntnisses bietet das Formblatt C Möglichkeiten tatsächlicher Erwiderung und entsprechenden Beweisvortrags. Auch die Erhebung einer Widerklage ist (unter Verwendung des Formblatts A) möglich (Art. 5 Abs. 6 EUBagatellVO).[327]

---

[324] MüKoZPO/*Hau*, Art. 4 EUBagatellVO Rn. 4 mwN; Rauscher/*Varga*, EG-BagatellVO Einl. Rn. 61 "Justizgewährungsanspruch ausgehöhlt".

[325] Str. MüKoZPO/*Hau*, Art. 5 EUBagatellVO Rn. 7 mwN.

[326] MüKoZPO/*Hau*, Art. 5 EUBagatellVO Rn. 4; Rauscher/*Varga*, EG-BagatellVO Art. 5 Rn. 1.

[327] Krit. wegen der damit einhergehenden Verzögerungsmöglichkeit für den Beklagten BeckOK ZPO/*Wolber*, EuGFVO Art. 5 Rn. 18.

(iii) Schriftliches Verfahren

Die EUBagatellVO sieht ein grundsätzlich schriftliches Verfahren vor.[328] Nur ausnahmsweise findet eine mündliche Verhandlung statt, wenn das Gericht entweder der Auffassung ist, dass es auf der Grundlage der schriftlichen Beweismittel kein Urteil fällen kann, oder wenn eine der Parteien einen entsprechenden Antrag stellt (Art. 5 Abs. 1, 1a EUBagatellVO). Der Kläger muss sich hierzu explizit in Formblatt A äußern, der Beklagte in Formblatt C. Das Gericht kann allerdings eine mündliche Verhandlung ablehnen, obwohl beide Parteien übereinstimmend eine Verhandlung beantragen (Art. 5 Abs. 1a S. 2 EUBagatellVO).[329] Sofern das Gericht ausnahmsweise eine mündliche Verhandlung für erforderlich hält, soll diese unter Einsatz von Fernkommunikationstechnologie wie Video- oder Telekonferenz stattfinden (Art. 8 Abs. 1 EUBagatellVO). § 1100 Abs. 1 ZPO verweist hierfür auf die Möglichkeiten des § 128a Abs. 1 S .2 ZPO, wonach eine zeitgleiche Übertragung der Verhandlung in Bild und Ton in das Sitzungszimmer erforderlich ist. Reine Telefonkonferenzen oder Verhandlungen ohne die Öffentlichkeit des Gerichtssaales sind danach ausgeschlossen.[330]

(iv) Urteil

Art. 7 Abs. 1 EUBagatellVO sieht vor, dass das Gericht innerhalb von 30 Tagen nach Eingang der Klagerwiderung ein Urteil erlässt. Alternativ kann das Gericht den Parteien eine Frist von bis zu 30 Tagen für weiteren Vortrag setzen (z.B. zur Stellungnahme auf eine Klagerwiderung), eine Beweisaufnahme durchführen oder innerhalb von weiteren 30 Tagen eine

---

[328] Sehr krit. *Kern*, JZ 2012, 389, 394; *Leipold*, FS Prütting, S. 401, 404.

[329] Zurecht krit. MüKoZPO/*Hau*, Art. 5 EUBagatellVO Rn. 2 mwN; Rauscher/*Varga*, EG-BagatellVO Art. 5 Rn. 2-4.

[330] MüKoZPO/*Hau*, Art. 8 EUBagatellVO Rn. 2.

mündliche Verhandlung ansetzen. Das Urteil soll dann 30 Tage nach der mündlichen Verhandlung ergehen (Art. 7 Abs. 2 S. 1 EUBagatellVO). Äußert sich eine Partei nicht fristgereicht oder erscheint nicht zur mündlichen Verhandlung, ergeht eine Entscheidung nach Aktenlage und damit kein Versäumnisurteil (Art. 7 Abs. 3 EUBagatellVO, § 1103 S. 1 ZPO).[331] Ein gerichtlicher Vergleich ist möglich (Art. 12 Abs. 3 EUBagatellVO).

(v) Beweisaufnahme

Wenn eine Beweisaufnahme stattfinden soll, ist das Gericht dazu angehalten, die einfachste und am wenigsten aufwendige Art der Beweisaufnahme zu wählen (Freibeweisverfahren, Art. 9 Abs. 1 EUBagatellVO).[332] Dabei sind ausdrücklich schriftliche Aussagen von Zeugen sowie auch eine schriftliche Parteivernehmung zulässig (Art. 9 Abs. 2 EUBagatellVO). Ein Sachverständigenbeweis kommt nur ausnahmsweise in Betracht (Art. 9 Abs. 4 EUBagatellVO).[333]

(vi) Urteilszustellung

Im Bagatellverfahren ersetzt die Zustellung des Urteils die Verkündung.[334] Gemäß Art. 17 EUBagatellVO bestimmt die lex fori etwaige Rechtsbehelfe gegen das Urteil. In Deutschland sind Berufung (bei Überschreiten der Berufungssumme von EUR 600; § 511 Abs. 2 Nr. 1 ZPO) und ggf. Revision (§§ 542 ff. ZPO) statthaft.[335] Im Rahmen der Vollstreckung darf keine *révision au fond* erfolgen (Art. 22 Abs. 2

---

[331] MüKoZPO/*Hau*, Art. 7 EUBagatellVO Rn. 8.

[332] Näher Rauscher/*Varga*, EG-BagatellVO Art. 9 Rn. 1-13.

[333] Krit. zur "Kosteneffizienz als Leitmotiv der Regelung" Rauscher/*Varga*, EG-BagatellVO Art. 9 Rn. 11-13.

[334] MüKoZPO/*Hau*, Vor § 1097 Rn. 16.

[335] MüKoZPO/*Hau*, Art. 4 EUBagatellVO Rn. 21; Rauscher/*Varga*, EG-BagatellVO Art. 18 Rn. 3.

EUBagatellVO). Es ist nicht einmal eine *ordre public*-Kontrolle vorgesehen.[336] In Ausnahmefällen kann eine Überprüfung des Urteils in einem verordnungsautonomen Verfahren erfolgen (Art. 18 EUBagatellVO).[337]

(vii) Kostentragung

Die unterlegene Partei trägt die Kosten des Verfahren. Der Erstattungsanspruch ist für die obsiegende Partei jedoch auf die notwendigen und im Verhältnis zur Klage angemessenen[338] Kosten begrenzt (Art. 16 EUBagatellVO).

(viii) Umsetzungsvorschriften

Einzelne Umsetzungsvorschriften zur EUBagatellVO finden sich in Abschnitt 6 der Zivilprozessordnung (§§ 1097-1109 ZPO). Diese haben für die nachfolgende Untersuchung keine eigenständige Relevanz.

c) Rezeption / Bedeutung

Das Bagatellverfahren ist in Deutschland bislang ohne nennenswerte praktische Bedeutung geblieben.[339] Es zeigt sich aber ein leichter Aufwärtstrend bei den Fallzahlen: Zwischen den Jahren 2012 und 2018 stagnierten diese im Bereich von 500 Verfahren pro Jahr.[340] Trotz einer Vervielfachung der absoluten Verfahrenszahlen auf 2.380 Verfahren im

---

[336] MüKoZPO/*Hau*, Vor § 1097 Rn. 17; krit. *Kern*, JZ 2012, 389, 397.

[337] Näher *Pfeiffer*, in: Geimer/Schütze/Hau (Hrsg.), Internationaler Rechtsverkehr in Zivil- und Handelssachen, Art. 18 Rn. 1-30.

[338] Zur problematischen Unvorhersehbarkeit der Erstattung Rauscher/*Varga*, EG-BagatellVO Art. 16 Rn. 4-10.

[339] Ebenso MüKoZPO/*Hau*, Vor § 1097 Rn. 18.

[340] *Ders.*, FS Gottwald, S. 255, 256.

Jahr 2020, bleibt der Anteil an allen vor den Amtsgerichten erledigten Verfahren mit 0,27 % weiter sehr gering.[341]

Über die Gründe der geringen Verfahrenszahlen lässt sich nur spekulieren:

- Ein Aspekt könnte darin liegen, dass Kläger erst ab einem gewissen Betrag überhaupt bereit sind, auch im Ausland Klage zu erheben.[342]
- Daneben mögen auch die begrenzten Anwaltsgebühren (lediglich Verfahrensgebühr und keine Terminsgebühr) das Verfahren in der Anwaltschaft nicht gerade beliebt machen.[343]
- *Hau* bemängelt die fehlende Expertise der deutschen Gerichte, weil es – anders als im europäischen Mahnverfahren – keine deutschlandweite Zuständigkeitskonzentration gebe.[344] Allerdings lässt § 1104a ZPO zumindest eine Konzentration auf Länderebene zu. Nordrhein-Westfalen, Hessen, Baden-Württemberg, Sachsen-Anhalt und Schleswig-Holstein haben die Zuständigkeiten mittlerweile konzentriert.[345]

Die Kommission stellte in ihrer Evaluation aus dem Jahr 2013 ebenfalls fest, dass die Fallzahlen sehr gering waren. Insbesondere war das Verfahren in vielen Mitgliedstaaten nahezu unbekannt.[346]

Die Kommission schlug daraufhin ein Maßnahmenpaket, wie die Erhöhung der Wertgrenze auf EUR 10.000,-, die Erweiterung des

---

[341] *Statistisches Bundesamt* (Destatis), Statistik Zivilgerichte - Fachserie 10 Reihe 2.1, 2020, S. 18.

[342] So auch *Linke/Hau*, Internationales Zivilverfahrensrecht, Rn. 11.32.

[343] *Leipold*, FS Prütting, S. 401, 409.

[344] MüKoZPO/*Hau*, Vor § 1097 Rn. 18.

[345] MüKoZPO/*Hau*, Art. 4 EU-BagatellVO Rn. 9.

[346] *Europäische Kommission*, COM (2013) 794, 19.11.2013, S. 3.

räumlichen Anwendungsbereichs sowie die verpflichtende Nutzung elektronischer Kommunikationsmittel, vor, um die Bekanntheit des Bagatellverfahrens zu steigern und das Verfahren an sich attraktiver zu machen.[347] Auf die Reformvorschläge blickte man in Deutschland kritisch.[348] Letztlich konnten sich nur einige Maßnahmen, wie z.B. die Erhöhung der Wertgrenze auf EUR 5.000,-, im Wege eines Kompromisses durchsetzen.[349]

Die Änderungen gelten seit dem 14. Juli 2017, sodass die Steigerung der Fallzahlen und der Zeitpunkt der Reform miteinander zu korrelieren scheinen. Die kommenden Jahre müssen zeigen, ob sich die Fallzahlen weiter signifikant erhöhen.

In Deutschland scheinen die kritischen Stimmen zu überwiegen: Letztlich tritt sie nur neben die mitgliedstaatlichen Verfahrensordnungen.[350] Damit kann von einer Vereinheitlichung keine Rede sein.[351] Über die Öffnungsklausel des Art. 19 EUBagatellVO kommen selbst bei Anwendung der EUBagatellVO ergänzend die mitgliedstaatlichen Verfahrensordnungen zum Tragen. Angesichts von nur sehr wenigen veröffentlichten deutschen Entscheidungen[352] ist offen,

---

[347] *Dies.*, COM (2013) 794, 19.11.2013, S. 5–9.

[348] *Huber*, RIW 2018, 625 ff.; *Hau*, FS Gottwald, S. 255, 258–266; *Sujecki*, ZRP 2014, 84 ff.

[349] VO (EU) 2015/2421.

[350] https://e-justice.europa.eu/content_small_claims-42-de-de.do?member=1; Überblick auch bei Rauscher/*Varga*, EG-BagatellVO Einl. Rn. 36 ff.

[351] Rauscher/*Varga*, EG-BagatellVO Einl Rn. 4, der abschätzig von einer "l'art pour l'art-Rechtssetzung" spricht.

[352] Das Forschungsprojekt IC2BE weist für Deutschland lediglich sieben Entscheidungen aus (Stand: Januar 2022); darin fehlen jedoch die in Fn. 357 genannten Entscheidungen; eine Entscheidung des OLG Hamburg in der Datenbank hat keinen Bezug zur EUBagatellVO, https://ic2be.uantwerpen.be/?_ga=2.262226892.1101449633.1592917130-1712146732.1592917130#/search/national.

ob dieses Zusammenspiel mit den mitgliedstaatlichen leges fori zu Problemen führt.[353] Jedenfalls erhält man *„27 unterschiedliche europäische Bagatellverfahren“*.[354]

Ein Anwendungsbereich, für den sich das Bagatellverfahren besonders eignet, sind in sachlicher Hinsicht Fluggastrechteklagen.[355] Hierbei handelt es sich häufig um grenzüberschreitende Sachverhalte mit einigen hundert Euro Streitwert, bei denen eine mündliche Verhandlung und Beweisaufnahme nicht erforderlich sind. Das materielle Recht ist zudem durch die Fluggastrechte-VO[356] europaweit vereinheitlicht. Die Fluggesellschaften verweigern eine Zahlung und reagieren erst auf die Einreichung einer Klage. Die EUBagatellVO bietet in diesem und ähnlich gelagerten Fällen einen gut handhabbaren Weg einer schnellen Erledigung über mitgliedstaatliche Ländergrenzen hinweg. Hierzu ist auch der überwiegende Teil der wenigen in Deutschland ersichtlichen Rechtsprechung ergangen.[357] Auf diesen Anwendungsfall wird später noch zurückzukommen sein.

C. Effizienzdefizite des Zivilprozesses

Nach den vorhergehenden Grundlagen zur Rolle der Effizienz im Recht sollen in der Folge konkrete Effizienzdefizite identifiziert werden. Für die Untersuchung ist es sinnvoll, den Zivilprozess in drei Ebenen zu unterteilen (I.). Anschließend erfolgt eine kurze Auflistung von

---

[353] So wohl *Linke/Hau*, Internationales Zivilverfahrensrecht, Rn. 11.32.

[354] Rauscher/*Varga*, EG-BagatellVO Art. 19 Rn. 1.

[355] Ausführlich *Mayer/Lindemann*, NJW 2012, 2317 ff.

[356] VO (EG) Nr. 261/2004 v. 11.2.2004, Abl. 2004 L 46, 1.

[357] LG Frankfurt, Urt. v. 21.02.2019, Rs. 2-24 S 195/18; AG Simmern, Urt. v. 06.01.2012, Rs. 3 C 732/11, RRa2012, 192; AG Gießen, Urt. v. 23.04.2013, Rs. 49 C 381/12, RR2013, 1073 = IPRspr 2013, Nr 204, 445-446.

Effizienzdefizite des deutschen Zivilprozesses im Vergleich zur EUBagatellVO (II.).

I. Betrachtungsebenen

Eine Effizienzbetrachtung ist auf drei Ebenen sinnvoll. Jede diese Ebenen weist Spezifika im Hinblick auf eine Effizienzuntersuchung auf, die eine undifferenzierte Betrachtung ausschließen – zumal sich die Untersuchungsteile der Arbeit nur mit einer der drei sogleich zu erläuternden Ebenen befassen. Auf einer Makroebene sind Nutzen und Kosten des Instituts Zivilprozess in seiner Gesamtheit zu betrachten. Auf einer Mikroebene I sind Aussagen zu einzelnen Ordnungsaufgaben[358], jedoch typisiert für eine Vielzahl von Zivilprozessen, zu treffen. Auf einer Mikroebene II steht die einzelne Entscheidung des Richters in einer konkreten Situation innerhalb eines spezifischen Zivilprozesses.

1. Makroebene

a) Umfang

Eine Kosten-/Nutzen-Betrachtung ist nur dann sinnvoll, wenn zuvor der Gegenstand „Zivilprozess“ klar definiert ist.

Dazu zählen jedenfalls die in der Zivilprozessordnung geregelten Verfahren in bürgerlichen Rechtsstreitigkeiten vor den Amts-, Land-, Oberlandesgerichten sowie vor dem Bundesgerichtshof.[359] Das gilt unabhängig davon, ob es sich um erstinstanzliche Verfahren handelt oder Berufung und Revision betroffen sind. Einbezogen sind auch Mahnverfahren, ebenso wie einstweilige Verfügungsverfahren und die

[358] Begriff entlehnt von *Breidenstein*, Zur Methodik der Verfahrensrechtsvergleichung, S. 3.

[359] Stein/Jonas/*Brehm*, vor § 1 ZPO Rn. 2.

Vollstreckungsverfahren. Zivilrechtliche Verfahren vor dem Bundesverfassungsgericht und den Gerichten der Europäischen Union sind ebenfalls miteinzuberechnen.

Nicht zum Zivilprozess zählen hingegen Familiensachen und Angelegenheiten der freiwilligen Gerichtsbarkeit, bei denen es sich zwar um den ordentlichen Gerichten zugewiesene Zivilsachen handelt (vgl. § 13 Abs. 1 GVG), die jedoch eigenen Prozessordnungen unterliegen.[360]

Wenngleich alternative Streitbeilegungsformen wie Mediation und Schiedsgerichtsbarkeit streng genommen ebenfalls nicht zum Zivilprozess zählen, müssen auch sie in eine Kosten-/Nutzen-Betrachtung miteinfließen, wenn es sich um zivilrechtliche Streitigkeiten handelt. Der Gesetzgeber hat sich gerade dazu entschieden, neben dem Verfahren der Zivilprozessordnung auch derartige Verfahren zuzulassen, die ansonsten durch staatliche Zivilgerichte entschieden würden. Ihnen kommt eine entscheidende Entlastungsfunktion im Hinblick auf die staatlichen Gerichte zu.[361] Sie haben somit mittelbare Auswirkungen auf Kosten und Nutzen des Zivilprozesses als Ganzes. Diese Aufzählung determiniert auch die zu berücksichtigenden Akteure.[362]

b) Kosten/Nutzen-Begriff

aa) Nutzenbegriff

Auf der Ebene des Nutzenbegriffs ist zwischen Prozessökonomie und wohlfahrtsökonomischer Effizienz zu unterscheiden.

---

[360] Stein/Jonas/*ders.*, vor § 1 ZPO Rn. 2.

[361] Vgl. MüKoZPO/*Rauscher*, Einl. Rn. 69/70.

[362] Dazu noch → S. 100.

(i) Prozessökonomie

Der Begriff des Nutzens im Rahmen der Prozessökonomie ist eng verwoben mit den bereits erörterten Prozesszwecken.[363] Wenn der Zweck des Zivilprozess die Durchsetzung der Rechte des Einzelnen ist, dann besteht der Nutzen im Rahmen der Prozessökonomie genau darin: Er bemisst sich nach dem Grad der Verwirklichung dieses Zwecks.[364] Das gilt auch, wenn die Verfahrensbeteiligten andere Zwecke verfolgen, und daher die Rechtsdurchsetzung für sie aus individueller Perspektive nicht nützlich sein sollte.[365]

Insofern ist die Nutzenseite abstrakt leicht zu bestimmen. Die konkrete Gewichtung im Rahmen einer Effizienzbetrachtung bleibt allerdings schwierig.[366]

(ii) Wohlfahrtsökonomische Effizienz

Die Nutzenbestimmung im Rahmen des wohlfahrtsökonomischen Effizienzbegriffs weicht hiervon ab. Wie bereits dargestellt, ist einziger Zweck der wohlfahrtsökonomischen Effizienzbegriffe die Mehrung der Wohlfahrt.[367] Dem Zweck der Rechtsdurchsetzung schenken sie nur dann (indirekt) Beachtung, soweit dieser ebenfalls die Gesamtwohlfahrt erhöht. Für den Nutzenbegriff bedeutet das, dass jede Wohlfahrtssteigerung als Nutzen anzusehen ist.

---

[363] Dazu oben → S. 59.

[364] Ähnlich *Fries*, Verbraucherrechtsdurchsetzung, S. 100.

[365] *Ders.*, Verbraucherrechtsdurchsetzung, S. 100.

[366] Dazu sogleich → S. 103.

[367] Bereits oben → S. 30.

bb) Kostenbegriff

Auf Kostenseite unterscheiden sich Prozessökonomie und wohlfahrtsökonomische Effizienz nicht. Es sind alle direkten und indirekten Kosten, die sich in Geld- und Zeitaufwand niederschlagen, in die Rechnung einzustellen.[368]

Zu den direkten Kosten zählen beispielsweise die Ausgaben für den (zivilrechtlichen) Justizapparat in Form von Richtern, Geschäftsstellen, weiteren Mitarbeitern, Ausstattung und Gebäuden. Hinzu kommt der mittelbare Aufwand für entsprechende Gesetzesvorhaben der Legislative in den Ministerien und Verbänden.

Akteure sind neben den natürlichen Personen und Unternehmen als Parteien, auch Anwälte, Sachverständige und Zeugen. Diese investieren Geld und Zeit – verursachen mithin Kosten. In einer umfassenden Rechnung müsste auch berücksichtigt werden, dass insbesondere Rechtsanwälte und Sachverständige für diesen Einsatz eine Kompensation erhalten, die im Rahmen der wohlfahrtsökonomischen Betrachtung auf Nutzenseite einzustellen ist.

Als weitere (indirekte) Kosten sind auch externe Aspekte zu berücksichtigen, wie z.B. die Entscheidung eines Unternehmens, einen Prozess gerade nicht zu führen. Dieser taucht in keiner Statistik auf, dennoch hat die Existenz eines Zivilprozesses zu einer Kosten/Nutzen-Abwägung geführt, ob das Unternehmen staatliche Hilfe beim Durchsetzen einer Forderung in Anspruch nehmen will, sich auf alternative Streitbeilegungsmethoden verlässt oder gänzlich von einem derartigen Verfahren absieht. Untersuchungen haben beispielsweise

---

368 *Fries*, Verbraucherrechtsdurchsetzung, S. 101.

gezeigt, dass Privatpersonen erst ab einem Betrag von ca. EUR 2.000,- bereit sind, diesen auch vor staatlichen Gerichten einzuklagen.[369]

cc) Keine Abwägung von Rechtspositionen

Pflughaupt geht – soweit ersichtlich als einziger – noch einen Schritt weiter und propagiert einen umfassenden Kosten/Nutzen-Begriff. Auf Kostenseite sei insbesondere auch der Grad der Verwirklichung von Grundrechtspositionen einzustellen.[370] Neben dem Aufwand für Zeit und Finanzmittel seien jegliche verfassungsrechtlich relevanten abträglichen Nebenfolgen einzubeziehen. Das seien insbesondere Lücken in der praktischen Wirksamkeit der verfassungsrechtlichen Positionen während des noch laufenden Prozesses.[371] Eine betroffene Rechtsposition könne beispielsweise das private Geheimnis sein, das im Prozess öffentlich enthüllt würde.[372]

Auch auf der Nutzenseite stehen im Rahmen von *Pflughaupts* Prozessökonomiebegriff eine Vielzahl von Zwecken des Verfahrens.[373] Das führt am Ende zu einer umfassenden Gesamtabwägung von Prozesszwecken und Rechtspositionen. Im Rahmen der Prozessökonomiebetrachtung werden „[…] *die durch den Prozess bedingten Beeinträchtigungen verfassungsrechtlich geschützter Güter und Werte mit einer durch Wertung ermittelten Gewichtung dem ebenfalls wertungsmäßig bestimmten Ausmaß der Prozesszweckerreichung gegenüber gestellt und abgewogen* […].“[374] Das sei einem *„pseudo-rational*[en]“[375]

---

[369] *ROLAND* Rechtsreport 202, 2020, S. 24–26.

[370] *Pflughaupt*, Prozessökonomie, S. 70.

[371] *Ders.*, Prozessökonomie, S. 39.

[372] *Ders.*, Prozessökonomie, S. 38.

[373] Ausführlich *ders.*, Prozessökonomie, S. 72–119.

[374] *Ders.*, Prozessökonomie, S. 130.

[375] *Ders.*, Prozessökonomie, S. 131.

„*[M]athematisieren*“[376] vorzuziehen. An eine entsprechende Bewertung und Abwägung von Rechtspositionen seien Juristen ohnehin durch die Verhältnismäßigkeitsprüfung gewöhnt.[377]

Ein derartiger Ansatz klingt im ersten Zugriff nach einem juristischen Effizienzbegriff, obwohl Pflughaupt selbst die Existenz eines solchen bisher verneint.[378] Bei näherem Hinsehen entfernt sich eine derartige Betrachtung jedoch zu weit von dem Ausgangspunkt der Effizienzüberlegung. Vielmehr handelt es sich um eine allumfassende Generalabwägung, die gerade den spezifisch ökonomischen Einschlag vermissen lässt.[379]

Eine solche Abwägung ist überflüssig und mithin ineffizient.

Sie ist überflüssig, weil eine Abwägung auf legislativer Ebene ohnehin im Rahmen einer Verhältnismäßigkeitsprüfung erfolgen würde.[380] Auch der Richter nimmt eine entsprechende Abwägung vor, wenn er im konkreten Fall die Prozessökonomie als Rechtsprinzip mit anderen Verfahrensmaximen austariert. Daneben ist es unnötig, bereits im Rahmen der Prozessökonomie selbst andere Verfahrensmaximen abzuwägen. Würden diese anschließend erneut – also doppelt – berücksichtigt? Dazu verhält sich *Pflughaupt* nicht.

Wenn die Prozessökonomie eine derart umfassende Abwägung von Rechtspositionen erfordern würde, wäre mithin nichts gewonnen. Der Mehrwert der Prozessökonomie liegt gerade darin, ein aus ökonomischer Perspektive sinnvolles Ergebnis zu ermitteln. Dazu nimmt sie Kosten in

---

376 *Ders.*, Prozessökonomie, S. 42.

377 *Ders.*, Prozessökonomie, S. 64.

378 *Ders.*, Prozessökonomie, S. 31.

379 Ebenso *Hyckel*, Prozessökonomie, S. 67.

380 Ähnlich *ders.*, Prozessökonomie, S. 66.

Form von Geld und Zeit in den Blick. Dieses ökonomische Ergebnis ist anschließend in den rechtlichen Kontext einzuordnen. *Pflughaupts* umfassender Kosten/Nutzen-Begriff ist damit abzulehnen.[381]

c) *Bewertung und Bemessung*

aa) Informationsdefizit

Es leuchtet auf den ersten Blick ein, dass eine vollständige Erfassung des gesamten Nutzens und der gesamten Kosten des Zivilprozesses kaum möglich ist.[382] Wenngleich der Gesetzgeber auf umfangreiche Ressourcen und statistische Datensätze zurückgreifen kann, dürfte ihn die Berücksichtigung jeglicher mittelbarer Folgen auch überfordern. Es bleibt die Möglichkeit, zumindest mit Schätzungen und Näherungen entsprechende (Effizienz-)Tendenzen aufzuzeigen.[383]

Eine sinnvolle Untersuchung muss auch nicht zwingend alle Kosten einbeziehen. Für eine Aussage, ob eine Handlungsalternative effizienter ist, genügt es bereits, festzustellen, dass lediglich ein Kostenfaktor geringer ausfällt, solange es plausibel ist, dass die übrigen Kostenfaktoren und der Grad der Nutzenerreichung bei beiden Varianten gleich sind.

bb) Bemessung in Einheiten

Ein weiteres Problem stellt sich bei der Bemessung der Kosten- und Nutzenpositionen. Einfache Aussagen lassen sich tätigen, wenn Kosten und Nutzen bereits in Geldeinheiten ausgedrückt werden, wie z.B. die direkten Kosten des Justizapparats. Ebenfalls wenige Probleme bereitet es, wenn zwar keine Geldeinheiten vorliegen, aber doch Kosten und Nutzen

---

[381] Ebenso *ders.*, Prozessökonomie, S. 68.

[382] Ebenso *Fries*, Verbraucherrechtsdurchsetzung, S. 118; *Pflughaupt*, Prozessökonomie, S. 61–62.

[383] Ähnlich *Fries*, Verbraucherrechtsdurchsetzung, S. 99.

in derselben Einheit gemessen werden können. Das können beispielsweise im Rahmen von Beschleunigungsmaßnahmen Zeiteinheiten sein.

Wie aber will man den Grad der Rechtsdurchsetzung als Nutzen im Rahmen einer prozessökonomischen Analyse messen? Dieser Zweck des Zivilprozesses erweist sich als „*kennzahlenfeindlich*".[384] Und was wäre ein schnelleres Verfahren volkswirtschaftlich wert? Was ist Rechtssicherheit volkswirtschaftlich wert? Globale Unternehmen entscheiden sich gezielt für Investitionen und Geschäfte in Staaten mit einem funktionierenden (Zivil-) Rechtssystem. Ähnliches gilt auch auf Verbraucherebene: „*Zweifel an den zur Verfügung stehenden Rechtsdurchsetzungsmöglichkeiten* [...] *mindern aber das Vertrauen in den Rechts- und Handelsverkehr und führen damit langfristig zu geringerem gesellschaftlichen Wohlstand.*" [385] Antworten auf dieses „*Manko der Quantifizierbarkeit*"[386] lassen sich wohl nur im Wege der empirischen Sozialforschung ermitteln.[387]

2. Mikroebene I

a) *Umfang*

Auf der Mikroebene I steht nicht der Zivilprozess als Ganzes sondern eine umgrenzte Ordnungsaufgabe innerhalb des Zivilprozesses im Vordergrund. Diese Ordnungsaufgabe bezieht sich jedoch nicht auf einen konkreten Prozess, sondern auf die generelle Regelung der Ordnungsaufgabe im Rahmen des Verfahrens. Insofern ist es auch nicht der Richter, der auf dieser Ebene im Rahmen seines

[384] *Voßkuhle*, in: Schulze-Fielitz/Schütz (Hrsg.), Justiz und Justizverwaltung zwischen Ökonomisierungsdruck und Unabhängigkeit, S. 35, 42.

[385] *Fries*, Verbraucherrechtsdurchsetzung, S. 11 im Hinblick auf Verbraucher.

[386] *Pflughaupt*, Prozessökonomie, S. 41.

[387] *Voßkuhle*, in: Schulze-Fielitz/Schütz (Hrsg.), Justiz und Justizverwaltung zwischen Ökonomisierungsdruck und Unabhängigkeit, S. 35, 42.

Entscheidungsspielraumes verpflichtet sein kann, diesen prozessökonomisch auszufüllen. Vielmehr ist diese Ebene ausschließlich eine Betrachtung des Gesetzgebers.

Eine Ordnungsaufgabe ist in diesem Zusammenhang nicht gleichzusetzen mit einer Norm der Zivilprozessordnung. Maßstab ist die Erfüllung einer spezifischen Funktion innerhalb des Zivilverfahrens, wie z.B. die Einleitung des Verfahrens.[388]

b) Kosten/Nutzen-Begriff

Die Kosten- und Nutzen-Betrachtung unterscheidet sich im Grundsatz nicht von der zuvor erwähnten Makroebene.[389]

Als Maßstab kommen sowohl die Prozessökonomie mit ihrem Ziel der Rechtsdurchsetzung als auch ein wohlfahrtsökonomischer Effizienzbegriff in Betracht.

c) Bewertung und Bemessung

Auch auf der Mikroebene I stellen sich die bereits angesprochenen Bewertungs- und Bemessungsprobleme. Die Eingrenzung auf einen spezifischen Untersuchungsgegenstand reduziert diese Schwierigkeiten jedoch deutlich.[390]

Außerdem gilt: Sind einzelne Schritte des Verfahrens effizient ausgestaltet, liegt es nahe, dass dies zu einer Effizienzsteigerung auf der Ebene des Gesamtprozesses führt. Auch vor diesem Hintergrund ist die

---

[388] Mit Blick auf die Rechtsvergleichung *Breidenstein*, Zur Methodik der Verfahrensrechtsvergleichung, S. 33.

[389] → S. 97 ff.

[390] *Pflughaupt*, Prozessökonomie, S. 45.

Unterteilung des (Gesamt-)Verfahrens in einzelne Teilaspekte im Rahmen einer Effizienzbetrachtung zielführend.[391]

3. Mikroebene II

a) *Umfang*

Auf der Mikroebene II hingegen geht es um eine Entscheidung zwischen Handlungsalternativen des konkreten Richters in einer konkreten Situation eines spezifischen Zivilprozesses.

Wie gezeigt, ist der Richter an die Prozessökonomie als Rechtsprinzip des Zivilverfahrens gebunden.[392] Entsprechende Situationen treten dann auf, wenn der betroffene Verfahrensabschnitt mindestens zwei Handlungsalternativen bietet. Ein Beispiel wäre die Entscheidung zwischen schriftlichem Vorverfahren und frühem ersten Termin. Weitere Einfallstore sind Fragen der Verfahrensleitung (§ 139 Abs. 1 ZPO) oder die Ausgestaltung des Bagatellverfahrens (§ 495a ZPO) – nicht jedoch abstrakt als Verfahrensvorschrift, sondern vielmehr in der konkreten Entscheidungssituation eines spezifischen Zivilprozesses.

b) *Kosten/Nutzen-Begriff*

Wohlfahrtsökonomische Betrachtungen spielen auf dieser Betrachtungsebene ohnehin keine Rolle. Der Richter bleibt auf die Prozessökonomie als spezifisches Wirtschaftlichkeitsprinzip beschränkt.[393]

---

[391] Ähnlich *Breidenstein*, Zur Methodik der Verfahrensrechtsvergleichung, S. 13.

[392] Bereits oben → S. 39.

[393] Bereits oben → S. 39.

Für den Richter ergibt sich damit ein Zweischritt: Zunächst muss er innerhalb des Rahmens der Prozessökonomie das Maß der Rechtsdurchsetzung und die entsprechenden Kosten ermitteln, bewerten und so die prozessökonomischere Handlungsalternative bestimmen. Anschließend muss er das Abwägungsergebnis als „*die Prozessökonomie*" noch mit anderen Rechtsprinzipien abwägen.

Die einzustellenden Positionen werden entscheidend durch den konkreten Prozessgegenstand determiniert. Eine generalisierende Betrachtung –losgelöst von einem konkreten Sachverhalt – ist daher nicht zielführend.

c) *Bewertung und Bemessung*

Die oben angesprochenen Bewertungs- und Bemessungsprobleme stellen sich auch hier. Sie sind jedoch für den einzelnen Richter leichter zu bewältigen, weil sich die Vielzahl an zu berücksichtigenden Komponenten stark verengt. Im Rahmen dieser „*kontextbezogenen Selektion* [...] *treffen am Horizont des jeweiligen Entscheidungsträgers im konkreten Fall eben nicht unendlich viele Zwecke bzw. Kosten- und Nutzen-Positionen aufeinander, sondern nur einige bestimmte, die genau zu identifizieren seit jeher Hauptelement und Qualitätsmerkmal juristischer Arbeit ist.*"[394]

Ohnehin kann man vom einzelnen Richter nur eine ex ante Prognose erwarten. Es müssen auch nicht alle mittelbaren und denkbaren hypothetische Szenarien Berücksichtigung finden. Der Maßstab ist vielmehr, dass nachvollziehbar die naheliegenden Kriterien ermittelt und in eine Prozessökonomiegleichung eingestellt werden.[395]

---

[394] In etwas anderem Zusammenhang *Pflughaupt*, Prozessökonomie, S. 40.

[395] Ähnlich *ders.*, Prozessökonomie, S. 47.

II. Effizienzdefizite

Was folgt aus dem Vorgenannten für den weiteren Gang dieser Arbeit? Effizienzdefizite können sich bereits aus dem Vergleich zweier Handlungsalternativen ergeben. Untersuchungsgegenstand sind daher Effizienzdefizite des (Standard-)ZPO-Verfahrens im Vergleich zum Verfahren der EUBagatellVO.[396]

Dabei geht es nicht um die Untersuchung der oben geschilderten Makroebene des Zivilprozesses an sich. Die erforderlichen Bewertungen und Bemessungen wären im Rahmen dieser Arbeit nicht leistbar.

Die Untersuchungsteile dieser Arbeit werden sich daher vorrangig mit der Mikroebene I befassen. Welche Verfahrensteile bieten sich für eine solche Untersuchung an? Ein Vergleich ist nur hinsichtlich solcher Teile zielführend, in denen sich die beiden Verfahren unterscheiden.

Die Abweichungen des Verfahrens der EUBagatellVO vom deutschen Standardverfahren lassen sich kompakt wie folgt zusammenfassen:[397]

- kurze Fristen,
- Verwendung von Formularen,
- schriftliches Verfahren; mündliche Verhandlung nur in Ausnahmefällen per Videokonferenz,
- nahezu Freibeweisverfahren.

Auf dem Papier klingt das zunächst nach erheblich verfahrensbeschleunigenden Maßnahmen. Im Detail gehen die Vorteile jedoch verloren.[398] Beispielsweise sind kurze Fristen tendenziell hilfreich,

---

[396] Zum Untersuchungsgegenstand → S. 2.

[397] Vgl. *Geimer*, Internationales Zivilprozessrecht, Rn. 3196g.

[398] Ebenso ernüchtert Rauscher/*Varga*, EG-BagatellVO Einl. Rn. 54 u. Art. 14 Rn. 3/4.

um ein Verfahren schnell zum Abschluss zu bringen. Art. 14 EUBagatellVO sieht jedoch Verlängerungsmöglichkeiten sowohl für die Parteifristen als auch die Gerichtsfristen vor. Von dieser Möglichkeit dürfte in der Praxis reger Gebrauch gemacht werden.[399]

Ob Formulare, die einerseits mit neun Seiten länger sind als manche amtsgerichtliche Klageschrift, andererseits die Komplexität vieler Fälle kaum abbilden können, wirklich verfahrensbeschleunigend wirken, kann zumindest bezweifelt werden.[400] Auch der generelle Verzicht auf eine mündliche Verhandlung kann die Streitbeilegung in vielen Fällen eher verzögern als beschleunigen.[401]

Zwei der genannten Bereiche haben kürzlich erheblich an Bedeutung gewonnen: Die Arbeitsgruppe „Modernisierung des Zivilprozesses“ im Auftrag der Präsidentinnen und Präsidenten der Oberlandesgerichte, des Kammergerichts, des Bayerischen Obersten Landesgerichts und des Bundesgerichthofs hat im Januar 2021 ein Diskussionspapier veröffentlicht.[402] Darin befasst sie sich umfangreich mit einer stärkeren Strukturierung des Parteivortrages.[403] Auch die Frage der sog. „virtuellen“ mündlichen Verhandlung ist Teil des Diskussionspapiers.[404] Daneben hat die Verhandlung per Videokonferenz vor allem durch die COVID19-Pandemie massive Aufmerksamkeit in Literatur und Praxis erfahren.[405]

---

[399] MüKoZPO/*Hau*, Vor § 1097 Rn. 14.

[400] *Kern*, JZ 2012, 389, 394.

[401] *Ders.*, JZ 2012, 389, 395.

[402] *Arbeitsgruppe "Modernisierung des Zivilprozesses"*, Modernisierung des Zivilprozesses - Diskussionspapier, Januar 2021.

[403] *Dies.*, Modernisierung des Zivilprozesses - Diskussionspapier, Januar 2021, S. 31–45.

[404] *Dies.*, Modernisierung des Zivilprozesses - Diskussionspapier, Januar 2021, S. 45–51.

[405] Exemplarisch *Windau*, NJW 2020, 2753 ff.

Vor diesem Hintergrund sollen die beiden Teilbereiche „Formulare/Vortragsstrukturierung“ und „Mündliche Verhandlung per Videokonferenz“ im nachfolgenden Untersuchungsteil näher beleuchtet werden.

Drittes Kapitel: Untersuchungsteil

A. Die Strukturierung von Schriftsätzen

I. Einführung in die Problematik

Ein Effizienzdefizit, für das die EUBagatellVO potentiell eine Lösung anbietet, ist das Problem unstrukturierten Vortrags seitens der Parteien. Die Identifizierung eine Effizienzdefizits setzt zunächst eine Bestimmung des *status quo* voraus. Wie sehen Schriftsätze in der Praxis aus und was sind die gesetzlichen Anforderungen an ihre Gestaltung?

1. Relevanz der Schriftsätze

„Bereits Eisner hat darauf hingewiesen, daß die Anwaltsschriftsätze den Grundstoff darstellen, mit dem der Richter seine Tätigkeit beginnt. Die Qualität dieses Grundmaterials bestimme in entscheidender Weise die Dauer der Prozesse. Unzweckmäßige Schriftsätze führten notwendigerweise zu einer De-Rationalisierung der Rechtspflege, die selbst durch erhebliche Rationalisierungsmaßnahmen auf anderen Gebieten nicht wieder eingeholt werden könne.“[406]

Wenngleich das Zivilverfahren auf eine mündliche Verhandlung zugeschnitten ist und der Mündlichkeitsgrundsatz als tragende Säule des Prozesses gilt,[407] kommt Schriftsätzen eine bedeutende Rolle zu: Nur in Form eines Schriftsatzes kann Klage erhoben werden (§ 253 Abs. 1 ZPO).[408]

---

[406] *Schnelle/Bender*, DRiZ 1993, 97, 98.

[407] Dazu ausführlich *Kip*, Das sogenannte Mündlichkeitsprinzip: Geschichte einer Episode des deutschen Zivilprozesses, 1952.

[408] Ausnahmsweise ist auch eine Erhebung mündlich zu Protokoll der Geschäftsstelle des Amtsgerichts möglich (§ 496 ZPO).

T. Duhe, *Effizienz im Zivilprozess*, Juridicum – Schriften zum Zivilprozessrecht,
https://doi.org/10.1007/978-3-658-51616-1_3

Im schriftlichen Verfahren findet überhaupt keine mündliche Verhandlung statt (§ 128 Abs. 2 ZPO) und auch in allen übrigen Fällen soll die mündliche Verhandlung durch Schriftsätze zumindest vorbereitet werden (§ 129 Abs. 1 ZPO).

2. Gesetzliche Vorgaben für Schriftsätze

Angesichts dieser großen Bedeutung der Schriftlichkeit verwundert es, dass die ZPO nur rudimentäre Vorgaben für Schriftsätze enthält. Das dürfte historisch bedingt an dem durch das französische Vorbild auf die mündliche Verhandlung zugeschnittenen Standardprozess liegen (vgl. 128 Abs. 1 ZPO).[409]

Hinsichtlich der Vorgaben für Schriftsätze differenziert das Gesetz zwischen bestimmenden und vorbereitenden Schriftsätzen (vgl. § 129 ZPO). Bestimmende Schriftsätze sind solche, die nicht lediglich künftiges Vorbringen ankündigen, sondern selbst bereits die prozessuale Erklärung darstellen.[410] Dazu zählen beispielsweise die Klage, Rechtsmittelschriften, Einspruchsschrift oder Streitverkündungsschrift ebenso wie den Prozess beendende Schriftsätze wie Klagerücknahme und Erledigungserklärung. Alle anderen Schriftsätze bereiten die mündliche Verhandlung lediglich vor. Hinsichtlich der formellen und inhaltlichen Anforderungen enthält die ZPO für viele der bestimmenden Schriftsätze eigene Vorgaben (z.B. §§ 70 Abs. 1, 253 Abs. 2, 321a Abs. 2, 340 Abs. 2, 520 Abs. 3, 569 Abs. 2 ZPO). Regelmäßig verweisen diese Vorschriften zusätzlich auf die allgemeinen Regelungen für vorbereitende Schriftsätze (§§ 130-133 ZPO).[411]

[409] *Zwickel*, MDR 2016, 988, 989; *Korves*, GVRZ 2018, 7.

[410] MüKoZPO/*Fritsche*, § 129 Rn. 10.

[411] MüKoZPO/*Fritsche*, § 129 Rn. 12.

3. Exemplarisch: die Klageschrift

Die Gestaltungsvorgaben ähneln sich und werden daher im Folgenden am Beispiel der Klage dargestellt:

Als Klageschrift bezeichnet das Gesetz einen Schriftsatz, mit dem durch Zustellung die Klage erhoben wird (§ 253 Abs. 1 ZPO). Als Mindestvoraussetzung für eine ordnungsgemäße Klageerhebung muss der Schriftsatz die Parteien und das Gericht bezeichnen und eine bestimmte Angabe des Gegenstandes und des Grundes des erhobenen Anspruchs, sowie einen bestimmten Antrag enthalten (§ 253 Abs. 2 ZPO). Dieser Mindestinhalt ist Prozessvoraussetzung und vom Gericht von Amts wegen zu prüfen.[412] Fehlt ein Teil des notwendigen Inhalts, kann das Fehlen durch Nachholung, Berichtigung oder Ergänzung behoben werden; anderenfalls ergeht ein klagabweisendes Prozessurteil.[413]

Daneben statuieren § 253 Abs. 3 bis 5 ZPO weitere Vorgaben für eine Klageschrift. Die Nichteinhaltung dieses weiteren Katalogs hat jedoch im Gegensatz zu den im vorherigen Absatz genannten Voraussetzungen keine Auswirkungen auf die Zulässigkeit der Klage.[414]

Die Klageschrift soll danach Angaben dazu enthalten, ob eine Mediation oder andere Form der außergerichtlichen Konfliktbeilegung stattgefunden hat oder ob einem solchen Verfahren Gründe entgegenstehen (§ 253 Abs. 3 Nr. 1 ZPO). Zweck der Regelung ist es, dass sich die Klägerpartei spätestens im Rahmen der Erstellung der Klage damit befassen muss, ob nicht eine außergerichtliche Einigung in Betracht kommt.[415] Gem. § 253 Abs. 3 Nr. 2 ZPO ist daneben auch der Streitwert

[412] MüKoZPO/*Becker-Eberhard*, § 253 Rn. 45.

[413] MüKoZPO/*ders.*, § 253 Rn. 156.

[414] MüKoZPO/*ders.*, § 253 Rn. 186.

[415] MüKoZPO/*ders.*, § 253 Rn. 187.

anzugeben, um dem Gericht die Prüfung der sachlichen Zuständigkeit zu ermöglichen.[416] Der Klageschrift soll darüber hinaus die erforderliche Zahl von Abschriften beigefügt werden, sofern keine elektronische Einreichung erfolgt (§ 253 Abs. 5 ZPO).

Schließlich verweist § 253 Abs. 4 ZPO auf die allgemeinen Vorschriften über vorbereitende Schriftsätze (§§ 130-133 ZPO). Insbesondere § 130 ZPO enthält weitere Soll-Anforderungen:[417] Die Nr. 1 bis 3 sind allerdings bereits in § 253 Abs. 2 ZPO enthalten. Nr. 4 fordert eine Erklärung über die tatsächlichen Behauptungen des Gegners und ist damit nicht für die Klageschrift – wohl aber für alle nachfolgenden Schriftsätze – relevant. Nr. 5 verlangt die Bezeichnung von Beweismitteln zur Unterstützung des Sachvortrags und – in späteren Schriftsätzen – die Erklärung über die vom Gegner bezeichneten Beweismittel. Schließlich sollen Schriftsätze eigenhändig unterschrieben werden (§ 130 Nr. 6 ZPO). Für bestimmende Schriftsätze wie die Klageschrift ist das zwingend.[418] Die anschließenden §§ 130a bis 130c ZPO betreffen Formalitäten des elektronischen Rechtsverkehrs und haben keinen Bezug zum Inhalt der Schriftsätze.

Einen – erneut lediglich groben – Rahmen für den Inhalt gibt auch § 138 ZPO vor: Tatsächliche Umstände müssen vollständig geschildert werden. Jede Partei muss sich zu den von der Gegenpartei behaupteten Tatsachen erklären und dabei insbesondere Tatsachen bestreiten, damit sie nicht als zugestanden gelten.[419]

---

[416] MüKoZPO/*ders.*, § 253 Rn. 187.

[417] Zum Ganzen MüKoZPO/*Fritsche*, § 130 Rn. 1 ff.

[418] MüKoZPO/*ders.*, § 130 Rn. 1.

[419] Ausführlich MüKoZPO/*ders.*, § 138 Rn. 1 ff.

4. Praxis der Schriftsätze

Eines engeren gesetzgeberischen Korsetts bedürfte es nicht, wenn sich über die Jahre eine einheitliche Schriftsatzpraxis herausgebildet hätte. Das ist jedoch nicht der Fall.

Einer der Gründe dürfte darin liegen, dass vor den Amtsgerichten kein Anwaltszwang besteht (§§ 78 Abs. 1 S. 1, 79 Abs. 1 S. 1 ZPO). Der juristisch nicht vorgebildete Bürger wird regelmäßig Schriftsätze – sei es verfahrensbestimmend oder vorbereitend – so einreichen, wie er es für opportun hält. Es kommt zu einer Vermischung von Tatsachen- und Rechtsausführungen. Erstere bestehen sodann mutmaßlich aus einer „Geschichtenerzählung", aus der Gegenpartei und Richter mühsam für den Streitentscheid Relevantes heraussuchen müssen. Rechtsausführungen hingegen sind selten zielgenau auf den Sachvortrag zugeschnitten, sondern enthalten „gegoogeltes" Halbwissen. Angesichts der wenigen gesetzlichen Vorgaben für Schriftsätze und der fehlenden juristischen Bildung des Bürgers ist das kein Vorwurf an den Bürger, allerdings ein auf den ersten Blick den Verfahrensaufwand erheblich steigerndes Moment.[420]

Man sollte meinen, dass der Befund bei anwaltlich erstellten Schriftsätzen anders ausfällt, weil hier ein einheitlicher Schriftsatzaufbau im Studium und Referendariat geübt worden ist[421] und auch durch zahlreich erhältliche Formularbücher[422] etabliert sein dürfte. Dennoch zeigt die Praxis, dass Anwälte ebenfalls häufig zu einer Vermischung von Rechts- und Tatsachenvortrag neigen. Hinzu tritt, dass Anwälte aus Berufshaftungsgründen dazu tendieren, Ausführungen in späteren

[420] Unten → S. 135.

[421] Z. B. bei *Kaiser/Kaiser/Kaiser*, Die Anwaltsklausur Zivilrecht, S. 35 ff.

[422] Statt aller *Mes*, Beck'sches Prozessformularbuch.

Schriftsätzen zu wiederholen und aus Vorsichtsgründen für den konkreten Fall potentiell irrelevante Sach- und Rechtsausführungen aufzunehmen.[423]

Bereits 1892 führte der Reichsgerichtsrat Daubenspeck aus:

„Es gewinnt den Anschein, als ob die Anwälte, sowohl in der Zahl, wie in dem Umfang der Schriftsätze, nicht immer das nötige Maß innehielten, als ob eine Schreibseligkeit sich einbürgern wollte, welche, statt dem Richter und dem Gegner Information zu schaffen, nur geeignet ist, das Sachverhältnis zu verwirren und zu verdunkeln. Man findet jetzt häufig in den Schriftsätzen nicht bloß weitläufige Obduktionen, sondern auch schwülstige Wiederholungen im tatsächlichen Vorbringen, ohne sorgfältige Ordnung und Sichtung des Streitstoffes.“[424]

Auch 40 Jahre später lautete der Befund noch:

„So mancher Anwalt denkt auch nicht daran, daß Kürze des Witzes Seele ist, und belastet den Richter mit dem Lesen endlos breiter und umständlicher Schriftsätze, anstatt sich kurz und bündig auf das Wesentliche zu beschränken.“[425]

„Nicht sachdienlich ist das weithin übliche, unstrukturierte, nicht selten in Polemik abgleitende Hin- und Herschreiben zwischen den Parteivertretern, denn es weitet den Konflikt unnötig aus und schadet der Übersichtlichkeit des Prozessstoffs“.[426]

---

[423] *Greger*, NJW 2019, 3429, 3431; *Vorwerk*, NJW 2017, 2326; *Gaier*, ZRP 2015, 101, 103.

[424] *Daubenspeck*, Referat, Votum und Urtheil, 1892, S. 3; zit. nach *Schnelle/Bender*, DRiZ 1993, 97.

[425] *Goldmann*, Juristische Wochenschrift 1930, 99; zit. nach *Schnelle/Bender*, DRiZ 1993, 97, 98.

[426] Zöller/*Greger*, § 129 Rn. 1.

Ein besonders eindrückliches, aktuelles Negativbeispiel ist eine (copy-and-paste) Berufungsbegründung, die auf 146 Seiten Textbausteine enthält, die umfangreich die allgemeine Historie der sog. Dieselkrise schildert, jedoch keinerlei Bezug zum erstinstanzlichen Urteil herstellt.[427] Das Berufungsgericht hat die Berufung daraufhin als unzulässig verworfen.[428] Gerade in Massenverfahren wie dem Dieselkomplex scheint ein derartiger ausufernder Gebrauch von Textbausteinen häufig. Zeitungsrecherchen konnten zahlreiche Fälle ausmachen, in denen im Dieselkomplex Berufungen deswegen als unzulässig verworfen worden sind.[429]

Kosten produzieren die geschilderten Vorgehensweisen bei diversen Beteiligten. Aufwand fällt zunächst bei den Schriftsatzerstellern an, die den Schriftsatz unnötig lang gestalten. Hier dürfte allerdings fraglich sein, ob eine Straffung auch tatsächlich zu weniger (Zeit-) Aufwand führt. Es mag in vielen Fällen schneller und einfacher sein, Gedanken ungeordnet zu Papier zu bringen, als einen strukturierten Vortrag zu entwerfen.[430]

Für die weiteren Beteiligten ist der Befund hinsichtlich der Kosten jedoch eindeutig. Sowohl Gegenpartei als auch Richter würden Zeit sparen, wenn sie nicht nur weniger lesen müssten, sondern auch zielgenau die streitentscheidenden Punkte adressieren könnten.[431]

---

[427] *Chmielewski/Behrens*, Textbaustein-Gate.

[428] OLG Köln, Beschl. v. 18.08.2020 – 15 U 171/19, juris, Rn. 18-20.

[429] *Chmielewski/Behrens*, Textbaustein-Gate.

[430] Ebenso *Schnelle/Bender*, DRiZ 1993, 97, 104.

[431] Vgl. *dies.*, DRiZ 1993, 97, 98.

II. Vorbild EU-BagatellVO?

Als effizientere Alternative könnte die EU-BagatellVO diesem Befund Abhilfe schaffen. Sie setzt auf eine deutlich stärkere Formalisierung der Schriftsätze.

1. Formblätter der EU-BagatellVO

Für die Einleitung eines Verfahrens nach der EUBagatellVO muss der Kläger zwingend das Klageformblatt A benutzen (Art. 4 Abs. 1 EUBagatellVO).[432]

Es sieht Felder für Angaben zu Kläger und Beklagtem sowie dem Gericht vor (Nr. 1-4 Formblatt A). Es folgen Angaben zur gerichtlichen Zuständigkeit, der grenzüberschreitenden Sache und dem Rechtsschutzziel (Nr. 4, 5 u. 7 Formblatt A).

In einem weiteren Feld sollen der Sachverhalt und etwaige Beweise beschrieben werden (Nr. 8 Formblatt A). Rechtsausführungen sind nicht erforderlich, aber möglich (vgl. Art. 12 Abs. 1 EUBagatellVO).[433]

Anschließend folgt eine Erklärung, ob eine mündliche Verhandlung gewünscht ist (Nr. 9 Formblatt A). Das Formblatt A schließt mit der Unterschrift des Klägers.[434]

Die EUBagatellVO hält jedoch nicht nur ein Formular für die Verfahrenseinleitung bereit. Etwaige Rückfragen des Gerichts erfolgen beispielsweise mittels Formblatts B (Art. 4 Abs. 4 UAbs. 1 S. 2 EUBagatellVO).

---

[432] MüKoZPO/*Hau*, Art. 4 EUBagatellVO Rn. 1; Rauscher/*Varga*, EG-BagatellVO Art. 4 Rn. 2.

[433] MüKoZPO/*Hau*, Art. 12 EUBagatellVO Rn. 1.

[434] Ausführlich bereits oben → S. 87.

Der Beklagte hat schließlich die Möglichkeit mittels Formblatt C zu erwidern. Im Gegensatz zum Kläger kann er allerdings auch auf andere Weise vortragen und ist nicht an das Formblatt gebunden (Art. 5 Abs. 3 EUBagatellVO).[435]

2. Übertragbarkeit auf die deutsche ZPO

Wäre ein solches engeres Formular-Korsett ein Effizienzgewinn für das deutsche Zivilverfahren? Auf Kostenseite stünde der legislative Aufwand für eine Änderung der ZPO sowie der Entwurf und die Bereitstellung der Formulare. Auch alle Anwälte in Deutschland müssten auf das neue Format umsteigen.

Würde man die Formulare der EUBagatellVO übernehmen, wäre andererseits nur wenig gewonnen. Sie betreffen insbesondere technische und prozessuale Daten.[436] Bereits jetzt ist es allerding in Deutschland gesetzlich vorgeschrieben, dass die Parteien anzugeben sind. Auch ein konkreter Antrag muss in der Klage enthalten sein.[437] Soweit ersichtlich, hat es sich eingebürgert, dass Anwälte die entsprechenden Parteibezeichnungen in einem Rubrum auf der ersten Seite der Klageschrift darstellen. Anträge erfolgen üblicherweise kurz danach, zumeist auch schriftbildlich hervorgehoben.

Durch die Einführung eines Formblatt A entsprechenden Klageformulars würde damit allenfalls eine leichtere Auffindbarkeit der Informationen einhergehen. Bereits jetzt sind diese Angaben jedoch prominent platziert. Der Zeitgewinn wäre minimal.

---

[435] MüKoZPO/*Hau*, Art. 5 EUBagatellVO Rn. 4; Rauscher/*Varga*, EG-BagatellVO Art. 5 Rn. 1.

[436] Rauscher/*Varga*, EG-BagatellVO Art. 4 Rn. 2.

[437] Zöller/*Greger*, § 253 Rn. 7 ff.

Größere Einsparungen könnten erzielt werden, wenn die entsprechenden Angaben als strukturierte Daten elektronisch an das Gericht übermittelt würden und damit Folgeaufwand in der Justizverwaltung, z.B. bei der Aktenanlage, vermieden werden könnte. Das setzt eine entsprechende Infrastruktur voraus und ist unabhängig von entsprechenden Formularen denkbar.

Die gravierenden Aufwandstreiber der mangelnden Strukturierung und ausufernden Schriftsätze [438] kann die EUBagatellVO mit ihren Formularen damit nicht beseitigen. Für die Schilderung des Sachverhalts ist lediglich ein Freitextfeld vorgesehen, dass beliebig befüllt werden kann (Nr. 8 Formblatt A). In der Praxis dürften Anwälte die entsprechenden Ausführungen in einer Anlage zu dem Formular tätigen und damit nicht von den bekannten Klageschriftsätzen der ZPO abweichen. Daneben ist auch der Beklagte nicht zur Nutzung des zur Verfügung gestellten Formblattes verpflichtet.[439]

Eine schlichte Übernahme der EUBagatellVO-Formulare ist somit keine effiziente Alternative zum jetzigen Verfahren.

III. Vorbild Mahnverfahren

Die Idee eines formalisierten Prozesses ist dem deutschen Zivilverfahren keineswegs fremd. Mit dem Mahnverfahren existiert bereits ein Verfahren, das ebenfalls ausschließlich formularbasiert durchgeführt wird.[440]

Die Verwendung des Formulars für den Antrag auf Erlass eines Mahnbescheids ist zwingend (§ 703 Abs. 2 ZPO). Rechtsanwälte müssen

---

[438] *Gaier*, FS Vorwerk, S. 79 ff.

[439] Rauscher/*Varga*, EG-BagatellVO Art. 5 Rn. 1.

[440] Ausführlich bereits oben → S. 77.

den Antrag elektronisch einreichen (§ 702 Abs. 2 S. 2 ZPO). Weitere Formulare betreffen den Antrag auf Neuzustellung des Mahnbescheids, den Antrag auf Erlass eines Vollstreckungsbescheids und den Antrag auf Neuzustellung eines Vollstreckungsbescheids. Auch für den Widerspruch des Antragsgegners gibt es einen amtlichen Vordruck.[441] Ähnlich wie im Rahmen der EUBagatellVO kann der Antragsgegner den Widerspruch aber auch ohne Benutzung des Formulars durch Schriftsatz erheben.[442]

Das Antragsformular ähnelt dem Formblatt A der EUBagatellVO. Es sieht Felder für die Angabe von Antragsteller und Antragsgegner, sowie zum – nach einem etwaigen Widerspruch – zuständigen Gericht und der Bezifferung der Forderung vor. Nachdem eine Schlüssigkeitsprüfung des Anspruchs im Widerspruchsverfahren nicht stattfindet,[443] ist kein Freitextfeld notwendig, in welchem man den zugrundeliegenden Sachverhalt schildern könnte.

Daher ist ein formularbasiertes Verfahren dem deutschen Rechtsanwender und den Gerichten durchaus geläufig. Mangels Tatsachen- und Rechtsausführungen im Mahnverfahren kann dieses jedoch nicht als Vorlage für das normale streitige Erkenntnisverfahren dienen.

IV. Weiterentwicklung des Formular-Gedankens

Der Gedanke der stärkeren Formalisierung, der der EUBagatellVO und dem Mahnverfahren zugrunde liegt, kann allerdings für eine effizientere ZPO-Verfahrensgestaltung fruchtbar gemacht werden.

---

[441] MüKoZPO/*Schüler*, § 703c Rn. 7.

[442] Zöller/*Vollkommer*, § 694 Rn. 2.

[443] Zöller/*Vollkommer*, Vor § 688 Rn. 4.

Wie bereits gezeigt, ist die Aufwandsersparnis gering, wenn lediglich die Parteidaten und der Antrag in eine besondere Formularform gegossen werden würden. Die Formalisierung müsste sich vielmehr auch auf den Tatsachen- und Rechtsvortrag erstrecken. Wie kann das gelingen?

1. Abstrakte Eignung und Grenzen

Ein Formular (früher auch: Vordruck) ist eine *„standardisierte Gestaltungsvorgabe für nicht mündliche Erklärungen“*.[444] Es eignet sich immer dann, wenn eine große Zahl gleicher Vorgänge wiederholt werden soll (z.B. Einwilligungserklärung zur Datenverarbeitung). Es ist auch dann noch sinnvoll, wenn für jeden Vorgang die gleichen Datenkategorien abgefragt werden, diese jedoch individuell verschieden sind (z. B. Fluggastrechteentschädigungsklagen). Ausfüllhilfen können Formulare ergänzen, bergen allerdings auch die Gefahr der Überfrachtung des Formulars.[445] Formulare können so zu einer Vereinheitlichung der angegebenen Daten führen. Der Ausfüllende muss sich keine Gedanken machen, welche Informationen er wie präsentiert. Die Vollständigkeit der relevanten Informationen und die Art der Darstellung gibt das Formular vor.[446] Der (Weiter-)Bearbeiter des Formulars sieht auf den ersten Blick, ob relevante Informationen fehlen, kann gezielt nachfragen und spezifischen Inhalt des Formulars aufgrund seiner immer gleichen Position innerhalb des Formulars schnell auffinden.

Formulare stoßen an Grenzen, wenn komplexe Informationen und Sinnzusammenhänge abgefragt werden müssen. Je unspezifischer die

[444] *Korves*, GVRZ 2018, 7, Rn. 8.

[445] Krit. *ders.*, GVRZ 2018, 7, Rn. 49.

[446] Zu Unrecht negativ *ders.*, GVRZ 2018, 7, Rn. 44.

Datenabfrage und Vorgaben des Formulars sind, desto weniger ergeben sich die oben beschriebenen Vorteile.

Könnte man alle Klageschriften, die im Jahr 2021 bei den deutschen Zivilgerichten eingegangen sind, nebeneinanderlegen, würde sich zeigen, dass sich allenfalls sehr generische Kategorien bilden ließen, die (nahezu) alle Klagen gemeinsam haben: Neben den „technischen" Angaben im Rubrum und den Anträgen, die bereits die ZPO vorschreibt, bleibt nur die Unterscheidung zwischen Sachverhalt und rechtlicher Würdigung – und auch das nicht durchgehend.

Der Grund liegt zum Einen in der Vielgestaltigkeit der Lebenssachverhalte. Andererseits in der – zwar begrenzten – aber dennoch sehr großen Anzahl der rechtlichen Voraussetzungen von Ansprüchen in Zivilverfahren.

Ein Formular, das für Klagen den Vortrag in Sachverhalt und rechtliche Würdigung unterteilt und unter diesen Überschriften jeweils Freitextfelder vorsieht, hätte nur einen marginalen Effekt gegenüber der bisherigen Praxis.

2. Konkrete Anwendungsfälle

Dennoch zeigen sich bei einer Vielzahl von Schriftsätzen auffallend ähnlicher Sachverhaltsvortrag und rechtliche Würdigung, die nur in wenigen Details voneinander abweichen. Gemeinsamkeiten ergeben sich insbesondere in (vermeintlichen) Standardfällen. Wie identifiziert man die Fälle, die sich für ein formularbasiertes Verfahren (unter Effizienzgesichtspunkten) eignen?

Voraussetzung ist zunächst eine hinreichende Ähnlichkeit der Fälle auf rechtlicher Ebene. Es wäre beispielsweise nicht sinnvoll, ein generelles Formular für alle vertraglichen Schadensersatzansprüche mit der Struktur des § 280 Abs. 1 BGB bereitzustellen. Die möglichen Prüfungspunkte bereits für die Voraussetzung des Schuldverhältnisses sind derart vielgestaltig, dass kein erheblicher Effizienzgewinn zu erwarten wäre. Daneben stellt sich die Frage, wie Parteien vorgehen sollten, die alternativ zu § 280 Abs. 1 BGB ihre Ansprüche auch auf andere gesetzlich normierte Schadensersatzansprüche oder deliktische Haftungsansprüche stützen wollen. Müssen diese ein weiteres Formular nutzen? Klagen mit mehreren Formularen zum selben Sachverhalt würden ein Verfahren unnötig verkomplizieren.

Neben einer rechtlichen Ähnlichkeit ist auch eine tatsächliche Ähnlichkeit des Sachverhalts zu fordern. Die vom Formular bereitzustellenden Kategorien richten sich dann nach den im Regelfall mit dieser Sachfrage zusammenhängenden rechtlichen Ansprüchen. Es muss sich um *„überschaubare und typisierbare Sachverhalte“* handeln.[447]

Sinnvoll erscheinen Formularlösungen daher z.B. bei Klagen auf Entschädigung nach der Fluggastrechteverordnung.[448] Sie eigenen sich nicht für eine Musterfeststellungsklage[449], weil die Fälle individuell verschieden sind. Dennoch sind die Anspruchsvoraussetzungen immer die gleichen und einfach über ein Formular darzustellen. Ähnliches gilt für Klagen im Zusammenhang mit der sogenannten Mietpreisbremse.[450] Auch eine typische Klage auf Unterlassung wegen einer Markenrechtsverletzung oder die Geltendmachung der Ansprüche nach

---

[447] *Weller/Köbler*, Verfahrensgrundsätze und Modellregeln für die grundsätzlich elektronische Führung gerichtlicher Erkenntnisverfahren, S. 94. *Köbler*, FS Herberger, S. 541 ff.; *Köbler*, DRiZ 2018, 88 ff.

[448] Dazu näher *Mayer/Lindemann*, NJW 2012, 2317 ff.

[449] Dazu noch unten → S. 131.

[450] Auf derartige Klagen hat sich beispielsweise der Rechtsdienstleister wenigermiete.de spezialisiert.

einem Verkehrsunfall fallen in diese Kategorie der sachlich und rechtlich regelmäßig ähnlich und leicht darstellbaren Verfahren.

Etwas anders gelagert – aber grundsätzlich formulargeeignet – sind Klagen auf Rückabwicklung eines Darlehens oder eines Leasingvertrages wegen fehlerhafter Widerrufsbelehrung.[451] Hier sind ebenfalls regelmäßig eine Vielzahl von Verbrauchern betroffen. Die Anspruchsvoraussetzungen sind schematisch einfach in ein Formular aufzunehmen. Gleiches gilt für Rückforderungsklagen aufgrund einer unwirksamen Beitragserhöhung in der privaten Krankenversicherung und vergleichbaren Fällen. Bei diesen Varianten bedarf es jedoch zumeist einer (obergerichtlichen) Entscheidung, die zunächst in konkreten Einzelfall die Fehlerhaftigkeit der Widerrufsbelehrung oder der Erhöhung feststellen muss. Es handelt sich insofern um „Follow on"-Klagen, die sich im Nachgang zu einer exemplarischen Klage ergeben. Daher sind auch Klagen im Anschluss an eine Musterfeststellungklage für Formulare prädestiniert.[452]

Außerhalb der Zivilgerichtsbarkeit eignen sich beispielsweise Kündigungsschutzklagen gegen betriebsbedingte Kündigungen oder einverständliche Scheidungsanträge.[453] Einzelne Gerichte halten bereits selbst rudimentäre Klageformulare, z.B. das Finanzgericht Hamburg[454] oder das Verwaltungsgericht Göttingen[455] (jeweils ein Formular mit dem Antrag zur Aufhebung eines Bescheids).

---

[451] Auch für diese Standardfälle hat sich eine „Klageindustrie" mit spezialisierten Kanzleien entwickelt, z. B. www.gansel-rechtsanwaelte.de.

[452] Dazu noch unten → S. 131.

[453] *Weller/Köbler*, Verfahrensgrundsätze und Modellregeln für die grundsätzlich elektronische Führung gerichtlicher Erkenntnisverfahren, S. 94.

[454] https://justiz.hamburg.de/finanzgericht/4368132/formulare-finanzgericht/.

[455] https://www.verwaltungsgericht-goettingen.niedersachsen.de/download/40536/Klageformular.pdf.

3. Formulare für alle Schriftsätze

Die zuvor beschriebenen Formulare wären jedenfalls für Klagen bereitzustellen. Andere Schriftsätze eignen sich ebenfalls, soweit sie Verfahren einleiten. Zu denken ist hierbei beispielsweise an den Antrag auf Erlass einer einstweiligen Verfügung im Hinblick auf die Unterlassung eines UWG-Verstoßes oder im Bereich des Presse-, Marken- oder Urheberrechts.

Bei diversen Standardfällen, bei denen nach dem zuvor Gesagten eine Klage durch Formular erfolgen soll, existieren typische Einwände (z.B. höhere Gewalt bei Fluggastrechteklagen; Lizenzeinwand bei Gewerblichen Schutzrechten). Hier bietet sich auch ein Formular für die Klagerwiderung anbieten. Ein Formular für die Klagerwiderung ist in diesen Fällen sogar zwingend bereitzustellen: Zwar grenzen Formulare die Vortragsmöglichkeiten der Partei ein. Aber sie bieten auch die Gewähr dafür, dass – insbesondere die rechtsunkundige – Naturalpartei durch die Vorgabe der erforderlichen Schriftsatzinhalte und die Unterstützung durch Ausfüllhilfen schlüssig vortragen bzw. rechtlich erheblich erwidern kann. Dann ist es jedoch rechtsstaatlich geboten, die gleiche Unterstützung auch der Beklagtenpartei durch entsprechende Klagerwiderungsformulare zuteilwerden zu lassen.[456] Eine Pflicht zur Verwendung ist wiederum nur dann sinnvoll, wenn dem Beklagten die Möglichkeit eingeräumt wird, über ein Freitextfeld auch weitere Einwendungen und relevante Angaben zum Sachverhalt und Rechtsvortrag der Klagepartei zu machen.

Für Replik, Duplik und alle nachfolgenden Schriftsätze scheiden Formulare hingegen aus: Derartige Schriftsätze sind üblicherweise in komplexen Verfahren erforderlich. Solche Verfahren sind aber regelmäßig

[456] Ebenso *Korves*, GVRZ 2018, 7, Rn. 52.

aufgrund ihrer Komplexität nicht sinnvoll durch Formulare steuerbar. Es wäre in derartigen Konstellationen vermutlich effizienter, etwaige Vorgaben zum Vortrag nach der Klagerwiderung durch den Richter festlegen zu lassen (vgl. auch § 139 Abs. 1 S. 3 ZPO).[457]

4. Weitere Einschränkungen

a) Prozessbeteiligte

Einschränkungen, für welche Bereiche die Formulare Verwendung finden sollen, ergeben sich nicht nur auf materiellrechtlicher Ebene. Auch eine Differenzierung nach verschiedenen Prozessrechtsverhältnissen erscheint möglich.

aa) Differenzierungskriterium Verbraucherbeteiligung

Man könnte die Verwendung der Formulare lediglich für Prozesse vorsehen, in denen Verbraucher auf Kläger- und Unternehmer auf Beklagtenseite stehen. Das dürfte nach den oben dargestellten konkreten Anwendungsfeldern die weit überwiegende Zahl der Fälle ausmachen. Auch die Effizienzgewinne dürften dort am größten sein, weil gerade die Schriftsätze von Verbrauchern mutmaßlich aus unstrukturiertem Vortrag bestehen, die Gericht und Gegner mühsam einer rechtlichen Struktur zuordnen müssen.

Hier aber zeigt sich bereits, dass eine Differenzierung nach dem Paar „Verbraucher – Unternehmer" nicht zielführend ist. Was gilt für Schriftsätze, die ein Anwalt für einen Verbraucher einreicht? Warum sollten in den oben genannten Fällen wie dem Wettbewerbsprozess nur Formulare zur Anwendung gelangen, wenn Verbraucher gegen

[457] Dazu noch unten → S. 165.

Unternehmer klagen? Ein Sonderprozessrecht für Verbraucher gibt es bisher nur vereinzelt (z.B. die Musterfeststellungsklage, §§ 606 ff.).[458]

bb) Differenzierungskriterium Anwaltsbeteiligung

Eine Pflicht zur Nutzung der Formulare nur im Falle von Naturalparteien als Kläger erscheint nicht sinnvoll. Das würde zwar zu einer Strukturierung führen. Durch die Einschaltung eines Anwalts könnte die betreffende Klagepartei, die Nutzungspflicht des Formulars jedoch leicht umgehen.[459]

Wäre demgegenüber eine Begrenzung auf Prozesse unter Beteiligung von Anwälten zielführend? Für den Richter und die Gegenseite sollte es innerhalb einer Sachmaterie keinen Bruch geben. Sofern es für einen Sachbereich ein Formular gibt, sollte dieses für alle – gleich ob Anwalt oder Naturalpartei – verpflichtend sein. Nur so können eine einheitliche Handhabung der vermeintlichen Standardfälle sichergestellt und Effizienzgewinne möglich werden. Eine Begrenzung auf Anwälte ist daher abzulehnen.

b) Streitwertbegrenzung

Schließlich käme auch eine Einschränkung auf einen Maximalstreitwert in Betracht. Dieser Idee liegt der Gedanke zugrunde, dass die Komplexität eines Rechtstreits mit größerem Streitwert zunimmt und sich Streitigkeiten ab einem bestimmten Komplexitätsgrad nicht mehr für Formulare eignen.

Ein solcher Zusammenhang ist allerdings empirisch bisher nicht belegt. Man könnte Formulare lediglich für amtsgerichtliche Prozesse

---

458 Dazu noch unten → S. 131.

459 Zur Nutzungspflicht noch → S. 130.

einführen, die typischerweise einen Streitwert von bis zu 5.000 € haben (vgl. § 23 Nr. 1 GVG). Selbst wenn überwiegend amtsgerichtliche Prozesse durch die Formulare unterstützt würden, sollte doch die generelle Regelung für alle Prozesses gelten. Wie bereits bei den vorhergehenden Einschränkungsansätzen diskutiert, sollte es allein von der Sachmaterie und deren Eignung zur Strukturierung abhängen, ob ein entsprechendes Formular zu verwenden ist oder nicht.

5. Formularentwurfsprozess

Wenn Formulare für bestimmte Klagen zur Verfügung gestellt werden sollen, stellt sich zwangsläufig die Frage, wer diese Formulare entwirft und für ihre Bereitstellung verantwortlich ist.

Eine Vielzahl von kostenlosen und kommerziellen Formularbüchern existiert bereits. [460] Diese werden überwiegend von Rechtsanwälten entworfen. Wenn eine Nutzung von Formularen verpflichtend sein soll, müssen diese jedoch für jedermann kostenlos verfügbar sein. Eine Orientierung kann hier § 130c ZPO bieten. Dort heißt es für (noch einzuführende) elektronische Formulare: *„Die Formulare sind auf einer in der Rechtsverordnung zu bestimmenden Kommunikationsplattform im Internet zur Nutzung bereitzustellen.“* Eine solche zentrale Plattform, betrieben durch das Bundesministerium der Justiz, wäre der richtige Ort, um eine bundesweite Verfügbarkeit und Verbreitung sicherzustellen. Auf diese Plattform hätten sowohl Naturalpartei als auch Anwälte jederzeit Zugriff. Daneben sollten die Formulare gleichzeitig im Bundesanzeiger veröffentlicht werden.

---

[460] *Baumann/Burkhardt/Büßer*, Beck'sches Prozessformularbuch; *Vorwerk*, Das Prozessformularbuch; *Sonntag/Birkenkämper/Rütten*, FormularBibliothek Zivilprozess.

Als verantwortliche Stelle könnte das Bundesministeriums der Justiz eine Kommission einsetzen, die die für ein Formular geeigneten Sachverhalte feststellt und die Formulare entwirft. Für die Identifikation der geeigneten Sachverhalte sollte bei dieser Kommission eine zentrale Meldestelle eingerichtet werden, bei der Verbände Vorschläge für geeignete Sachverhalte einreichen können. Die Kommission sollte sowohl aus Anwälten als auch aus Richtern bestehen, um praxisgerechte Formulare zu gewährleisten.

Der Sonderweg einzelner Gerichte, selbst Formulare auf ihrer Website bereitzustellen,[461] kann bei einer verbindlichen Nutzung nicht beschritten werden.

6. Nutzungspflicht

Im Gegensatz zu § 130c ZPO, der einen Nutzungszwang für die elektronischen Formulare nicht kennt,[462] sollte die einzufügende Regelung die Verwendung der bereitgestellten Formulare zur Pflicht machen. Nur mit den entsprechenden Formularen kann dann eine wirksame Klage erhoben werden.

Eine lediglich fakultative Bereitstellung würde nicht zu den erhofften Effizienzgewinnen führen. Diese können auf Seiten von Richter und Beklagtenpartei nur dann realisiert werden, wenn in jedem dieser Fälle die Formulare verwendet werden. Für den Kläger entsteht ggf. ein leichter Mehraufwand, weil er sich über das Formulare zunächst informieren muss. Jedenfalls ist eine Verhaltensänderung im Vergleich zu den bisherigen Klageschriften erforderlich. Nach dem im allgemeinen Teil

[461] https://justiz.hamburg.de/finanzgericht/4368132/formulare-finanzgericht/; https://www.verwaltungsgericht-goettingen.niedersachsen.de/download/40536/Klageformular.pdf.

[462] MüKoZPO/*Fritsche*, § 130c Rn. 2.

propagierten modifizierten homo oeconomicus Handlungsmodell sind für eine Verhaltensänderung starke Anreize notwendig.[463]

Daher sollte eine dem Mahnverfahren vergleichbare Nutzungspflicht eingeführt werden. In § 703c Abs. 2 ZPO heißt es: „*Soweit nach Absatz 1 Formulare für Anträge und Erklärungen der Parteien eingeführt sind, müssen sich die Parteien ihrer bedienen.*"[464]

Eine Klage, die nicht mit dem vorgeschriebenen Klageformular erhoben wird, wäre als unzulässig abzuweisen. Die Rechtsfolgen entsprechen den allgemeinen Folgen, wenn eine Klageschrift nicht den notwendigen Inhalt gem. § 253 Abs. 2 ZPO enthält.

7. Alternative Ansätze

Bedarf es für die oben dargestellten Anwendungsfälle der Einführung von Formularen oder werden diese Fälle nicht bereits (effizienter) von Instrumenten des kollektiven Rechtsschutzes[465] erfasst?

a) Musterfeststellungklage

Die zum 1. November 2018 in Kraft getretene sog. Musterfeststellungsklage (§§ 606 – 614 ZPO) soll das „*rationale Desinteresse*" [466] von Verbrauchern an einer gerichtlichen Anspruchsverfolgung überwinden: Verbraucher tendieren dazu, geringe Schäden im Einzelfall hinzunehmen, weil die Rechtsverfolgungskosten ihnen für ihren Einzelfall unverhältnismäßig hoch erscheinen. Häufig

---

463 → S. 49.

464 Ausführlich zu Formularzwängen im Prozessrecht *Korves*, GVRZ 2018, 7.

465 Überblick bei *Lühmann*, NJW 2020, 1706 ff.

466 BT-Drucks. 19/2507, Entwurf eines Gesetzes zur Einführung einer zivilprozessualen Musterfeststellungsklage, S. 13.

entstehen solche Schäden jedoch bei einer Vielzahl von Verbrauchern. Der Rechtsschutz erfolgt zweistufig.

aa) Musterfeststellungsverfahren

Auf der ersten Ebene können qualifizierte Einrichtungen (§ 606 Abs. 1 S. 2 ZPO) die Feststellung des Vorliegens von tatsächlichen und rechtlichen Voraussetzungen für das Bestehen von Ansprüchen zwischen Verbrauchern und einem Unternehmer begehren (sog. Musterfeststellungsverfahren, vgl. § 606 Abs. 1 S. 1 ZPO).

Damit scheint das Musterfeststellungsverfahren auf den ersten Blick die gleichen Verfahren zu erfassen, die auch für Formulare geeignet sind. Allerdings ist die Musterfeststellungsklage auf Ansprüche von Verbrauchern gegen Unternehmer begrenzt (§ 606 Abs. 1 S. 1 ZPO). Die Formulare können je nach Sachfrage jegliche Parteikonstellation erfassen. Die Musterfeststellungsklage ist sodann hilfreich, wenn Ansprüche gegen lediglich ein konkretes beklagtes Unternehmen in Betracht kommen. Formulare hingegen können auch Sachverhalte erfassen, die sich gegen diverse Beklagte in einer Vielzahl von Prozessen richten (z.B. Fluggastrechteentschädigung). Der Vorteil der Musterfeststellungsklage liegt allerdings darin, dass sie komplexe Rechtsfragen schnell einer obergerichtlichen, einheitlichen Entscheidung zuführen kann. Hierfür sind die vorgeschlagenen Formulare nicht geeignet.

bb) Individuelle Folgeprozesse

Nach der abstrakten Klärung im Musterfeststellungsverfahren können Verbraucher in einem zweiten Schritt, sofern sie zuvor ihre Ansprüche zum Klageregister angemeldet haben (§ 608 ZPO), in einem individuellen Folgeprozess ihre Ansprüche durchsetzen. In diesem Prozess ist das Gericht an die Feststellungen des vorhergegangenen

Musterfeststellungsverfahrens gebunden (§ 613 ZPO). Diese Folgeprozesse sind geradezu prädestiniert für ein Formular, weil ihnen gleichgelagerte Sachverhalte und Ansprüche zugrunde liegen und lediglich die Kläger variieren.

Durch den zweistufigen Prozess „*wird das Verfahren besonders effizient und ermöglicht eine abschließende Befriedung aller Streitigkeiten.*“ [467]

Seit der Einführung des Verfahrens im Jahr 2018 sind 33 Musterverfahren anhängig.[468] Die Zahl der Folgeprozesse wird, soweit ersichtlich, auch nicht statistisch erhoben. Es bleibt daher abzuwarten, inwiefern dieses Instrument tatsächlich zu einer effizienteren Befriedung aller Streitigkeiten beitragen kann.

b) Europäische Verbandsklage

Bis Ende des Jahres 2022 mussten alle Mitgliedstaaten die am 4. Dezember 2020 im Amtsblatt der EU veröffentlichte Verbandsklagerichtlinie in nationales Recht umsetzen.[469]

Sie mussten ein Verfahren schaffen, in dem qualifizierte Einrichtungen (Art. 4 VerbrKl-RL) im Namen von Verbrauchern auf Unterlassung oder Abhilfe (z.B. Schadensersatz) klagen können, wenn Unternehmen gegen Verbraucherschutzvorschriften verstoßen (Art. 2 VerbrKl-RL). Der Katalog der Verbraucherschutzvorschriften umfasst bspw. Reise- und

---

[467] BT-Drucks. 19/2507, Entwurf eines Gesetzes zur Einführung einer zivilprozessualen Musterfeststellungsklage, S. 16.

[468] https://www.bundesjustizamt.de/DE/Themen/Buergerdienste/Klageregister/Bekanntmachungen/Klagen_node.html (Stand 03.01.2023).

[469] Richtlinie (EU) 2020/1828 des europäischen Parlaments und des Rates vom 25. November 2020 über Verbandsklagen zum Schutz der Kollektivinteressen der Verbraucher und zur Aufhebung der Richtlinie 2009/22/EG.

Fluggastrechte, aber auch Telekommunikation und Datenschutz (Anhang I VerbrKl-RL)

Im Gegensatz zur Musterfeststellungsklage ist die Verbandsklage nicht auf die Feststellung eines abstrakten Verstoßes beschränkt. Vielmehr können in einem einzigen Verfahren auch die individuellen Ansprüche der Verbraucher geklärt werden. Die Mitgliedstaaten legen selbst fest, ob Verbraucher sich über ein opt-in-Verfahren beteiligen können oder über ein opt-out-Verfahren aktiv gegen eine Teilnahme an der Verbandsklage stimmen müssen (Art. 9 Abs. 4 VerbrKl-RL).

Es ist danach wahrscheinlich, dass die Verbandsklage langfristig die Musterfeststellungsklage als Instrument ablösen wird.[470]

Die Verbandsklage dürfte damit auch etwaige Formularlösungen im Nachgang zu Musterfeststellungsklagen entbehrlich machen.[471]

8. Effizienzbetrachtung

a) Handlungsmodell

Nach dem im Grundlagenteil beschriebenen modifizierten homo oeconomicus Handlungsmodell [472] ist davon auszugehen, dass die Formulare immer dort, wo sie vorgeschrieben sind, auch verwendet werden. Zwar entsteht für den Kläger ein gewisser Mehraufwand, weil er zunächst klären muss, ob für seinen Anspruch ein Formular existiert, und er sich anschließend nicht frei ausdrücken kann, sondern sich innerhalb der engen Grenzen des Formulars bewegen muss. Angesichts der zuvor geschilderten Rechtsfolgen bei Nichtbenutzung der Formulare kann er

---

[470] *Baus/Patzer/Steger*, Verbraucherschutz auf europäische Art.

[471] Nach Fertigstellung dieser Arbeit hat die Bundesrepublik Deutschland mit dem Verbraucherrechtsdurchsetzungsgesetz v. 8. Oktober 2023 die Richtlinie umgesetzt.

[472] Siehe → S. 49.

aber nur durch den Einsatz der Formulare das Rechtsschutzziel erreicht werden. Eine Verhaltensänderung ist damit nahezu sicher.

b) Nutzen

Im Rahmen des „quasi-juristischen“ Wirtschaftlichkeitsbegriffs steht als Nutzen die Rechtsdurchsetzung des Einzelnen. Der Grad der Rechtsdurchsetzung ändert sich durch den Gebrauch von Formularen nicht. Man könnte sogar eine leichte Erhöhung des Grades der Rechtsdurchsetzung annehmen, wenn man davon ausgeht, dass durch das Ausfüllen der Formulare mehr Klagen schlüssig vorgetragen werden. Allerdings dürfte sich in derartigen Fällen das gleiche Ergebnis auch im weiteren Fortgang des Prozesses – ggf. nach Hinweisen durch das Gericht – einstellen, sodass dieser Aspekt auf Nutzenebene keine Berücksichtigung finden kann. Eine Verringerung des Grades der Rechtsdurchsetzung kann in Ausnahmefällen anzunehmen sein, wenn ein Formular nicht verwendet wird und trotz Hinweises seitens des Gerichts auch keine Berichtigung dieses Zulässigkeitsmangels der Klage erfolgt. Dann wird die Klage als unzulässig abgewiesen.

Auch bei einem wohlfahrtsökonomischen Begriff ändert sich die Nutzenseite durch die Einführung der Formulare nicht.

c) Aufwand

Entscheidend für die Feststellung, ob Formulare eine effizientere Alternative darstellen, ist daher die Senkung des Aufwands.

Eine Reduktion von gerichtlichen Verfahren kann durch die Einführung der Formulare gerade nicht erreicht werden. Für den einzelnen Prozess führen Formulare sogar zu einer leichten Aufwandserhöhung auf Seiten des Klägers, weil er stets prüfen muss, ob es ein Formular für sein Begehren gibt und ob ein vorhandenes Formular aktualisiert worden ist. Zusätzlich muss er sich mit der Struktur des Formulars vertraut machen.

Daneben fällt ein erheblicher Initialaufwand für die Einrichtung der technischen Infrastruktur zur Bereitstellung der Formulare und deren Bekanntmachung an. Auch die entsprechenden Prozesse innerhalb des BMJV müssen zunächst eingerichtet werden. Hinzu tritt der Aufwand für die erforderlichen Gesetzesänderungen. Anschließend bleibt ein fortlaufender Aufwand zum Betrieb der Plattform. Weitere laufende Kosten betreffen die Kommission, die die Formulare entwirft und aktualisiert.

Demgegenüber stehen Zeitersparnisse auf Seiten der Richter und der Beklagten. Die relevanten Sach- und Rechtsausführungen für das Klageverfahren können schneller und ohne Hinweise erfasst werden.

Allerdings ist der Anwendungsbereich begrenzt. Wie viele der 1.219.203 im Jahr 2021 neu eingegangenen erstinstanzlichen Streitigkeiten [473] sich für eine Formularklage eignen, ist kaum zu bestimmen. Diejenigen, die sich prinzipiell dafür eignen würden, werden teilweise bereits über alternative Rechtsdienstleister gebündelt geführt (z.B. der Anbieter financialright GmbH für Klagen im Zusammenhang mit dem Abgasskandal, der Mietpreisbremse oder einer arbeitsrechtlichen Abfindung; www.myright.de). Daneben sind Formularbücher weit verbreitet, die ebenfalls einen gewissen Standardisierungsrad bieten.[474]

[473] Amtsgericht und Landgericht gemäß *Statistisches Bundesamt* (Destatis), Statistik Zivilgerichte - Fachserie 10 Reihe 2.1, 2020, 13/43.

[474] *Sonntag/Birkenkämper/Rütten*, FormularBibliothek Zivilprozess; *Vorwerk*, Das Prozessformularbuch; *Baumann/Burkhardt/Büßer*, Beck'sches Prozessformularbuch.

Damit ist auch kaum abschätzbar, ab welcher Zahl die kritische Masse erreicht sein würde, ab der der zuvor geschilderte Zeitgewinn den zusätzlichen Aufwand überwiegt.

An dieser Stelle muss daher das – unbefriedigende – Ergebnis stehen, dass ein eindeutiger Effizienzvorteil durch die vorgeschlagene Formularlösung nicht festgestellt werden kann. Das Ergebnis ist indifferent.

Bewusst wurde oben eine Lösung entwickelt, die auch in der analogen Welt funktionieren kann. Mit einer elektronischen Fassung der Formulare könnte es weitere Aufwandsreduzierungen geben.

V. Strukturierungsmodelle

Wie gezeigt, kommen Klageformulare nur für eine begrenzte Zahl von Klagen in Betracht. Sie eigenen sich insbesondere nicht für komplexe Verfahren. Dennoch kann auch in komplexen Fällen eine stärkere Strukturierung als die rudimentären Vorgaben des § 253 Abs. 2 ZPO möglich sein und zu einem effizienteren Verfahren führen.

1. Einführung

Der Gedanke der stärkeren Strukturierung von Schriftsätzen ist nicht vollkommen neu: Bereits Ende der 1980er Jahre propagierten einzelne Stimmen das sog. „*Neue Stuttgarter Modell*":[475] Herzstück des Modells war ein elektronisch nutzbares Überlegungspfadsystem. Was ist damit gemeint? Ausgehend von dem Rechtsschutzziel sollen Rechtsanwender für bestimmte Konstellationen (z.B. das Leasing) durch die Prüfung eines Anspruchs geleitet werden. Aus einem solchen Pfadsystem sollte sich –

[475] *Schnelle/Bender*, DRiZ 1993, 97 ff.

„sozusagen ‚automatisch'" – eine Strukturierung der Schriftsätze ergeben.[476]

Anschließend verschwanden die Überlegungen wieder in der Versenkung. Es dauerte bis in das Jahr 2014, bis die Diskussion zur Strukturierung des anwaltlichen Vortrags erneut an Dynamik gewann.

Der Deutscher Juristen Tag e.V. beschloss damals mit einer knappen Mehrheit von 41:38:5 Stimmen, dass über verbindliche Regelungen sicherzustellen sei, dass die Parteien ihren Vortrag zum tatsächlichen und rechtlichen Vorbringen strukturieren.[477] Damit sollte eine Verpflichtung des Gerichts zu vertiefter Prozessleitung verbunden sein, die bei Wahrung des rechtlichen Gehörs zu einer Abschichtung des Vortrages führt. Der Vorschlag einer Umfangsbegrenzung von Klage und Klagerwiderung fand hingegen keine Mehrheit.[478]

In der Folge gewann das Thema der Strukturierung des Parteivortrags in der juristischen Literatur zunehmend an Aufmerksamkeit.[479] Auch die Justizministerkonferenz griff das Thema zwischenzeitlich auf, plädierte allerdings nur für eine stärkere Betonung der Verfahrensleitungsmöglichkeiten des Richters.[480]

Die Entwicklung gipfelte jüngst in einem Thesenpapier der Arbeitsgruppe *„Modernisierung des Zivilprozesses"* im Auftrag der

---

[476] *Dies.*, DRiZ 1993, 97, 109.

[477] Deutscher Juristentag e.V., Verhandlungen des 70. Deutschen Juristentages 2014, 2015, I S. 56.

[478] Ders., Verhandlungen des 70. Deutschen Juristentages 2014, 2015, I S. 56.

[479] *Gaier*, ZRP 2015, 101 ff.; *Zwickel*, MDR 2016, 988 ff.; *Vorwerk*, NJW 2017, 2326 ff.; *Greger*, NJW 2019, 3429 ff.; *Effer-Uhe*, GVRZ 2018, 33 ff.; *Zwickel*, in: Buschmann/Gläß/Gonska, Digitalisierung der gerichtlichen Verfahren und das Prozessrecht.

[480] 90. Konferenz der Justziministerinnen und Justizminister, Abschlussbericht der Länderarbeitsgruppe Legal Tech: Herausforderungen für die Justiz, S. 73.

Präsidentinnen und Präsidenten der Oberlandesgerichte, des Kammergerichts, des Bayerischen Obersten Landesgerichts und des Bundesgerichtshofs. Die Thesen sehen unter anderem vor, dass zur Strukturierung des Parteivortrag und des Verfahrens im Anwaltsprozess ein gemeinsames elektronisches Basisdokument mit dem Vortrag der Parteien erstellt wird.[481]

2. Bisherige Ansätze

In der Folge sollen zunächst die wichtigsten derzeit diskutierten Modelle vorgestellt werden, bevor ein eigener Vorschlag des Verfassers erfolgt.

a) Arbeitsgruppe „Modernisierung des Zivilprozesses“

Am 21. Juli 2020 hatte die von den Präsidentinnen und Präsidenten der Oberlandesgerichte, des Kammergerichts, des Bayerischen Obersten Landesgerichts und des Bundesgerichtshofs eingesetzte Arbeitsgruppe *„Modernisierung des Zivilprozesses“* zunächst ein Thesenpapier vorgelegt, mit dem sie *„weitreichende und innovative Modernisierungen des Zivilprozesses vor[schlägt], um neue technischen Möglichkeiten sinnvoll nutzbar zu machen und Gerichtsverfahren bürgerfreundlicher, effizienter und ressourcenschonender zu gestalten.“*[482]

Die Thesen hat die Arbeitsgruppe sodann in einem im Januar 2021 veröffentlichten Diskussionspapier näher erläutert.[483] Für die hier

[481] *Arbeitsgruppe "Modernisierung des Zivilprozesses"*, Thesenpapier, 2020, S. 3.

[482] *OLG Nürnberg*, Internetauftritt - Aktuelles, 13.11.2020 (https://www.justiz.bayern.de/gerichte-und-behoerden/oberlandesgerichte/nuernberg/aktuelles.php) (geprüft am 13.11.2020).

[483] *Arbeitsgruppe "Modernisierung des Zivilprozesses"*, Modernisierung des Zivilprozesses - Diskussionspapier, Januar 2021.

behandelte Forschungsfrage sind insbesondere die Ausführungen zur Strukturierung des Parteivortrags und des Verfahrens relevant:[484]

Der Parteivortrag soll in einem von Kläger und Beklagtem gemeinsamen zu erstellendenden elektronischen Basisdokument erfolgen.[485] Es soll sich um eine Art Relationstabelle handeln, in welcher dem klägerischen Sach- und Rechtsvortrag der entsprechende Beklagtenvortrag gegenübergestellt wird. Die Strukturierung soll in der Regel chronologisch erfolgen, wobei das Gericht rechtzeitig Hinweise für eine sachgerechte Strukturierung geben soll.[486] Jede Partei kann in „ihrer" Spalte Änderungen vornehmen. Die gemeinsame Arbeit am Basisdokument soll auf einer zentralen Plattform erfolgen, wobei das Gericht die entsprechenden Zugriffsrechte (auch im Hinblick auf etwaige Fristsetzungen) vergibt und ggf. strukturierend eingreifen und (in einer dritten Spalte) Hinweise erteilen kann.[487] Das Basisdokument übernimmt die Funktion des Tatbestands im Urteil[488] und soll für den Anwaltsprozess verpflichtend sein.[489] Ergänzend soll es die Möglichkeit eines per Videokonferenz durchzuführenden Strukturierungstermins durch das Gericht geben (vgl. § 139 Abs. 3 S. 1 ZPO).[490]

Daneben soll für bestimmte Streitigkeiten zwischen Verbrauchern und Unternehmen bei Streitwerten bis 5.000 EUR ein formularbasiertes Online-Verfahren eingeführt werden.[491] Dabei wäre eine mündliche Verhandlung nicht verpflichtend, jedenfalls aber im Wege der

---

[484] *Dies.*, Modernisierung des Zivilprozesses - Diskussionspapier, Januar 2021, S. 33 ff.
[485] *Dies.*, Modernisierung des Zivilprozesses - Diskussionspapier, Januar 2021, S. 33.
[486] *Dies.*, Modernisierung des Zivilprozesses - Diskussionspapier, Januar 2021, S. 34.
[487] *Dies.*, Modernisierung des Zivilprozesses - Diskussionspapier, Januar 2021, S. 39.
[488] *Dies.*, Modernisierung des Zivilprozesses - Diskussionspapier, Januar 2021, S. 41.
[489] *Dies.*, Modernisierung des Zivilprozesses - Diskussionspapier, Januar 2021, S. 36.
[490] *Dies.*, Modernisierung des Zivilprozesses - Diskussionspapier, Januar 2021, S. 44.
[491] *Dies.*, Modernisierung des Zivilprozesses - Diskussionspapier, Januar 2021, S. 76 ff.

Videokonferenz durchzuführen. Über die Bereitstellung von intelligenten Eingabe- und Abfragesystemen („Chatbots") soll der Zugang zum Recht erleichtert und der Prozessstoff vorstrukturiert werden.[492]

b) Greger

Greger schlug bereits zuvor ein ähnliches Modell vor: Auf einer Online-Plattform soll von den Parteien unter Anleitung des Richters ein gemeinsames Basisdokument mit dem gesamten unstreitigen und streitigen Prozessstoff erstellt werden. In eine vorgegebene Maske sollen beide das Prozessziel, die Tatsachenbehauptungen und die Einwendungen jeweils mitsamt Beweismitteln eingeben. Der Richter soll diesen Prozess begleiten und durch Hinweise auf Klarstellungen bzw. das Entfernen von Irrelevantem hinwirken. Am Ende soll eine gemeinsam erarbeitete Grundlage stehen, die zunächst für Vergleichsgespräche dienen kann, aber auch den Tatbestand des Urteils bildet.[493]

Greger geht noch einen Schritt weiter und plädiert dafür, dass die Arbeit am gemeinsamen Basisdokument ein eigenes Verfahrensstadium – quasi ein digitales Vorverfahren – sein könne. Es würde dann mit einer Abschlussverfügung des Richters zum weiteren Fortgang des Verfahrens enden.[494]

Vorteile sieht Greger in einem „kooperativen" Arbeiten. Neben einer Universalmaske soll es auch Muster für Standardverfahren geben.[495] Zu einer Strukturierung des Basisdokuments selbst verhält sich Greger nicht.

[492] *Dies.*, Modernisierung des Zivilprozesses - Diskussionspapier, Januar 2021, S. 80.
[493] *Greger*, NJW 2019, 3429, 3431.
[494] *Ders.*, NJW 2019, 3429, 3432.
[495] *Ders.*, NJW 2019, 3429, 3431.

Weil ein gemeinsames Basisdokument vor allem im Anwaltsprozess funktionieren dürfte, sei der Anwaltsprozess gegebenenfalls auszuweiten und für „wirkliche“ Bagatellsachen ein besonderes Verfahren zu entwickeln.[496] Wie dieses Verfahren konkret ausgestaltet sein soll, bleibt bei Greger offen.

c) Gaier

Bei *Gaier* ist – im Jahr 2015 – hingegen noch nicht von einem gemeinsamen Dokument die Rede.[497] Im Anwaltsprozess soll sich der Kläger bei seinem Klageschriftsatz streng an den Tatbestandsmerkmalen der in Betracht kommenden Anspruchsgrundlagen orientieren. Der Beklagte muss bei seiner Erwiderung dieser Struktur folgen. Ein solches Vorgehen soll sich bei Duplik und Triplik fortsetzen. Dabei soll das Gericht mit Hinweisen stärker in einen Dialog mit den Parteien treten.[498] Die Einzelheiten bleiben bei *Gaier* noch vage.

Den Einsatz von IT hält *Gaier* für denkbar, um für den Richter aus den vorstrukturierten Schriftsätzen *„gewissermaßen ‚auf Knopfdruck‘ eine Gegenüberstellung des Prozessstoffs in der relationsmäßigen Form eines Aktenauszugs zu generieren* […].“[499]

d) Zwickel

Zwickel verfolgt das Ziel, Schriftsätze so aufzubereiten, dass sie mit digitalen Mitteln ausgewertet werden können.[500]

---

[496] *Ders.*, NJW 2019, 3429, 3431.

[497] *Gaier*, ZRP 2015, 101 ff.

[498] *Ders.*, ZRP 2015, 101, 103/104.

[499] *Ders.*, ZRP 2015, 101, 104.

[500] *Zwickel*, in: Buschmann/Gläß/Gonska, Digitalisierung der gerichtlichen Verfahren und das Prozessrecht, S. 2.

Eine Strukturierung der Klageschrift könne folgendermaßen aussehen:[501]

- Prozessuale Rahmendaten
- Kurzzusammenfassung des Sachverhalts
- Tatbestand
  - Untergliederung nach nummerierten Tatsachenbehauptungen
  - Verlinkung von Beweismitteln
- Rechtsausführungen
  - Zulässigkeit
  - Begründetheit
    - Untergliederung nach nummerierten Rechtsfolgenbehauptungen
    - Maßgeblicher Sachverhalt
    - Rechtliche Begründung

Das sei mit zwingend zu verwendenden Formularen über § 130c ZPO sicherzustellen und in § 138 ZPO eine Pflicht zu strukturierten Rechtsausführungen aufzunehmen.

Die Klagerwiderung erfolgt, indem der Beklagte in dem Verfahrensdokument des Klägers arbeitet. Er ist dabei nicht an dessen Strukturierung gebunden, sondern kann einen aus seiner Sicht sinnvolleren Aufbau wählen.[502] Wie das funktionieren soll, bleibt bei Zwickel offen.

---

[501] *Ders.*, in: Buschmann/Gläß/Gonska, Digitalisierung der gerichtlichen Verfahren und das Prozessrecht, S. 18.

[502] *Ders.*, in: Buschmann/Gläß/Gonska, Digitalisierung der gerichtlichen Verfahren und das Prozessrecht, S. 18.

Dem Gericht würde anschließend aus dem von den Parteien erstellten Dokument automatisch ein Aktenspiegel generiert werden, der den jeweiligen Vortrag gegenüberstellt, streitige Teile kennzeichnet und auf Beweise und Datenbanken verlinkt.[503] Auch zuvor soll das Gericht bereits über Verfügungen das Verfahren leiten.[504]

Zukünftig hält *Zwickel* auch ein ausgelagertes Sachaufklärungsverfahren für denkbar.[505]

e) Vorwerk

Vorwerk wartet sogar mit einem ausdifferenzierten Gesetzesvorschlag auf: Er schlägt ein separates „Strukturiertes Verfahren" in der ZPO vor.[506] Dieses kann in komplexen Fällen vom Richter in jeder Lage des Verfahrens nach Klageeingang angeordnet werden.[507] Es führt zu einer vertieften Prozessleitung durch den Richter. So kann er anordnen,[508]

> „ *a) dass die Parteien die Anspruchsgrundlagen oder Einredevoraussetzungen, auf die sie sich stützen wollen, konkret nennen und den Vortrag auf diese Voraussetzungen ausrichten;*
>
> *b) dass der Gegner entsprechend der vorgegebenen Struktur (Abs. 2 a) zu erwidern hat;*

---

[503] *Ders.*, in: Buschmann/Gläß/Gonska, Digitalisierung der gerichtlichen Verfahren und das Prozessrecht, S. 18.

[504] *Ders.*, in: Buschmann/Gläß/Gonska, Digitalisierung der gerichtlichen Verfahren und das Prozessrecht, S. 19.

[505] *Ders.*, in: Buschmann/Gläß/Gonska, Digitalisierung der gerichtlichen Verfahren und das Prozessrecht, S. 19.

[506] *Vorwerk*, NJW 2017, 2326.

[507] *Ders.*, NJW 2017, 2326, 2327.

[508] *Ders.*, NJW 2017, 2326, 2328.

c) Vortrag zunächst nur zu bestimmten Anspruchsgrundlagen, zu Tatbestandsvoraussetzungen dieser Anspruchsgrundlagen oder zu den Anspruch vernichtenden oder dessen Durchsetzung hemmenden Einwendungen oder zu Rechtsfragen zu halten;

d) Tatsachenvortrag oder Rechtsausführungen nur unter hervorgehobener, gegebenenfalls maschinenlesbarer Angabe von vom Gericht zu bestimmenden Gliederungspunkten oder Stichworten zu halten;

e) neuen Tatsachenvortrag oder bisher nicht erörterte Rechtsfragen nur unter hervorgehobener, gegebenenfalls maschinenlesbarer Angabe „Neuer Tatsachenvortrag" und „Neue rechtliche Erwägungen" auszuführen."

3. Exkurs 1: Großbritannien

Hilfreich ist an dieser Stelle ein kurzer rechtsvergleichender Blick auf die zivilprozessualen Strukturierungsvorgaben in Großbritannien.[509] Die entsprechenden Vorgaben können im Rahmen dieser Arbeit nicht umfassend und insbesondere nicht in ihrer gelebten Praxis dargestellt werden. Das würde eine rechtvergleichende Abhandlung nur zu diesem Thema erfordern. Jedoch lassen sich auch aus der kurz zu schildernden Rechtslage bereits Anregungen für die Strukturierung des deutschen Verfahrens entnehmen.

a) Allgemeiner Ablauf

Das englische Zivilverfahren lässt sich im Hinblick auf Schriftsatzvorgaben in zwei Teile gliedern: Dem eigentlichen Zivilprozess vorangestellt ist eine Art formalisiertes Abmahnverfahren (*pre-action*

---

[509] Dazu auch *Zwickel*, MDR 2016, 988 ff.

protocols).[510] Sollte es zu keiner (außergerichtlichen) Einigung im Rahmen dieses Austauschs kommen, erfolgt die Klageerhebung durch Einreichung eines kurzen Formulars (*claim form*).[511] Die Details der Klagebegründung werden üblicherweise mit der Klageerhebung übermittelt oder erfolgen in einem gesonderten Schriftsatz (*particulars of the claim*).[512] Vor der mündlichen Verhandlung (*trial*) werden noch Klageerwiderung (*defence*) und ggf. eine Replik (*reply to defence*) ausgetauscht.[513]

b) Inhaltliche Vorgaben

Die Vorschriften des zentralen Verfahrensgesetzes – die Civil Procedure Rules (CPR) – werden jeweils durch sog. Practice Directions ergänzt.[514]

Part 4 des CPR schreibt vor, dass Formulare genutzt werden müssen, sofern die entsprechende Practice Direction solche vorsieht.[515] Die Formulare betreffen verschiedenste prozessuale Situationen und Begehren. Sie sind auf einer zentralen Plattform im Internet verfügbar.[516]

aa) Pre-action Protocols

Für das formalisierte Vorverfahren enthält eine „Practice Direction – Pre-action conducts and protocols" bindende Vorgaben für den Ablauf und Inhalt dieses Vorverfahrens:

---

[510] https://www.justice.gov.uk/courts/procedure-rules/civil/protocol.

[511] https://www.justice.gov.uk/courts/procedure-rules/civil/rules/part16#16.2.

[512] https://www.justice.gov.uk/courts/procedure-rules/civil/rules/part16/pd_part16.

[513] Vgl. *Zwickel*, MDR 2016, 988, 990.

[514] https://www.justice.gov.uk/courts/procedure-rules/civil/rules/raprnotes.

[515] https://www.justice.gov.uk/courts/procedure-rules/civil/rules/part04.

[516] http://hmctsformfinder.justice.gov.uk/HMCTS/FormFinder.do.

Es existieren derzeit[517] folgende Protokolle im Hinblick auf spezifische Sachmaterien:[518]

Protokoll	Inkrafttreten
Personal Injury	6 April 2015
Resolution of Clinical Disputes	6 April 2015
Construction and Engineering	9 November 2016 2nd Edition
Defamation / Media and Communications Claims	02 October 2000
Professional Negligence	16 July 2000
Judicial Review	6 April 2015
Disease and Illness	8 December 2003
Housing Disrepair	6 April 2015
Possession Claims by Social Landlords	6 April 2015
Possession Claims for Mortgage Arrears	6 April 2015
Dilapidation of Commercial Property	1 January 2012

517 Stand 30.03.2022.

518 Para 18 Practice Direction – Pre-Action Conduct and Protocols https://www.justice.gov.uk/courts/procedure-rules/civil/rules/pd_pre-action_conduct#18.1.

Low Value Personal Injury Road Traffic Accident Claims	30 April 2010 extended form 31 July 2013
Low Value Personal Injury Employers' and Public Liability Claims	31 July 2013

Der jeweilige Grad an Detailvorgaben variiert zwischen den Protokollen: So gibt das Protokoll für *personal injury* Klagen in seinem Annex B - einem deutschen Formularbuch ähnlich – eine feste Struktur mit Textblöcken für den Schriftsatz des Klägers (*letter of claim*) vor. Es sind z.B. Abschnitte zu den Parteien, *liability, injuries, loss of earnings, other financial loss* und *details of the insurer* enthalten. Ebenso findet sich eine schematisierte Antwort des Beklagten (*letter of response*).[519]

Hinsichtlich *privacy breaches* heißt es im *Pre-action Protocol for Media and Communications Claims* andererseits nur, dass darzustellen sei, welche Informationen betroffen und warum diese besonders geschützt sein sollen.[520]

Es fällt auf, dass seit der Einführung des ersten Protokolls im Jahr 2000 lediglich zwölf weitere Protokolle hinzugekommen sind, davon sechs im Jahr 2015 und seitdem kein weiteres. Das ist zumindest ein vorsichtiger Hinweis darauf, dass der Aufwand für die Erstellung im Vergleich zu den praktischen Folgen erheblich ist.

Neben diesen dreizehn Protokollen schreibt para. 6 *Practice Direction – Pre-Action Conduct and Protocols* lediglich vage den allgemeinen Inhalt

[519] Annex B - Pre-Action Protocol for Personal Injury Claims; http://www.justice.gov.uk/courts/procedure-rules/civil/protocol/prot_pic.

[520] https://www.justice.gov.uk/courts/procedure-rules/civil/protocol/prot_def.

von *letter of claim* und *letter of response* vor:[521] Der Kläger soll in komprimierter Form die Basis seines Anspruchs, eine Zusammenfassung des Sachverhalts und das Anspruchsziel darstellen. Der Beklagte soll seinerseits angeben, ob er den Anspruch anerkennt oder ablehnt und gegnerischen Vortrag bestreitet.

bb) Claim Form and particulars of the claim

Kommt es trotz des oben beschriebenen Vorverfahrens zu keiner außergerichtlichen Einigung, erfolgt die Klageerhebung durch Einreichung eines Klageformulars – genauer gesagt durch die Ausstellung des Klageformulars seitens des Gerichts auf Antrag des Klägers.[522] Es gibt eine Vielzahl von Klageformularen je nach Verfahrensart und zuständigem Gericht. Das Standardklageformular N1[523] enthält lediglich rudimentäre Vorgaben.[524] Es bietet Felder für die Angaben zu den Parteien, eine kurze Zusammenfassung der Klage sowie das s*tatement of truth*. Die Klagebegründung kann mit dem Klageformular übermittelt werden. Sie soll ebenfalls eine prägnante Darstellung des Sachverhalts enthalten.[525] Für eine – eher zufällig anmutende – geringe Zahl an Fällen existieren detailliertere Vorgaben.[526] Sollte die Zahl von 25 Seiten überschritten werden, muss eine Zusammenfassung mitgeliefert werden.[527]

[521] https://www.justice.gov.uk/courts/procedure-rules/civil/rules/pd_pre-action_conduct#6.1.

[522] Part 7 CPR und Practice Direction 7A.

[523] Practice Direction 7A No 3.1

[524] Vergleichbar mit dem deutschen Mahnverfahren: *Zwickel*, MDR 2016, 988, 991.

[525] Part 16.4 CPR.

[526] Part 4.1 Practice Direction Part 16.

[527] Part 1.4 Practice Direction Part 16.

Für die Klagerwiderung stellt das englische Recht ähnliche Forderungen wie auch § 138 ZPO: Der Beklagte soll die klägerischen Behauptungen bestreiten, zugeben oder mit Nichtwissen bestreiten.[528]

Rechtsausführungen sind nicht vorgesehen, aber auch nicht explizit verboten.[529]

Bemerkenswerterweise scheint es unterschiedliche Verfahren zu geben, je nachdem ob Tatsachenfragen im Mittelpunkt des Verfahrens stehen werden oder nicht:

- Für einen „*dispute of fact*" ist das Verfahren in Part 7 CPR und Practice Direction 7A festgehalten. Erforderlich ist die Verfahrenseinleitung mit Klageformular N1.[530]
- Sofern hingegen „*no significant dispute of fact*" zu erwarten ist, ist das Formular N208 zu verwenden und das Verfahren wird nach Part 8 CPR und Practice Direction 8A.

4. Exkurs 2: Gericht der Europäischen Union

Auch die Verfahrensordnung des Gerichts der Europäischen Union enthält in Art. 76 die üblichen, generellen Inhaltsvorgaben für eine Klageschrift (Parteien, Streitgegenstand, Klagegründe, Argumente und kurze Darstellung der Klagegründe sowie Anträge und Beweise).[531] Diese

---

[528] Part 16.5 CPR.

[529] Vgl. *Zwickel*, MDR 2016, 988, 991.

[530] *Judiciary of England and Wales*, The Queen's Bench Guide 2018, S. 33.

[531] Verfahrensordnung des Gerichts vom 4. März 2015 (ABl. 2015, L 105, S. 1) geändert am: (1) 13. Juli 2016 (ABl. 2016, L 217, S. 71), (2) 13. Juli 2016 (ABl. 2016, L 217, S. 72), (3) 13. Juli 2016 (ABl. 2016, L 217, S. 73), (4) 31. Juli 2018 (ABl. 2018, L 240, S. 67), (5) 11. Juli 2018 (ABl. 2018, L 240, S. 68).

Vorgaben konkretisieren die zur Verfahrensordnung des Gerichts erlassenen praktischen Durchführungsbestimmungen erheblich.[532]

Die erste Seite eines jeden Verfahrensschriftstücks soll stets Angaben zur Rechtssachennummer, die Bezeichnung des Verfahrensschriftstücks (Klageschrift, Rechtsmittelschrift, Klagebeantwortung, usw.), den Namen des Klägers und des Beklagten sowie den Namen der Partei, für die das Verfahrensschriftstück eingereicht wird, enthalten.[533]

Es sind sogar konkrete Formatvorgaben (Din A4, gängige Schriftart, Schriftgröße mindestens 12 pt im Haupttext, fortlaufende Nummerierung der Absätze und der Seiten) zu beachten. Am Schluss ist ein Anlagenverzeichnis beizufügen, für dessen Format ebenfalls detaillierte Vorgaben erfolgen.[534]

Es gelten daneben Maximalschriftsatzlängen (50 Seiten für die Klageschrift und die Klagebeantwortung; 25 Seiten für die Erwiderung und die Gegenerwiderung), deren Überschreitung nur im Ausnahmefall genehmigt wird.[535]

---

[532] Praktische Durchführungsbestimmungen zur Verfahrensordnung des Gerichts vom 20. Mai 2015 (ABl. 2015, L 152, S. 1), geändert am 13. Juli 2016 (ABl. 2016, L 217, S. 78) und am 17. Oktober 2018 (ABl. 2018, L 294, S. 23, Berichtigung ABl. 2018, L 296, S. 40).

[533] Praktische Durchführungsbestimmungen zur Verfahrensordnung des Gerichts, Rn. 80.

[534] Praktische Durchführungsbestimmungen zur Verfahrensordnung des Gerichts, Rn. 83.

[535] Praktische Durchführungsbestimmungen zur Verfahrensordnung des Gerichts, Rn. 105.

Klageanträge sind am Anfang oder Ende des Schriftstücks zu stellen.[536] Zunächst ist kurz der Sachverhalt darzustellen, anschließend folgen die Rechtsausführungen gegliedert nach Klagegründen.[537]

Ähnliche Vorgaben sehen die Durchführungsbestimmungen für die sog. Klagebeantwortung vor, die sich so weit wie möglich an der Gliederung der geltend gemachten Klagegründe orientieren soll.[538]

VI. Strukturierungsmaßnahmen

Die Probleme des derzeitigen Schriftsatzaustauschs liegen in einem ungeordneten und teilweise überflüssigen Vortrag, der sich zudem – perspektivisch – kaum elektronisch verarbeiten ließe.

1. Abstrakte Möglichkeiten

Einer effizienteren Verfahrensgestaltung kann man sich systematisch nähern, wenn man abstrakt die Stellschrauben identifiziert, an denen das bisherige Verfahren geändert werden kann:

- Zunächst kann auf einer Makroebene der gesamte Verfahrensablauf betrachtet werden: Soll der Zivilprozess in seiner Gesamtheit bspw. durch Einführung eines vorgeschalteten Sachaufklärungsverfahrens[539] geändert werden? Oder wäre ein

---

[536] Praktische Durchführungsbestimmungen zur Verfahrensordnung des Gerichts, Rn. 114.

[537] Praktische Durchführungsbestimmungen zur Verfahrensordnung des Gerichts, Rn. 115.

[538] Praktische Durchführungsbestimmungen zur Verfahrensordnung des Gerichts, Rn. 126.

[539] Z.B. *Zwickel*, in: Buschmann/Gläß/Gonska, Digitalisierung der gerichtlichen Verfahren und das Prozessrecht, S. 19.

gesondertes Verfahren sinnvoll, wenn nur über Rechtsfragen gestritten wird?[540]

- Grundsätzlich getrennt davon ist in einer Mikrobetrachtung der einzelne Verfahrensschritt auf sein Optimierungspotential hin zu untersuchen. Struktur und damit Effizienz eines Zivilprozesses hängen maßgeblich von der Struktur der Klageschrift ab. Sofern man es schafft, bereits die Klageschrift für den jeweiligen Einzelfall bestmöglich zu strukturieren, könnte man für weitere Schriftsätze festschreiben, dass sie dieser einmal gefundenen Struktur im Regelfall folgen müssen.[541]
- Auf der Mikroebene innerhalb des Verfahrensschrittes „Schriftsätze" stellen sich die konkreten Strukturierungsaufgaben und dabei insbesondere die Frage, wie die Wechselwirkung von Tatsachen und Rechtsausführungen sinnvoll abgebildet werden kann. Wäre eine zwingende Gliederung des Vortrages nach Anspruchsgrundlagen und Tatbestandsvoraussetzungen sinnvoll?[542]
- Schließlich bleibt die Frage, welche Rolle welcher Beteiligter an den unterschiedlichen Verfahrensschritten übernehmen soll.[543] Welche Aufgaben weist das Gesetz dem Richter und welche Kläger und Beklagtem zu? Wäre es effizienter Aufgaben von dem einen auf den anderen zu verlagern?

Unter den vorgenannten abstrakten Stellschrauben werden in der Folge zunächst die bestehenden Literaturansätze eingeordnet, bewertet

---

[540] So in Großbritannien: *Judiciary of England and Wales*, The Queen's Bench Guide 2018, S. 3.

[541] *Gaier*, ZRP 2015, 101, 103/104.

[542] So wohl *ders.*, ZRP 2015, 101.

[543] „Parteiherrschaft und Richtermacht", *Zwickel*, in: Buschmann/Gläß/Gonska, Digitalisierung der gerichtlichen Verfahren und das Prozessrecht, S. 4.

und gleichzeitig weitergehende Vorschläge für eine sinnvolle Strukturierung unterbreitet.

2. Einführung eines Klageeinreichungsverfahrens

Es wurde bereits gezeigt, dass sich Schriftsätze im Allgemeinen aufgrund der Vielgestaltigkeit der Lebenssachverhalte und damit einhergehenden rechtlichen Erwägungen nicht für ein einheitliches, starres Formularkorsett eignen. Lediglich für einzelne Sachmaterien wäre das denkbar.[544]

Kürzt man die Klage um die soeben genannten problematischen Aspekte bleiben für ein Formular noch Rubrum, Anträge, Kurzbeschreibung des Streitgegenstands, Angabe des Streitwerts sowie ggf. Ausführungen zur Zuständigkeit, wenn nicht am allgemeinen Gerichtsstand des Beklagten geklagt wird. Diese Informationen lassen sich leicht in einem Formular abfragen. Man könnte noch ergänzend Felder für typischerweise mit der Klage verbundene Anträge wie Erlass eines Versäumnisurteils bei Vorliegen der gesetzlichen Voraussetzungen (§ 331 Abs. 3 ZPO) vorsehen.

Ähnlich dem englischen Recht könnte ein solches kurzes Klageformblatt für eine wirksame Klageeinreichung genügen.[545] Anders als im englischen Recht, bei dem sodann eine Klagebegründung folgen muss, könnte das hier vorgesehene Klageformblatt jedoch zunächst an den Beklagten zugestellt werden. Dieser kann – ebenfalls auf einem Formular – das Rubrum berichtigen, die Klage anerkennen, weitere Anträge ankündigen, sowie kurze Ausführungen zur Zulässigkeit und seinen Haupteinwendungen machen.

---

[544] Bereits → S. 123.

[545] So in Großbritannien → S. 145.

Erst wenn der Prozess durch einen Klagabweisungsantrag des Beklagten in seiner (Formular-) Erwiderung wirklich zu einem Streit wird, könnte das Gericht – ggf. verbunden mit weitergehenden Strukturierungshinweisen und Verfügungen zum Fortgang des Verfahrens – den Kläger zu einer ausführlichen Klagebegründung auffordern.

Auf den ersten Blick scheint es sich bei diesem Schnellverfahren um eine Revolution zu handeln. Auf den zweiten Blick wird allerdings deutlich, dass ein derartiges Verfahren mit wenigen Abweichungen bereits mit dem Mahnverfahren existiert.

Für Zahlungsansprüche, die nicht von einer Gegenleistung abhängen, entsteht kein Mehrwert, weil es bereits jetzt die Möglichkeit gibt, durch ein Mahnverfahren schnell einen Titel zu erlangen. [546] Durch den Vorschlag könnte man allerding die Vorteile des Mahnverfahren auf weitere Zahlungsansprüche [547] sowie auch auf Unterlassung- oder Feststellungsansprüche ausweiten. So zeigt die Statistik zum Mahnverfahren, dass seit Jahren nur in weniger als 10 % der Fälle ein Übergang in das streitige Verfahren erfolgt.[548] Es trägt damit erheblich zur Entlastung der Gerichte bei. Ließe sich eine ähnliche Entlastungswirkung auch bei Unterlassungs- und Feststellungsansprüchen erzielen, ließen sich mit dem Vorschlag vermutlich Effizienzgewinne erzielen.

Entsprechende Vorteile dürften allerdings gering ausfallen: Bei einem sofortigen Anerkenntnis des Beklagten hat der Kläger die Gerichtskosten zu tragen, wenn der Beklagte nicht durch sein Verhalten einen Anlass zur Klage gegeben hat (§ 93 ZPO). Um diese Kostenfolge zu vermeiden, ist

[546] Zum Mahnverfahren bereits → S. 77/120.

[547] Kritisch *Arbeitsgruppe "Modernisierung des Zivilprozesses"*, Modernisierung des Zivilprozesses - Diskussionspapier, Januar 2021, S. 99.

[548] MüKoZPO/*Schüler*, Vorbm. zu § 688 Rn. 8.

insbesondere bei Unterlassungsklagen eine vorherige Abmahnung des Beklagten durch den Kläger sinnvoll und üblich. Nur wenn es zu einer erheblichen Zahl von sofortigen Anerkenntnissen käme, könnte auch eine entsprechende Entlastungswirkung eintreten.

Man könnte darüber nachdenken, ob die oben vorgesehen Kurzbeschreibung des Anspruchs auch im Mahnverfahren zu weniger Widersprüchen und damit einer weiteren Entlastung führen würde. Die Reform des Mahnverfahrens ist allerdings nicht Teil dieser Arbeit. Es geht an dieser Stelle nur um die konkrete Änderung von Klage und weiteren Schriftsätzen.

Gewinnt das Verfahren durch einen nach zuvor geschildertem Vorbild gestalteten Verfahrensbeginn an Effizienz? Für den Richter dürften sich zunächst keine Vorteile ergeben, weil nicht mit erheblich weniger Verfahrenseingängen gerechnet werden kann. Aufgrund der einfachen Klageerhebung ist sogar eher von einer Zunahme der Eingänge auszugehen.

Auch auf Seiten der Prozessbeteiligten dürften kaum Vorteile liegen. Beide Seiten müssten auch bei einer derart verkürzten Klageerhebung und -erwiderung bereits den Sachverhalt und die entsprechende rechtliche Würdigung intern vornehmen, um die Erfolgschancen abzuwägen. Dann ist der Schritt, diese Gedanken auszuformulieren, nicht weit.

Vorteile ergeben sich nur, wenn ein sofortiges Anerkenntnis erfolgt. Das sind aber nicht die hier interessierenden ausufernden Fälle, denen mit einer Strukturierung der Schriftsätze begegnet werden soll. Ein Effizienzgewinn liegt daher bereits nach dieser kurzen Betrachtung eher fern.

3. Strukturierung der Klage

Auch wenn der Ansatz des zuvor geschilderten Kurzverfahrens insgesamt nicht weiterführt, können einzelne Elemente dennoch übernommen werden.

a) Standardangaben

Das gesamte zuvor beschriebene Formblatt sollte als verpflichtende Angabe für Klageschriften aufgenommen werden. Dazu zählen Kläger, Beklagter, Anträge, Kurzzusammenfassung des Streits von maximal einer Seite sowie Angabe des Streitwerts und kurze Angaben zur Zuständigkeit des angerufenen Gerichts. Letzteres ist nur auszufüllen, wenn nicht am allgemeinen Gerichtsstand des Beklagten geklagt wird. Die Daten des Rubrums dürften in näherer Zukunft ohnehin als strukturierte Datensätze zu übertragen sein, um eine effiziente Arbeit mit der bei den Gerichten einzuführenden elektronischen Akte zu gewährleisten (vgl. § 298a Abs. 2 ZPO).

Bei einer Schriftsatzlänge von mehr als 10 Seiten muss sodann ein (automatisiert erstelltes) Inhaltsverzeichnis folgen.

Jeder Schriftsatz schließt mit einer Beweisübersicht. Diese ist in zwei Abschnitte gegliedert: Zunächst enthält sie eine Zeugenliste, die fünfspaltig aufgebaut ist: In der ersten Zeile steht eine fortlaufende Nummer, in der zweiten Zeile der Name des Zeugen, in der dritten die ladungsfähige Anschrift, in der vierten die Funktion im Unternehmen bzw. eine kurze Beschreibung wer der Zeuge ist sowie in der fünften Zeile die Randnummern, zu denen der Zeuge als Beweis dienen soll.[549]

[549] Zu diesem Randnummernsystem sogleich → S. 162.

In einem zweiten Abschnitt findet sich ein Anlagenindex, der aus drei Spalten besteht: K (für Kläger) und fortlaufende Nummer, Kurzbezeichnung der Anlage sowie die Randnummer, der die Anlage als Beweis dient.

Zeugenliste und Anlagenindex sind jedem Schriftsatz beizufügen und laufend fortzuschreiben. Änderungen zur vorherigen Übersicht sind durch Fettdruck zu kennzeichnen. Perspektivisch dürften derartige Übersichten automatisiert von entsprechenden IT-Programmen erstellt und ergänzt werden.

b) Tatsachen-/ Rechtsvortrag

Die vorherigen Vorschläge sind einfach zu implementieren und dürften auf wenig Widerspruch stoßen. Es bleibt die Frage nach einer weitergehenden Strukturierung. Hierbei ist zwischen technischer und inhaltlicher Strukturierung zu unterscheiden.

aa) Technische Strukturierung

Die technische Strukturierung hilft bei der einfachen Erfassung und Wiederauffindbarkeit des Geschriebenen. Sie bereitet (auch) einen späteren IT-gestützten Prozess vor. Jedem Absatz ist daher zwingend eine Randnummer zuzuordnen, wobei ein Absatz üblicherweise eine Tatsache oder einen Gedanken betreffen soll. Das erleichtert die spätere Auffindbarkeit, ermöglicht eindeutige Bezüge innerhalb des Schriftsatzes und in der Klagerwiderung sowie eine klare Zuordnung von Beweisangeboten. Daher soll auch das Beweisverzeichnis die Angabe der entsprechenden Randnummern enthalten, auf die sich der Beweis bezieht. Eine erhebliche Mehrarbeit ist damit nicht verbunden. Jedes gängige Textverarbeitungsprogramm beherrscht eine solche automatische Erzeugung von Randnummern. Es vermeidet jedoch ungenaue Verweise auf Schriftsatzseiten, bei denen man erraten muss, auf welche Information sie sich genau beziehen sollen.

In einem später denkbaren IT-gestützten Prozess erleichtert es auch die Auswertung: In einer elektronischen Klagerwiderung könnten neben dem Vortrag des Klägers Auswahlfelder stehen, in welchen der Beklagte durch Ankreuzen den jeweils betroffenen Vortrag bestreiten kann.

bb) Inhaltliche Strukturierung

Das „Problemkind" bleibt abseits dieser technischen Strukturierung eine weitergehende inhaltliche Strukturierung des Vortrags.

Hier gehen die vertretenen Ansichten auseinander. Die Arbeitsgruppe Modernisierung des Zivilprozesses setzt auf eine im Regelfall chronologische Vortragsstruktur, [550] *Gaier* hingegen favorisiert eine Gliederung des Vortrags nach Anspruchsgrundlagen und entlang der Tatbestandsmerkmale, [551] *Zwickel* spricht von *„nummerierten Rechtsfolgenbehauptungen"* und meint damit ebenfalls eine Orientierung anhand von Anspruchsgrundlagen, wobei die Tatsachendarstellung zuvor wohl chronologisch erfolgen soll.[552]

Eine drastische Maßnahme wäre es, Rechtsausführungen insgesamt zu verbieten. Das entspräche einem streng verstandenen *„iura novit curia"*. Es sind gerade die Rechtsausführungen, die aufgrund des Subsumtionsvorganges zu einem erheblichen Teil aus der Wiederholung des Sachvortrages bestehen und damit maßgeblich zur Länge von Schriftsätzen beitragen.

---

[550] *Arbeitsgruppe "Modernisierung des Zivilprozesses"*, Modernisierung des Zivilprozesses - Diskussionspapier, Januar 2021, S. 34.

[551] *Gaier*, ZRP 2015, 101; skeptisch hingegen: *Hirtz*, FS Vorwerk, S. 163 ff.

[552] *Zwickel*, in: Buschmann/Gläß/Gonska, Digitalisierung der gerichtlichen Verfahren und das Prozessrecht, S. 18.

Durch ein solches Verbot von Rechtsausführungen würde allerdings das Recht auf rechtliches Gehör erheblich eingeschränkt. Die Einschränkung wäre weniger gravierend, wenn die Parteien die jeweiligen Normen, aus denen ihr Anspruch erwächst, auflisten (können). Aber auch aus Effizienzgründen wäre das Verbot von Rechtsausführungen oder die bloße Normnennung nicht sinnvoll, weil sich die Parteien bereits das entsprechende rechtliche Wissen um den Fall in großen Teilen angeeignet haben und durch ihre Argumentation und die Verweise auf entsprechende, aktuelle Rechtsprechung sowie Kommentarliteratur dem Richter regelmäßig eine erhebliche Arbeit abnehmen können.

Man könnte auch die Trennung von Sachvortrag und rechtlichen Ausführungen aufheben.[553] Das hätte den Vorteil, dass die durch den Subsumtionsvorgang notwendigen Wiederholungen des Sachvortrages entfallen und sogleich in den Rechtsvortrag eingebettet würden. Es würde den Kläger zwingen, sich auf die für die jeweilige Anspruchsgrundlage relevanten Tatsachen zu beschränken und andererseits in der Struktur der Tatbestandsvoraussetzungen und Rechtsfolgen zu gliedern. Warum eine Trennung von Sachvortrag und Rechtsvortrag zwingend sein sollte, ist nicht ersichtlich.

Man verkehrt damit in der Tat den Grundsatz des „*iura novit curia*" in sein Gegenteil. Jedenfalls für Naturalparteien muss eine abweichende Lösung gefunden werden.[554] Anwälte haben allerdings bereits jetzt die Pflicht, das Streitverhältnis auch in rechtlicher Beziehung zu erfassen (§ 137 Abs. 2 ZPO). Der obige Grundsatz betrifft nur „*das Verhältnis der juristisch nicht gebildeten Naturalpartei zum Gericht* [...]."[555] Eine Strukturierungsvorgabe nach Tatbestandsvoraussetzungen hat zudem den

[553] Ähnlich wohl *Roth*, ZZP 129. Band (2016), 3, 20/21.

[554] Unten → S. 167.

[555] BGH, Urt. v. 18.12.2008, Rs. IX ZR 179/07, NJW 2009, 987, 988.

Nebeneffekt, dass der Anwalt zu einer verstärkten Selbstkontrolle angehalten wird.

Probleme ergeben sich dadurch, dass der Sachvortrag auf die geltend gemachten Anspruchsgrundlagen beschränkt wird. Dadurch kann es vorkommen, dass wesentlicher Vortrag nicht in das Verfahren eingeführt wird, der beispielsweise jedoch über eine andere Anspruchsgrundlage zum Ziel des Klägers führen würde, welche der Anwalt übersehen hat. Diese Gefahr erscheint aus zwei Gründen gering: Zum einen kann der Kläger unter einer separaten Überschrift „Weiteres" ergänzend vortragen. Zum anderen dürften sich derartige Alternativen spätestens im weiteren Verfahrensverlauf zeigen, wenn die Gegenseite vorträgt oder der Richter auf eine gewisse Strukturierung hinweist.

Das vermehrt geäußerte Gegenargument, dass eine Bindung an die vorhandenen und bekannten Anspruchsgrundlagen das Entstehen neuer Rechtserkenntnisse verhindert, greift ebenfalls nicht durch. Der Richter ist nicht an die rechtliche Einordnung der Parteien, wohl aber an Gesetz und Recht gebunden. Einen gesetzlichen Anknüpfungspunkt müssen Kläger und Richter gleichermaßen – auch für eine etwaige Rechtsfortbildung – finden. Schließlich ist eine entsprechende Rechtserkenntnis nicht oberste Aufgabe der Eingangsinstanz. Es bleibt den Parteien regelmäßig unbenommen, Berufung und Revision einzulegen, die nicht einer engen Struktur unterworfen sind.[556]

Eine derartige Strukturierung der Klage wäre ein erheblicher Eingriff in die bisherige freie Schriftsatzkultur.[557] Andererseits bietet er bereits in analoger Form einen großen Mehrwert bei der schnelleren Erfassung von

[556] Die Literatur verhält sich hierzu soweit ersichtlich bisher nicht.

[557] Tendenziell skeptisch, weil auch Mandantenrechte betroffen seien: *Schäfer*, FS Vorwerk, S. 291, 301.

Informationen durch Richter und Gegenseite. Perspektivisch hilft er auch dabei, das bisherige Verfahren in ein mögliches Online-Verfahren zu übertragen.

4. Strukturierung weiterer Schriftsätze

Die Klagerwiderung sollte in der (technischen) Grundstruktur ähnlich aufgebaut sein wie die Klage. In einem ersten Feld können Ergänzungen und Berichtigungen zum Rubrum erfolgen. Es schließen sich die Anträge sowie eine kurze Zusammenfassung der wesentlichen Gegenargumente an. Auch die Klagerwiderung sollte ab 10 Seiten Umfang ein Inhaltsverzeichnis und generell ein Beweisverzeichnis nach obigem Vorbild enthalten. Auch eine fortlaufende Nummerierung der Absätze ist für die Herstellung von Bezügen zwingend erforderlich. Inhaltsverzeichnis, Beweisverzeichnis und fortlaufende Nummerierung sind auch für jeden weiteren Schriftsatz gleich ob auf Kläger- oder Beklagtenseite Pflicht.

Inhaltlich sollte die Klagerwiderung im Grundsatz an die Struktur der Klage gebunden sein.[558] Das führt zu einer zielgerichteten Erwiderung auf die einzelnen Argumente des Klägers. Daher sollte auch der Vortrag des Beklagten nicht nach Tatsachen- und Rechtsausführungen getrennt erfolgen, sondern beide sind zu verbinden.

Allerdings wäre es ein verfassungswidriges Beschneiden der Beklagtenrechte, wenn er auch an eine unsachgemäße Struktur des Klägers gebunden wäre. Daher kann der Beklagte die Struktur des Klägers in Grenzen auch verändern. Insbesondere kann er Tatbestandsvoraussetzungen hinzufügen und Einwendungen sowie Einreden in der Struktur ergänzen. Sofern er allerdings zum klägerischen

---

[558] Ähnlich *Gaier*, ZRP 2015, 101, 103.

Vortrag direkt Stellung nimmt, sollte das in der Struktur des Klägers erfolgen. Damit Kläger und Richter entsprechende Strukturanpassungen des Beklagten schnell erkennen, sollte nach der kurzen Zusammenfassung der Klagerwiderung ein Abschnitt „*Aufbau*" folgen: In diesem sind etwaige hinzugefügte Aufbauebenen kurz aufzulisten. Sollte die Struktur des Klägers erheblich verändert werden, ist das kurz zu begründen.

Das vorstehend Beschriebene kann sofort umgesetzt werden. In einem zukünftigen digitalen Prozess kann diese Lösung ebenfalls als Basis verwendet und weiter fortentwickelt werden. So wäre es denkbar, dass das Klagedokument auf einer Plattform bereitgestellt wird, auf die Parteien und Richter Zugriff haben.[559] Der Beklagte könnte sodann in der Struktur des Klägers arbeiten. Er könnte sogar durch Anklicken von entsprechenden Auswahlfeldern den klägerischen Vortrag „randnummerngenau" bestreiten.

Sollte es Streit über den Aufbau von Klage und Klagerwiderung geben bzw. Streit über das später mögliche gemeinsame Dokument, so kann der Richter verbindlich Reihenfolge und Aufbau des Vortrages nach der ersten „Schriftsatzrunde" festlegen.

5. One Text / Basisdokument

Bereits Haft sprach im Jahr 2012 vom „one text approach", bei dem Kläger und Beklagter gemeinsam einen Sachverhalt entwerfen.[560]

---

[559] Vgl. *Arbeitsgruppe "Modernisierung des Zivilprozesses"*, Modernisierung des Zivilprozesses - Diskussionspapier, Januar 2021, S. 29.

[560] *Haft*, FS Simotta, S. 197 ff.

Seitdem greifen diverse Vorschläge diesen Gedanken auf – zuletzt auch die Arbeitsgruppe Modernisierung des Zivilprozesses unter dem Titel „Basisdokument“.[561]

Noch etwas weiter gehen kooperative Ansätze, nach denen zunächst die Parteien dazu angehalten sind, sich auf einen gemeinsamen Sachverhalt zu einigen, bevor erstmals ein Richter überhaupt sich mit dem Fall beschäftigt. Das verkennt jedoch die Rolle des Richters, der strukturierend eingreifen soll.[562] Außerdem ist das nicht sehr weit von dem derzeit praktizierten Verfahren entfernt, in welchem sich der Richter in Zurückhaltung übt und die Parteien zunächst den Sachverhalt „ausschreiben“ lässt, bevor er im Termin zur mündlichen Verhandlung erstmals strukturierend eingreift.

Das von einigen Stimmen propagierte Basisdokument ist ohne Weiteres kompatibel mit obigem Gesagten zur Strukturierung des Schriftsatzes und unabhängig davon, ob eine Trennung von Sach- und Rechtsausführungen beibehalten werden sollte. Es ging bei den vorhergehenden Ausführungen insbesondere darum, einen kurzfristig durchsetzbaren (effizienzsteigernden) Vorschlag zur Strukturierung zu machen. Letztlich ist die Zusammenfassung des Streitstandes in einem Basisdokument nur wenig anders als der Austausch von Schriftsätzen. Auch beim Basisdokument fügen die Parteien abwechselnd quasi in Schriftsatzrunden ihre jeweiligen Behauptungen ein. Das Basisdokument ist dann nur eine zentrale Darstellung der Schriftsatzergebnisse. Das ist in fernerer Zukunft auch ein weiterer gangbarer Weg zu einem effizienteren

---

[561] *Arbeitsgruppe "Modernisierung des Zivilprozesses"*, Modernisierung des Zivilprozesses - Diskussionspapier, Januar 2021, 133 ff.

[562] Zur Rolle des Richters sogleich → S. 165.

Vorgehen.[563] Angesichts der erforderlichen (IT-) Infrastruktur erscheint aber zunächst die Strukturierung nach obigem Muster sinnvoll.

Man könnte den Parteien ergänzend auch die Möglichkeit eröffnen, nicht nur Sachverhalt unstreitig zu stellen, sondern auch rechtliche Wertungen (z.B. die Einordnung eines Sachverhalts als wirksamen Vertragsschluss) für das Gericht verbindlich festzulegen.[564]

6. Rolle des Richters

a) Strukturierungsverfügungen

Auch dem Richter wird zukünftig eine aktivere Rolle zufallen (müssen). Er kann nach dem bestehenden Verfahrensablauf naturgemäß frühestens nach Klageingang in das Verfahren eingreifen. Wenn sich Klage und Klagerwiderung an die zuvor geschilderten Vorgaben halten, dürfte ein Eingreifen erst nach der ersten Schriftsatzrunde erforderlich sein. Der Richter ist dann für weitergehende spezifische Strukturierungen im Einzelfall zuständig.

Er sollte daher die von Kläger und Beklagtem gewählte Struktur auf Zweckmäßigkeit für den Fortgang des Verfahrens prüfen. Sofern es zwischen beiden erhebliche Aufbaudifferenzen bei streitentscheidenden Punkten gibt, wird der Richter eine verbindliche Struktur per Verfügung vorgeben. Ansonsten obliegt es dem Richter, deutlich zu machen, auf welche Punkte sich weiterer Vortrag konzentrieren muss, und gegebenenfalls auch darauf hinzuweisen, wenn aus seiner Sicht andere Teile des Vortrags nicht relevant erscheinen. Mit ähnlichen Vorschlägen

---

[563] Vgl. hierzu auch eine Projekt-AG der Universität Speyer: *Köbler*, AnwBl 2018, 289.

[564] In diese Richtung *Effer-Uhe*, GVRZ 2018, 33, 14–19.

schien *Vorwerk* das Zivilverfahren zu revolutionieren, indem er einen zusätzlichen Verfahrenstypus „Strukturiertes Verfahren“ vorschlägt.[565]

Gesetzlich sind weitergehende Strukturierungsmaßnahmen des Richters aber ohnehin bereits vorgesehen. Seit dem 1. Januar 2020 sieht § 139 Abs. 1 S. 3 ZPO vor, dass das Gericht durch Maßnahmen der Prozessleitung das Verfahren strukturieren und den Streitstoff abschichten kann.[566] Ziel der Norm ist eine Straffung des Verfahrens und gesteigerte Verfahrenseffizienz.[567] Die systematische Stellung deutet darauf hin, dass die Norm die materielle Prozessleitung betrifft – also die Strukturierung des Parteivortrags – und nicht den Verfahrensgang an sich.[568] Die im Gesetz genannte Abschichtung erfasst dabei den Fall, dass das Gericht zunächst zu Punkten vortragen lässt, die beispielsweise für eine Entscheidung vorgreiflich sind.[569] Die Strukturierung zielt sodann auf die Vortragsgliederung, z.B. die Vorgabe, dass der Vortrag an den entsprechenden Tatbestandsmerkmalen der Anspruchsgrundlagen oder der Vortrag des Beklagten an der Struktur des Klägers auszurichten sei.[570] Nach dem zuvor geschilderten Konzept wäre eine solche Strukturierungsvorgabe bereits gesetzlich vorgegeben, sodass nur im Einzelfall ergänzende Hinweise notwendig werden dürften.

---

[565] *Vorwerk*, NJW 2017, 2326 ff.

[566] Ausführlich zu § 139 ZPOnF *Gaier*, NJW 2020, 177 ff.

[567] BT-Drucks. 19/13828, Entwurf eines Gesetzes zur Regelung der Wertgrenze für die Nichtzulassungsbeschwerde in Zivilsachen, zum Ausbau der Spezialisierung bei den Gerichten sowie zur Änderung weiterer zivilprozessrechtlicher Vorschriften, S. 18.

[568] *Gaier*, NJW 2020, 177.

[569] *Ders.*, NJW 2020, 177, 178.

[570] *Ders.*, NJW 2020, 177, 178 mwN.

Auch die weiteren Literaturstimmen betonen die Notwendigkeit von zusätzlichen verfahrenslenkenden Maßnahmen des Richters.[571]

b) Verfahrensmanagement

In komplexen und langwierigen Verfahren dürfte – ähnlich vielen Schiedsordnungen (z.B. Art. 24 ICC-Rules und Art. 27 DIS-Schiedsgerichtsordnung) – eine mittels Telekommunikation durchgeführte Verfahrenskonferenz von Richter und Beteiligten sinnvoll sein, um einen effizienten Fortgang des Prozesses zu garantieren.[572] Auch wenn bisher eine explizite Regelung zur Durchführung eines solchen Organisationstermins fehlt, können entsprechende Erörterungen im Rahmen eines frühen ersten Termins erfolgen (§§ 272 Abs. 2, 275 ZPO).[573] Ein solcher Termin kann gleichzeitig als Gütetermin fungieren.

7. Naturalparteien

Der zuvor beschriebene strukturierte Vortrag sieht zwingende Rechtsausführungen vor. Ansonsten ist die Klage nicht wirksam erhoben. Eine solche Pflicht kann nur für den Anwaltsprozess (§ 78 Abs. 1 S. 1 ZPO) gelten. Anderenfalls würde der Zugang des Einzelnen zum Recht verfassungswidrig erschwert. Für die (regelmäßig rechtsunkundige) Naturalpartei müsste für den Amtsgerichtsprozess daher eine Ausnahmeregelung getroffen werden, dass die Strukturierungsvorgaben mit der Maßgabe anzuwenden sind, dass Rechtsausführungen nicht erforderlich sind.

---

[571] Kritisch wegen fehlender Sanktion *Arbeitsgruppe "Modernisierung des Zivilprozesses"*, Modernisierung des Zivilprozesses - Diskussionspapier, Januar 2021, S. 44/45.

[572] *Dies.*, Modernisierung des Zivilprozesses - Diskussionspapier, Januar 2021, S. 44.

[573] Ebenso *Gaier*, NJW 2020, 177, 181.

Sollten auch die weiteren Strukturierungsanforderungen wie ein Inhaltsverzeichnis, durchgehende Randnummern und Zusammenfassung des Streitstoffs entfallen? Hierfür ist kein Grund ersichtlich. Es handelt sich um einfach umzusetzende Vorgaben, für die sich schnell zahlreiche Beispielformulare im Internet finden werden. Ist sich der Kläger unsicher, kann er – wie stets und gegebenenfalls mit einem Prozesskostenhilfeantrag verbunden – einen Anwalt beauftragen. Daneben bleibt ihm der Weg zur Einreichung zu Protokoll der Geschäftsstelle (§ 496 ZPO), bei der üblicherweise eine gewisse Hilfestellung erfolgt.[574]

Schließlich wäre auch eine Differenzierung innerhalb der Naturalparteien denkbar. Man könnte das Verfahren für Verbraucher weiter entformalisieren,[575] Unternehmer hingegen zur Einhaltung der strengen Formanforderungen (ggf. auch zu Rechtsausführungen) verpflichten. Auf Seiten der Unternehmer ergeben sich hier jedoch weitere Abgrenzungsprobleme: Der Großkonzern mit eigener Rechtsabteilung dürfte mit der Einhaltung der neuen Standards keine Probleme haben. Der Einzelkaufmann hingegen, ist hier in keiner anderen Position als der Verbraucher. Was ist mit kleinen und mittelgroßen Unternehmen? Wo möchte man die Grenze ziehen? Die Frage, welche Formalien für eine wirksame Klage erforderlich sind, sollte jedenfalls keine vertiefte Prüfung des Gerichts erfordern. Daher müssen hier einfache Abgrenzungen vorgenommen werden. Die Pflicht zu Rechtsausführungen und eine entsprechende Orientierung an den Anspruchsvoraussetzungen ist daher auf den Anwaltsprozess beschränkt. Naturalparteien dürfen ohne

---

[574] Zöller/*Herget*, § 496 Rn. 3.

[575] Vgl. Pilotprojekt des BMJV für ein Online-Klagetool: *Anger*, Handelsblatt 13.09.2021; sowie *Arbeitsgruppe "Modernisierung des Zivilprozesses"*, Modernisierung des Zivilprozesses - Diskussionspapier, Januar 2021, S. 76.

Rechtsausführungen chronologisch vortragen, müssen aber die weiteren Formalien für Schriftsätze einhalten.

8. Gesetzliche Umsetzung

Eine Umsetzung wäre zunächst auch ohne Gesetzesänderung denkbar. Ähnlich wie in Frankreich könnte eine Selbstverpflichtung der Anwaltschaft über die jeweiligen Rechtsanwaltskammern erfolgen.[576] Allerdings ist ein derartiges Vorgehen bisher in Deutschland nicht üblich. Es darf auch bezweifelt werden, dass sich ohne entsprechende Sanktionen alle Anwälte daran halten würden, weil die Änderungen für die Schriftsatzarbeit nicht gering sind.

Indirekte Anreizmodelle, beispielsweise über Kostenreduzierungen, falls die Strukturierungsanforderungen eingehalten werden, sind ebenfalls nicht zielführend. Es handelt sich gerade nicht um ein besonderes Verfahren, für dessen Nutzung die jeweilige Partei belohnt werden soll. Vielmehr sind die oben genannten Strukturierungsforderungen genereller Natur und auf alle Schriftsätze anzuwenden.

Daher muss eine gesetzliche Verankerung erfolgen. § 130c S. 1 ZPO eröffnet den Weg für Strukturierungen in Form einer Rechtsverordnung des Bundesministeriums der Justiz.[577] Er sieht allerdings nur elektronische Formulare und keine generellen Strukturierungsanforderungen vor. Geeigneter wäre eine direkte Verankerung in § 130 ZPO, der explizit den Inhalt der vorbereitenden Schriftsätze festlegt. Um die Vorschrift nicht zu überfrachten, sollte ein § 130 Abs. 2 ZPO neu eingefügt werden: *„Näheres bestimmt eine vom Bundesministerium der Justiz mit Zustimmung des Bundesrates erlassene Rechtsverordnung.“* Aufgrund der Bedeutung,

[576] Vgl. *Zwickel*, MDR 2016, 988, 990.

[577] Hierzu bereits: *Müller-Teckhof*, MMR 17 (2014), 95, 97/98.

insbesondere für die Klageschrift, sollte auch in § 253 ZPO ein entsprechender Absatz eingefügt werden. In der Rechtsverordnung sind sodann – ähnlich der Elektronischer-Rechtsverkehr-Verordnung (ERVV) zu § 130a Abs. 2 S. 2 ZPO [578] – die oben vorgestellten Strukturierungsanforderungen an die Schriftsätze festzulegen.

Die richterliche Strukturierungsbefugnisse ergeben sich grundsätzlich bereits de lege lata aus § 139 ZPO. Es wäre daneben sinnvoll, zusätzlich in § 275 ZPO auf die Möglichkeit hinzuweisen, den frühen ersten Termin als Verfahrensmanagementtermin zu nutzen.

VII. Effizienzbetrachtung

„In Deutschland gibt es – zumindest in der Zivilgerichtsbarkeit – ein offenkundiges Problem mit der Effizienz richterlicher Tätigkeit.“[579] Können die oben vorgeschlagenen Maßnahmen diesem Befund abhelfen?

1. Handlungsmodell

Nach dem zuvor beschriebenen modifizierten homo oeconomicus Handlungsmodell werden Anwälte die im vorherigen Abschnitt gemachten Vorschläge schlicht befolgen – sie sind verpflichtend, um eine wirksame Klage zu erheben bzw. darauf zu erwidern.

Schwieriger ist die Folgenabschätzung hinsichtlich der veränderten Rolle des Richters. Er soll in größerem Maße als bisher zur Strukturierung des Rechtsstreits beitragen. Seine Rolle enthält jedoch einen großzügigen Ermessensspielraum (vgl. § 139 ZPO). Wie der einzelne Richter diesen ausfüllt, ist kaum zu prognostizieren. Bisher spielt die frühzeitige richterliche Strukturierung von Prozessen und Streitstoff nach dem

---

[578] Hierzu *Schindler*, NJW 2020, 2943.

[579] *Gaier*, FS Vorwerk, S. 79.

Eindruck des Verfassers nur eine untergeordnete Rolle. Insofern ist zunächst davon auszugehen, dass die meisten Richter den Mehraufwand für eine stärkere Strukturierung nicht auf sich nehmen, weil sie für sich persönlich zunächst keinen unmittelbaren Nutzen darin sehen und aus Trägheit im Bekannten verharren.

Hier dürfte noch erhebliche Überzeugungsarbeit durch entsprechend angepasste Aus- und Fortbildungsangebote zu leisten sein, um Richtern die Vorteile einer Strukturierung des einzelnen Prozesses deutlich zu machen. Ggf. können auch ermessensreduzierende Maßnahmen durch Gesetz oder entsprechende (ober-) gerichtliche Rechtsprechung diesen Prozess unterstützen. Für Zwecke der Effizienzbetrachtung geht der Verfasser nachfolgend davon aus, dass ein Großteil der Richter in Zukunft von einer stärkeren Strukturierung auch Gebrauch machen wird.

2. Nutzen

a) Prozessökonomie

Der Nutzen im Rahmen des Prozessökonomiebegriff – bestehend aus dem Grad der Rechtsdurchsetzung des Einzelnen – dürfte jedenfalls im Anwaltsprozess nicht geschmälert werden. Durch die weitergehende Strukturierung wird kein Vortrag untersagt, sodass eine Rechtsdurchsetzung weiter uneingeschränkt möglich bleiben sollte. Vielmehr könnten sich die Vorschläge sogar positiv auf die Rechtsdurchsetzung auswirken: (i) eine klarere Strukturierung dient der Selbstkontrolle des Klägers und führt mutmaßlich zu besserem Vortrag; (ii) eine klarere Strukturierung führt auch bei der Beklagtenseite zu zielgerichteterem Erwidern auf die Klage und (iii) eine verstärkte Prozessleitung des Richters dürfte die Durchsetzung des Rechts stärker fördern als bisher. Eine Bemessung dieses Vorteils in Einheiten ist allerdings kaum möglich.

Ob im Falle von Naturalparteien geänderte Formalanforderungen einzelne Personen von einer Klage abhalten würden, wäre näher zu untersuchen.

b) Wohlfahrtsökonomische Effizienz

Auch unter Zugrundelegung eines wohlfahrtsökonomischen Effizienzbegriffs ergibt sich ein ähnliches Bild: Eine funktionierende Rechtsdurchsetzung im Einzelfall führt in der Summe zu einem erheblich gesteigerten Vertrauen in den Rechtsstaat und den Rechtsstandort Deutschland. Das wiederum dürfte insbesondere die Investitionsbereitschaft von Unternehmen in deutsche Standorte und den Handel mit deutschen Geschäftspartnern erhöhen, sodass indirekt auch der wohlfahrtsökonomische Nutzen gesteigert würde. Auch hier ist jedoch eine Bemessung aufgrund der unübersehbaren Fülle von Auswirkungen kaum möglich.

3. Aufwand

Demgegenüber steht die Aufwandsseite. Zunächst fällt der initiale Aufwand für die entsprechende Umsetzung der Maßnahmen durch den Gesetzgeber an. Es handelt sich dabei allerdings um einen überschaubaren Einmalaufwand.

Auch auf Anwaltsseite dürfte zunächst ein Initialaufwand für die Umstellung von gewohnten Prozessen anfallen. Dauerhaft ergibt sich bei einigen Anwälten ein gewisser Mehraufwand, um den stärkeren Strukturierungsanforderungen nachzukommen. Andere Anwälte arbeiten bereits jetzt ähnlich den oben vorgeschlagenen Maßnahmen. Rubrum, Randnummern, Inhaltsverzeichnisse, Beweisverzeichnisse etc. können durch gängige Textverarbeitungsprogramme automatisiert erstellt werden. Aufwand fällt dann initial für eine entsprechende Fortbildung und Integration in gewohnte Abläufe an. *Gaier* hält allerdings hierzu treffend fest: *„Von der Anwaltschaft wird im Wesentlichen nur das gefordert, was den Mandanten ohnehin schon an sorgfältiger Arbeit geschuldet ist. Es verbleibt ein vergleichsweise geringer Mehraufwand für präziseren, disziplinierten Vortrag – und dies wird durch die Vorteile der damit verbundenen Selbstkontrolle ausreichend entgolten.“*[580]

Auch auf Richterseite entsteht zunächst ein größerer Aufwand, um sich in die „neue“ Rolle des „Strukturierers“ einzufinden. Wie bei den Anwälten werden auch einige Richter bereits bisher ein aktives Verfahrensmanagement betrieben haben – die Mehrheit mutmaßlich noch nicht. Wie groß die (Aufwands-)Ersparnis durch ein stärkeres Strukturieren am Ende sein wird, hängt maßgeblich von zwei Faktoren ab: (i) bedarf der konkrete Rechtsstreit überhaupt einer besonderen Strukturierung und (ii) wie nimmt der einzelne Richter seine neue Rolle in der Praxis wahr. Beide Faktoren sind vom Schreibtisch aus kaum zu bemessen.

Es liegt sodann nahe, dass durch die oben skizzierten Maßnahmen gerade komplexe Prozesse zielgerichteter geführt würden und so insbesondere unnötiger Vortrag und mehrere Schriftsatzrunden an Aufwand eingespart werden könnten. Diese These wäre aber näher– auch empirisch – zu untersuchen.

Danach dürfte sich in vielen Fällen ein zumindest kleiner Effizienzgewinn einstellen. Größere Effizienzgewinne könnten dann entstehen, wenn das zuvor geschilderte analoge Verfahren auch mehr und mehr in ein elektronisches Verfahren überführt würde. Mit dem beA und

[580] *Ders.*, ZRP 2015, 101, 104.

der Übersendung von durchsuchbaren PDF-Dateien ist hier ein erster Schritt bereits gemacht. Wenn dann Daten des Rubrums als strukturierte Daten übertragen würden und Aktenanlage sowie Zuordnung von Schriftsätzen automatisiert erfolgen könnten, ist der Aufwand weiter reduziert.

Insofern mag der Effizienzgewinn sich nicht bei jedem einzelnen Verfahren einstellen und in einer Übergangsphase auch ein erhöhter Aufwand entstehen. In Summe und über einen längeren Zeitraum können aber auch geringe Aufwandssenkungen eine Änderung des *status quo* hin zu mehr Effizienz rechtfertigen.

VIII. Ergebnisse

Schriftsätze bestimmen – trotz des Mündlichkeitsgrundsatzes – in wesentlichem Maße das deutsche Zivilverfahren. Die ZPO macht aber für Schriftsätze nur wenige Vorgaben, sodass es in der Praxis zu einem „Wildwuchs" an Schriftsätzen kommt.

Die EU-Bagatell-VO verfolgt einen wesentlich strengeren Ansatz, indem sie auf Formblätter zurückgreift. Allerdings enthalten diese insbesondere Vorgaben für technische Daten (Parteien etc.). Für die Aufwandstreiber der ausufernden und unstrukturierten Schriftsätze bieten sie keine Lösung, weil für diesen Vortrag lediglich ein Freitextfeld vorgesehen ist.

Eine stärkere Formularisierung auch in Bezug auf den eigentlichen Sach- und Rechtsvortrag ist komplex. Möglich erscheint die Einführung von entsprechenden Formularen für bestimmte Sachmaterien wie z.B. Klagen auf Flugentschädigung oder Klagen wegen der sog. Mietpreisbremse. Diese sind zwar verschiedenen in Bezug auf beteiligte Parteien und weitere Daten, haben jedoch stets die gleichen (eher einfach vorzutragenden) Anspruchsvoraussetzungen. Diesen Bedarf decken jedoch zu einem erheblichen Teil bereits entsprechende Rechtsdienstleister ab, die zu einer gewissen Standardisierung beitragen. Es ist auch offen, welche Auswirkungen noch in deutsches Recht umzusetzende Verbandsklage haben wird, weil sie ebenfalls einige dieser grundsätzlich für eine Formularisierung geeigneten Ansprüche zum Gegenstand hat. Die oben skizzierte vorläufige Effizienzbetrachtung ist damit auch wegen dieser Unsicherheit indifferent.

In der jüngsten Vergangenheit haben dennoch diverse Stimmen aus Literatur und Praxis unter dem Stichwort einer stärkeren Strukturierung Vorschläge zur Überwindung der geschilderten Defizite im zivilrechtlichen Schriftsatzaustausch diskutiert.

Angelehnt an das englische Recht und als Erweiterung des bestehenden Mahnverfahrens, könnte ein sog. Klageinreichungsverfahrens helfen. Ein ausführlicher Vortrag wäre erst dann erforderlich, wenn der Beklagte in einem stark formalisierten Verfahren durch Widerspruch zu einer verkürzten Klage ein wirkliches streitiges Verfahren auslöst. Es bestehen aber erhebliche Zweifel, ob damit die wirklich problematischen Fälle von ausufernden Schriftsätzen und umfangreichen Verfahren gelöst werden könnten.

Mit einfachen Mitteln umsetzbar und mutmaßlich zumindest leicht effizienzsteigernd dürften hingegen eine stärkere Formalisierung der sog. Standardangaben (Rubrum) sowie technische Strukturierungsmaßnahmen (Randnummern, Beweisverzeichnisse etc.) sein.

Substantielle Effizienzgewinne wären aber nur dann möglich, wenn sich auch der eigentliche Sach- und Rechtsvortrag besser strukturieren und eingrenzen ließe. Hier sind unterschiedliche Ansätze denkbar wie z.B. die gemeinsame Arbeit der Parteien an einem Sachverhalt oder das Verbot von Rechtsausführungen. Zielführend scheint jedoch im Anwaltsprozess eine Pflicht zu Rechtsausführungen und sodann die Aufgabe der Trennung von Sach- und Rechtsvortrag zu sein. Die Struktur der Klage müsste sich dann an den geltend gemachten Anspruchsgrundlagen orientieren.

Daneben sollte auch dem Richter eine aktivere Rolle als bisher zufallen. Über frühzeitige Hinweise oder Strukturierungstermine liegt es dann auch (noch mehr als bisher) in seiner Verantwortung, auf eine Strukturierung und Fokussierung des Parteivortrages hinzuwirken.

Die Frage der Effizienz der zuvor gemachten Vorschläge ist aufgrund der Fülle an Variablen und dem stets bestehenden Bemessungsproblem nur eingeschränkt beantwortbar. Da mit den Maßnahmen eine Änderung des status quo einhergeht, ist zunächst ein erheblicher Einmalaufwand zu erwarten. Allerdings dürften sich anschließend – zumindest leichte – Effizienzvorteile einstellen. Die genaue Höhe hängt maßgeblich von dem konkreten Einzelverfahren ab.

Im zurückliegenden Kapitel wurden insbesondere die Schriftsätze und das Verfahren an sich betrachtet. Weitere Forschung könnte daran ansetzen, ob nicht im Urteil die Trennung von Tatbestand und Rechtsausführungen aufgehoben werden sollte. Dann könnte ggf. ein erheblicher Teil des schriftsätzlichen Vortrage (ggf. zukünftig auch in einem gemeinsamen Dokument auf einer gemeinsamen Plattform) in ein solches Urteil übernommen werden. Auch Berufungs- und Revisionsverfahren könnten im Hinblick auf ihre jeweiligen Besonderheiten und etwaige daraus abzuleitenden Strukturierungsmaßnahmen näher untersucht werden.

B. Mündliche Verhandlung per Videokonferenz/ Empirische Untersuchung

I. Einführung in die Problematik[581]

1. Das Jahr 2020 und die COVID-19-Pandemie

Das Jahr 2020 stand im Zeichen der weltweiten COVID-19-Pandemie.

Von dieser Ausnahmesituation blieben auch das deutsche Recht und die deutsche Rechtspflege nicht verschont. Neben verwaltungs- und verfassungsrechtlichen Fragen im Zusammenhang mit Infektionsschutzmaßnahmen und sog. Lockdowns [582] stellen sich mannigfaltige zivilrechtliche Fragen. Es entstanden nicht nur COVID-19-Newsletter [583], sondern sogar eine eigene juristische Zeitschrift. [584] Insbesondere mit dem sog. ersten Lockdown ab Ende März 2020 zeigten sich auch Beeinträchtigungen in der Justiz: Weniger eilige Verfahren blieben liegen und Termine wurden abgesagt bzw. verschoben, einzelne Gerichte blieben geschlossen. [585] An mancher Stelle las man vom „Stillstand der Rechtspflege“.[586] Die Arbeit der Gerichte lebt von dem Idealbild der mündlichen Verhandlung, die wegen der Infektionsrisiken nur sehr eingeschränkt möglich war. So geriet eine Gesetzesnorm in den

---

[581] Ausgewählte Aspekte der nachfolgend dargestellten empirischen Untersuchung sind vorab veröffentlicht in: *Duhe/Weißenberger*, RDi 2 (2022), 176 ff.; sowie ein Ausschnitt der Ergebnisse auch bei: *Rebehn*, DRiZ 2021, 90 f.

[582] Zu einzelnen Fragen: *Amhaouach*, JuWissBlog Nr. 129/2020 v. 14.11.2020.

[583] z.B. https://cms.law/de/deu/insight/coronavirus-covid-19.

[584] *Ruttloff/Wagner*, COVuR 2020, 1.

[585] *Lehmkuhl*, Coronavirus: Behördenschließungen und Hamsterkäufe in Erkelenz.

[586] Vgl. *Vanetta/Lemmer*, BB 2020, 1098 ff.

Blick, die seit 20 Jahren kaum Beachtung fand: § 128a Abs. 1 ZPO – die Gestattung einer mündlichen Verhandlung per Videokonferenz.

Nach und nach schafften Gerichte die erforderliche Technik an und einzelne Richterinnen und Richter begaben sich auf dieses noch unbekannte Terrain.[587]

Der Abschluss des Jahres 2020 markierte somit den idealen Zeitpunkt, sich vertieft der Untersuchung der Rolle der Videokonferenz im Gerichtsverfahren zu widmen.

Nach dem obligatorischen Vergleich von EUBagatellVO und ZPO (I.) und der Konkretisierung der Forschungsfragen (II.) folgt eine kurze rechtliche Einordnung der Norm (III.) sowie eine umfassende empirische Untersuchung unter den Richterinnen und Richtern in Deutschlands (IV.), um Erkenntnisse zur Nutzung und Akzeptanz von Videokonferenzverhandlungen zu gewinnen (V.1.) und Handlungsempfehlungen ableiten zu können (V.V.3.).

2. Gesetzliche Ausgangslage in der ZPO

Nach dem Grundsatz der Mündlichkeit sollen die Parteien mündlich vor dem erkennenden Gericht verhandeln (§ 128 Abs. 1 ZPO).[588] Das Gericht darf seiner Entscheidung nur den Vortrag aus der mündlichen Verhandlung zugrunde legen. Der Inhalt der vorbereitenden Schriftsätze kann im Wege der Bezugnahme in die mündliche Verhandlung eingeführt werden (§ 137 Abs. 3 ZPO).[589]

---

[587] *Schlicht*, Legal-tech.de magazin 2020, 8 f.; *Rundfunk Berlin-Brandenburg*, Erstmals Zivilprozess in Berlin als Videokonferenz durchgeführt, 11.01.2021.

[588] Bereits oben → S. 64.

[589] BGH NJW 1997, 397, 398.

Nach der gesetzlichen Konzeption ist lediglich im Ausnahmefall eine Durchbrechung dieses Grundsatzes – nämlich der Übergang in das schriftliche Verfahren – möglich (§ 128 Abs. 2 ZPO). [590] In amtsgerichtlichen Verfahren bis zu einem Streitwert von EUR 600,- findet ein Verfahren nach billigem Ermessen statt. Nur auf Antrag muss mündlich verhandelt werden (§ 495a S. 2 ZPO). Auch hier ist somit der Mündlichkeitsgrundsatz – zumindest in der Theorie – eingeschränkt.

Historisch gesehen, ist der Grundsatz der Mündlichkeit eine jüngere Entwicklung. Noch Mitte des 19. Jahrhunderts war es üblich, ausschließlich schriftliche Dokumente zuzulassen.[591] Soweit ersichtlich wird dennoch der Mündlichkeitsgrundsatz als tragende Säule des Zivilprozesses nicht in Zweifel gezogen.[592] Andererseits handelt es sich bei der Wahl zwischen Mündlichkeit und Schriftlichkeit um *„nicht mehr als eine Zweckmäßigkeitsfrage [...], die für jede Verfahrensart und für jeden Abschnitt des Zivilprozesses gesondert zu beantworten ist.*“[593] Folgerichtig steht der Mündlichkeitsgrundsatz auch zur Disposition der Parteien.[594]

3. EUBagatellVO

Kann die EUBagatellVO an dieser Stelle als Vorbild eines effizienteren Zivilprozesses dienen? Sollten die bestehenden zivilprozessualen Regelungen des nationalen Rechts angepasst werden?

Die EUBagatellVO geht hinsichtlich der mündlichen Verhandlung einen anderen Weg als die ZPO. Im europäischen Kontext ist das

[590] Ausführlich: *Mantz/Spoenle*, MDR 2020, 703 ff.

[591] Vgl. Stein/Jonas/*Brehm*, vor § 1 ZPO Rn. 134 ff.

[592] Statt aller Stein/Jonas/*Kern*, § 128 Rn. 1 ff.

[593] MüKoZPO/*Fritsche*, § 128 Rn. 1.

[594] MüKoZPO/*ders.*, § 128 Rn. 9.

schriftliche Verfahren der Regelfall (Art. 5 Abs. 1 EUBagatellVO).[595] Es steht ausschließlich im Ermessen des Gerichts, ob eine mündliche Verhandlung durchgeführt wird (Art. 5 Abs. 1a EUBagatellVO). Das Gericht kann sich sogar über den übereinstimmenden Antrag beider Parteien auf eine mündliche Verhandlung hinwegsetzen.[596]

Selbst wenn eine mündliche Verhandlung stattfindet, geht die EUBagatellVO davon aus, dass die Parteien via Fernkommunikationsmittel teilnehmen sollen, sofern solche für das Gericht verfügbar sind (Art. 8 Abs. 1 u. 2 EUBagatellVO). Es steht der Partei zwar jederzeit frei, einen Antrag auf Teilnahme an der Gerichtsverhandlung vor Ort zu stellen (Art. 8 Abs. 3 EUBagatellVO). Dieser Antrag kann jedoch vom Gericht abgelehnt werden (Art. 8 Abs. 4 EUBagatellVO).[597] Zudem können Kostennachteile auch bei Obsiegen bestehen (Art. 8 Abs. 3 iVm Art. 16 EUBagatellVO).

4. Videokonferenz als Regelfall der ZPO?

Mit § 128a Abs. 1 ZPO gibt es bemerkenswerterweise bereits eine Norm, die eine mündliche Verhandlung per Videokonferenz zulässt. Noch überraschender dürfte sein, dass die Möglichkeit der Videokonferenz im deutschen Recht sogar älter ist als die EUBagatellVO: Bereits zum 1. Januar 2002 führte der deutsche Gesetzgeber das ZPO-Reformgesetz ein, um den Zivilprozess durch eine grundlegende Strukturreform *„bürgernäher, effizienter und transparenter“* zu gestalten.[598]

---

[595] Zum Ablauf des Verfahrens → S. 85.

[596] Zurecht krit. MüKoZPO/*Hau*, Art. 5 EUBagatellVO Rn. 2 mwN; Rauscher/*Varga*, EG-BagatellVO Art. 5 Rn. 2-4.

[597] Zurecht krit. MüKoZPO/*Hau*, Art. 8 EUBagatellVO Rn. 3.

[598] BT-Drs. 14/6036, S. 1.

Mit § 128a Abs. 1 ZPO sollte der Grundsatz der mündlichen Verhandlung vor dem erkennenden Gericht *„im Interesse der Prozessökonomie durchbrochen [...]* [werden].“[599]

Im Jahr 2013 folgte eine Reform des § 128a Abs. 1 ZPO, weil der Gesetzgeber feststellen musste, dass die Möglichkeit der mündlichen Verhandlung per Videokonferenz auch zehn Jahre nach Schaffung der gesetzlichen Grundlage nicht genutzt wurde.[600] So konnte fortan die Videokonferenz auch gegen den Willen der anderen Partei gestattet werden. Zu einer verstärkten Nutzung hat diese legislative Maßnahme nicht geführt.

Dieser Befund hatte sich bis zum Jahr 2020 nicht verändert. Die Vorschrift fristete weiterhin ein Schattendasein und geriet erst durch die COVID-19-Pandemie in den Fokus von Justiz und Öffentlichkeit.

Die EU-Bagatell-VO geht jedoch einen Schritt weiter als die ZPO und erklärt die mündliche Verhandlung per Videokonferenz sogar zum Regelfall. Ob das auch für die ZPO ein sinnvoller Weg sein kann, soll im Folgenden noch beantwortet werden (V.3.c)bb)).

II. Forschungsfragen und Forschungsstand

Diese Arbeit will erstmals empirisch fundiert die Gründe für die Nichtnutzung der Möglichkeiten des § 128a Abs. 1 ZPO untersuchen.

Als übergeordnete Fragestellung bleibt das Thema der Dissertation bestehen: Ist die Verhandlung per Videokonferenz eine effiziente Alternative zur mündlichen Verhandlung in Präsenz im Gerichtssaal?

---

[599] BT-Drs. 14/6036, S. 119.

[600] BT-Drs. 17/1224, S. 1.

Zumindest wird dies an diversen Stellen behauptet.[601] Die EUBagatellVO wurde mit dem ausdrücklichen Ziel novelliert, um durch den verstärkten Einsatz moderner Kommunikationstechnologie *„die Verfahrensdauer weiter zu verkürzen und die Verfahrenskosten weiter zu senken.“*[602] Wenngleich sich auf Ebene der grenzüberschreitenden Streitigkeiten hier aufgrund der Entfernung größere Einsparpotentiale im Hinblick auf Reisekosten ergeben, gelten die Erwägungen in etwas abgeschwächter Form auch im Rahmen des nationalen Gerichtsverfahrens.[603]

Wenn das so ist, stellt sich aber die Frage, warum dieser Effizienzgewinn bisher nicht realisiert wird. Es scheint so zu sein, dass erst im Jahr 2020 an vielen Gerichten erstmals mündliche Verhandlungen per Videokonferenz durchgeführt wurden.[604] Eine vertiefte Befassung mit Kosten und Nutzen von Videokonferenzen hat bisher nicht stattgefunden oder ist veraltet.[605]

Fehlende technische Ausstattung mag ein maßgeblicher Aspekt sein. Daneben entsteht jedoch der Eindruck, dass selbst bei Vorhandensein der technischen Möglichkeiten der Einsatz von Videokonferenztechnik nicht immer erfolgt. Es gilt daher zu untersuchen, welche weiteren Gründe für die Nichtnutzung existieren und mit welchen Anreizen die Nutzung forciert werden kann. Der Schwerpunkt der nachfolgenden Ausführungen

---

[601] BT-Drs. 17/1224, S. 1.

[602] Verordnung (EU) 2015/2421 zur Änderung der Verordnung (EG) Nr. 861/2007 zur Einführung eines europäischen Verfahrens für geringfügige Forderungen und der Verordnung (EG) Nr. 1896/2006 zur Einführung eines Europäischen Mahnverfahrens vom 16. Dezember 2015, Erwägungsgrund 7.

[603] Vgl. BT-Drs. 17/1224, S. 1.

[604] *Schlicht*, Legal-tech.de magazin 2020, 8 f.; *Lehmkuhl*, Coronavirus: Behördenschließungen und Hamsterkäufe in Erkelenz, 28.02.2020.

[605] Z.B. *Nissen*, Online-Videokonferenz, S. 189.

liegt daher auf den tatsächlichen Gegebenheiten. Eine umfassende wissenschaftliche Befassung mit § 128a Abs. 1 ZPO ist bisher nicht erfolgt. Die existierende rechtswissenschaftliche Literatur ist insbesondere in tatsächlicher Hinsicht veraltet oder bleibt Stückwerk, was auch daran liegt, dass die Vorschrift erst seit kurzem in den Fokus rückt.[606]

Wissenschaftlich fundierte Aussagen zu den tatsächlichen Gegebenheiten im Zusammenhang mit Videokonferenztechnik erfordern eine hinreichende Datenbasis. Bisher existieren hierzu nur einzelne Erfahrungsberichte.[607]

Das Mittel der Untersuchung ist daher die Durchführung einer Umfrage unter allen Richtern Deutschlands. Dabei wird – soweit ersichtlich erstmals – das in der empirischen Sozialforschung seit langem anerkannte und entwickelte Technologieakzeptanzmodell als Grundlage genommen und auf den Kontext der mündlichen Verhandlung per Videokonferenz angepasst (näher IV.1.IV.1.a)).

Zwar existiert eine Vielzahl von Untersuchungen neuer Technologien auf Basis von Technologieakzeptanzmodellen.[608] Vereinzelt erfolgt die Untersuchung im Hinblick auf sog. Telekonferenzsysteme im Arbeitskontext, die jedoch nicht nur Videokonferenzschaltungen einbeziehen.[609] Aufgrund der spezifischen Situation des Richters in der mündlichen Verhandlung sind derartige unternehmensbezogene Studien aber nur bedingt übertragbar. Insofern besteht eine Forschungslücke.

---

[606] *Borchert*, CR 2002, 854 ff.; *Schultzky*, NJW 2003, 313 ff.; *Nissen*, Online-Videokonferenz; *Sensburg*, DRiZ 2013, 126 f.; *Lorenz*, MDR 2016, 956 ff.

[607] *Schlicht*, Legal-tech.de magazin 2020, 8 f.; *Irskens*, Betrifft Justiz 2020, 281 ff.; *Mantz/Spoenle*, MDR 2020, 637 ff.

[608] Einen kleinen Ausschnitt zeigen *Venkatesh/Thong/Xu*, JAIS 17 (2016), 328 ff.; *Marangunić/Granić*, Univ Access Inf Soc 14 (2015), 81–95.

[609] Z.B. *Park/Rhoads/Hou u.a.*, Computers in Human Behavior 39 (2014), 118 ff.

III. § 128a Abs. 1 ZPO im Überblick

Eine vertiefte empirische Untersuchung setzt eine genaue Befassung mit dem Untersuchungsgegenstand voraus. Es folgt daher eine kurze rechtliche Einordnung zur mündlichen Verhandlung per Videokonferenz gem. § 128a Abs. 1 ZPO.

1. Gesetzliche Regelung

§ 128a Abs. 1 ZPO lautet in der bis zum 19. Juli 2024 geltenden Fassung:[610]

„Das Gericht kann den Parteien, ihren Bevollmächtigten und Beiständen auf Antrag oder von Amts wegen gestatten, sich während einer mündlichen Verhandlung an einem anderen Ort aufzuhalten und dort Verfahrenshandlungen vorzunehmen. Die Verhandlung wird zeitgleich in Bild und Ton an diesen Ort und in das Sitzungszimmer übertragen.“

Parallele Regelungen fanden sich auch in anderen Verfahrensordnungen (§ 185 Abs. 1a GVG, § 32 Abs. 3 FamFG, § 91a FGO, § 102a VwGO, § 110a SGG, §§ 58b, 247a Abs. 2 StPO). In der Arbeits- und Sozialgerichtsbarkeit „kann“ nicht nur eine mündliche Verhandlung per Videokonferenz durchgeführt werden, sondern „soll“ sogar, wenn eine epidemische Lage von nationaler Tragweite vorliegt (§ 114 Abs. 3 S. 1 ArbGG, § 211 Abs. 3 S. 1 SGG; außer Kraft seit 1. Januar 2021).[611]

---

[610] Mit dem Gesetz zur Förderung des Einsatzes von Videokonferenztechnik in der Zivilgerichtsbarkeit und in den Fachgerichtsbarkeiten vom 15.7.2024 (BGBl 2024 I Nr 237) hat § 128a ZPO mehrere Anpassungen erhalten. Diese konnten im Rahmen der Arbeit nicht mehr berücksichtigt werden.

[611] Eingeführt durch Art. 2 und 4 des Gesetzes zu sozialen Maßnahmen zur Bekämpfung der Corona-Pandemie (Sozialschutz-Paket II) vom 20.05.2020 (BGBl. I S. 1055), in Kraft getreten am 29.05.2020; befristet bis zum 31. Dezember 2020.

2. Gestattung

Erlaubt ist danach nicht einfach eine mündliche Verhandlung per Videokonferenz. Vielmehr kann das Gericht bestimmten Beteiligten gestatten, sich während der Verhandlung außerhalb des Gerichtssaales aufzuhalten. Erforderlich ist eine Übertragung der Verhandlung an diesen Ort und in das Sitzungszimmer in Bild und Ton. Aufgrund der ausdrücklichen Anordnung ist eine Telefonkonferenz ohne Bildwiedergabe nicht zulässig.[612]

Eine verbindliche Anordnung einer Videoverhandlung ist nach § 128a Abs. 1 ZPO nicht möglich.[613] Erlaubt ist vielmehr eine Gestattung an die verschiedenen Teilnehmer, sich an anderen Orten aufzuhalten.

3. Konstellationen

Aus dieser Besonderheit der Gestattung können sich diverse Konstellationen der Teilnahme vor Ort und per Videokonferenz ergeben:

Das Gericht muss sich – derzeit noch[614] – stets im Sitzungszimmer aufhalten (vgl. § 219 Abs. 1 ZPO).[615] Ausnahmen waren vorübergehend während einer epidemischen Lage für ehrenamtliche Richter in der Arbeits- und Sozialgerichtsbarkeit gestattet (§ 114 Abs. 1 S. 2 ArbGG, § 211 Abs. 1 S. 1 SGG).

---

612 *Windau*, NJW 2020, 2753, 2754 mwN.

613 Zu möglichen Einschränkungen aufgrund der COVID-19-Pandemie *ders.*, NJW 2020, 2753, 2755; anders die seit dem 19. Juli 2024 geltende Fassung, die neben der Gestattung auch eine Anordnung vorsieht. Gegen die Anordnung ist jedoch ein Einspruch möglich, der zur Aufhebung der Anordnung führt.

614 *Arbeitsgruppe "Modernisierung des Zivilprozesses"*, Modernisierung des Zivilprozesses - Diskussionspapier, Januar 2021, S. 46.

615 MüKoZPO/*Fritsche*, § 128a Rn. 4; aA wohl *Irskens*, Betrifft Justiz 2020, 281; anders die seit dem 19. Juli 2024 geltende Fassung, wonach Beisitzern bei erheblichen Gründen eine Teilnahme per Videokonferenz gestattet werden kann.

Parteien, ihre Bevollmächtigten sowie Beweispersonen (§ 128a Abs. 2 ZPO) können sich an einem anderen Ort aufhalten. Dieser andere Ort ist nicht näher spezifiziert.[616] Die Gestattung sollte daher lediglich auf „einen anderen Ort" Bezug nehmen und diesen nicht auf bestimmte Orte einschränken.[617] Es liegt in der Verantwortung der zugeschalteten Person, ob sie sich in Büroräumen, Privaträumen oder anderen Räumlichkeiten aufhält.[618] Der Ort sollte eine störungsfreie Teilnahme an der Verhandlung – sowohl im Hinblick auf die Internetverbindung als auch die Hintergrundgeräuschkulisse – ermöglichen.[619]

In der – gerade in Zeiten der COVID-19-Pandemie – häufigsten Konstellation nimmt das Gericht aus dem Sitzungssaal teil, beide Parteivertreter sind aus ihren jeweiligen Büroräumen zugeschaltet. Auch die Parteien oder Beweispersonen können zusätzlich zugeschaltet werden. Der Natur einer Gestattung entspricht es jedoch, dass es den Beteiligten jederzeit freisteht, im Gerichtssaal zu erscheinen.[620]

Es kann dadurch zu sog. hybriden Verhandlungen kommen: Das Gericht und eine Partei/Bevollmächtigter nehmen im Sitzungssaal an der Verhandlung teil, während die Gegenpartei bzw. deren Bevollmächtigter per Videotechnik zugeschaltet ist. Damit sind eine Vielzahl von Konstellationen denkbar, die insbesondere Auswirkungen auf die notwendige technische Ausstattung der Gerichtssäle haben, damit keinem der Beteiligten ein Nachteil entsteht (näher zur Ausstattung V.1.a)bb)).

---

616 Zur Diskussion, ob der andere Ort im Inland sein muss ausführlich: *Windau*, NJW 2020, 2753, 2754.

617 Anders wohl Zöller/*Greger*, § 128a Rn. 4; wie hier *Windau*, NJW 2020, 2753, 2755 mwN;

618 MüKoZPO/*Fritsche*, § 128a Rn. 5.

619 Ähnlich *Windau*, NJW 2020, 2753, 2754.

620 MüKoZPO/*Fritsche*, § 128a Rn. 5; BT-Drs. 17/1224, S. 14.

Jeder Beteiligte muss jederzeit die anderen Beteiligten sowohl visuell als auch akustisch wahrnehmen können.[621]

Um den Öffentlichkeitsgrundsatz[622] zu wahren, muss im Sitzungssaal der Ton durch Lautsprecher übertragen werden. Die Sicht der Zuschauer auf die Videoübertragung ist allerdings nicht erforderlich[623] – wenngleich sinnvoll und wünschenswert. Ebenso wenig müssen die Zuschauer selbst per Bild und Ton übertragen werden – sie sind nicht *„Teil der ‚Verhandlung'"*.[624]

4. Ermessensentscheidung

Die Gestattung erfolgt durch unanfechtbaren (§ 128a Abs. 3 S. 2 ZPO)[625] Beschluss des Kollegialgerichts[626] von Amts wegen oder auf Antrag einer oder beider Parteien hin. Nachdem es sich lediglich um eine Gestattung handelt, ist eine Zustimmung der betroffenen Partei oder der Gegenpartei nicht erforderlich.[627]

Die Entscheidung erfordert die Ausübung pflichtgemäßen Ermessens, im Rahmen dessen diverse Faktoren zu berücksichtigen sind: Eine Zuschaltung von Personen mag weniger zielführend sein, wenn der persönliche Eindruck entscheidend ist. Noch ungeklärt ist z. B. die Frage, wie mit den zunehmenden technischen Möglichkeiten von sog. Deepfakes – also der Vortäuschung der Teilnahme einer anderen Person mittels

---

[621] MüKoZPO/*Fritsche*, § 128a Rn. 6a.

[622] Dazu bereits → S. 64.

[623] Zöller/*Greger*, § 128a Rn. 6.

[624] Ebenso *Windau*, NJW 2020, 2753, 2754.

[625] MüKoZPO/*Fritsche*, § 128a Rn. 17; dazu aber *Windau*, Rechtsmittel gegen abgelehnte Teilnahme im Wege der Bild- und Tonübertragung?, 2020.

[626] ghM; anders *Windau*, NJW 2020, 2753, 2755 der eine Verfügung durch den Einzelrichter für sinnvoll hält.

[627] MüKoZPO/*Fritsche*, § 128a Rn. 5.

Computertechnologie – umzugehen sein wird.[628] Wenngleich es auch im Gerichtssaal möglich wäre, sich als eine andere Person auszugeben, dürfte die Gefahr aufgrund der nahezu perfekten computergenerierten „Kopie" einer anderen Person sowohl in Bezug auf die Optik als auch die Stimme bei einer Videokonferenz eine gesteigerte sein.

Ist hingegen zu erwarten, dass der Termin nur den Anwälten zur Antragsstellung dienen wird, mag eine Videoverhandlung naheliegen, wenngleich sich hier auch eine Entscheidung im schriftlichen Verfahren anbieten dürfte. Auch der Antrag eines Beteiligten, der eine weite Anreise mit entsprechenden Reisekosten und Zeitaufwand hätte, sollte die Ausübung des Ermessens beeinflussen. In Zeiten einer Pandemie sind daneben auch Infektionsrisiken für alle Beteiligten in die Ermessensabwägung miteinzustellen. Das zeigen auch die bereits erwähnten Soll-Vorschriften (§ 114 Abs. 1 S. 2 ArbGG, § 211 Abs. 1 S. 1 SGG).

Soweit ersichtlich, werden Nachhaltigkeitsaspekte bisher nicht im Rahmen der Ermessensabwägung berücksichtigt. Angesichts der erheblich gestiegenen Bedeutung dieses Aspekts sowohl in der öffentlichen Wahrnehmung als auch auf politischer (vgl. der europäische sog. Green New Deal [629]) und rechtlicher Ebene (vgl. die sog. Klimaschutzklagen)[630], dürfte Nachhaltigkeit in naher Zukunft ebenfalls einen relevanten Ermessensgesichtspunkt spielen, der in einer Abwägung bei weiten Anreisen von Prozessbeteiligten zugunsten der Videokonferenz einzustellen ist.

---

[628] Zum Begriff: https://www.zdf.de/nachrichten/digitales/deepfake-video-sorge-faelschungen-100.html.

[629] *Klöck/Markus*, ZUR 2020, 257 ff.

[630] *Weller/Tran*, ZEuP 2021, 573 ff.; *Markus/Gebauer/Calliess*, ZUR 2021, 577 f.

5. Technische Probleme

Bei technischen Problemen stellt sich die Frage, welche Auswirkungen das für den Verhandlungstermin hat.

Einerseits kommt in Betracht, dass die Partei, die sich aufgrund technischer Probleme nicht zuschalten kann, säumig im Sinne von § 330 ZPO ist. Richtigerweise kommt es für die Säumnis darauf an, ob der Beteiligte weder im Gerichtssaal noch über eine Bild- und Tonübertragung Verfahrenshandlungen vornimmt.[631] An welchem „anderen Ort" er die Verfahrenshandlungen vornimmt, ist demgegenüber nicht relevant.[632] Kommt nur eine Tonübertragung ohne gleichzeitige Übertragung des Bildes zustande, ist der Beteiligte ebenfalls säumig. Es bleibt dann der Einspruch, sollte ein Versäumnisurteil erlassen werden. Bei Einverständnis der Beteiligten oder bei rügeloser Verhandlung (§ 295 Abs. 1 ZPO) kann jedoch auch im Falle der bloßen Tonübertragung mündlich verhandelt werden. Wenn die Beteiligten sogar auf die mündliche Verhandlung insgesamt verzichten können (vgl. § 128 Abs. 2 ZPO), muss erst recht der Verzicht auf das Erfordernis der Bildübertragung möglich sein.[633]

Daneben stellen sich auch – triviale – rechtliche Fragen wie z.B., ob der Anwalt bei einer Verhandlung nach § 128a Abs. 1 ZPO eine Robe tragen muss. Nachdem § 128a Abs. 1 ZPO lediglich den Aufenthalt an einem anderen Ort regelt und der Anwalt weiterhin Teil der Verhandlung

[631] *Windau*, NJW 2020, 2753, 2757; mit Verweis auf Stein/Jonas/*Kern*, § 128a Rn. 17.

[632] Unklar MüKoZPO/*Fritsche*, § 128a Rn. 9.

[633] *Windau*, NJW 2020, 2753, 2754.

ist, dürfte die Robenpflicht aus § 20 BORA auch im Rahmen der Videokonferenz gelten.[634]

Viele weitere rechtliche Implikationen des § 128a Abs. 1 ZPO werden sich erst nach und nach durch die vermehrte Nutzung der Videokonferenzmöglichkeiten in der praktischen Anwendung zeigen.

IV. Studie

Entsprechend der oben erörterten Forschungsfragen liegt der Schwerpunkt der Arbeit nicht auf der tieferen rechtlichen Durchdringung des § 128a Abs. 1 ZPO. Ziel der Arbeit ist vielmehr eine tatsächliche Standortbestimmung. Aussagen können dann wissenschaftlich fundiert getroffen werden, wenn ihnen eine hinreichende Tatsachenbasis zugrunde liegt. Das am besten geeignete Mittel zur Gewinnung der Tatsachenbasis ist eine empirische Untersuchung in Form einer Befragung aller Richter. Hierzu erfolgt zunächst eine Einführung in die theoretischen Grundlagen des verwendeten Modells (1., 2.) sowie die Vorstellung des Studiendesigns und der Modellvalidierung (3., 4.). Schließlich werden die Ergebnisse der Studie ausführlich ausgewertet und daraus Folgen für Praxis und Forschung abgeleitet (V.).

1. Theoretische Grundlagen des Modells

Die späteren Berechnungen und Auswertungen basieren auf einem Modell, das den Einfluss diverser Konstrukte auf die Nutzungsabsicht von Videokonferenztechnik in der mündlichen Verhandlung durch den einzelnen Richter theoretisiert. Bereits seit Jahrzehnten stellen Wissenschaftler aus verschiedenen Forschungsgebieten Überlegungen an, welche Faktoren Einfluss auf die Akzeptanz und Nutzung von

[634] *Ders.*, Gerichtsverhandlung per Videokonferenz: Keine Angst vor § 128a ZPO, 2020, S. 4.

Informations- und Kommunikationstechnologien haben, und entwickeln korrespondierende Modellansätze. Die grundlegenden Entwicklungen, die zu dem in dieser Arbeit verwendeten Modell geführt haben, sollen im Folgenden kurz nachgezeichnet werden.

a) Basistheorien der Technologieakzeptanz

Als Basis der Technologieakzeptanzmodelle gilt das sozialpsychologische Modell der *Theory of Reasoned Action* (TRA).[635] Das Modell nimmt an, dass das individuelle Verhalten (B; *behaviour*) einer Person maßgeblich durch die Absicht einer Person, sich entsprechend zu verhalten (BI; *behavioural intention*), bestimmt wird. [636] Diese Verhaltensabsicht wiederum wird durch die Faktoren Einstellung (A_B; *attitude*; Einstellung der Person gegenüber dem Verhalten) und subjektive Norm (SN; *subjective norm*; Einstellung anderer Personen zu dem Verhalten der Person) geprägt.[637] Danach gilt für die Wahrscheinlichkeit I, ein bestimmtes Verhalten B an den Tag zu legen:

$$B \sim I = (A_B)w_1 + (SN)w_2$$

Die Variablen w_1 und w_2 beschreiben in der Gleichung die unterschiedliche – subjektiv bestimmte – Einflussstärke der Faktoren auf die Verhaltensabsicht.[638]

---

[635] *Fishbein/Ajzen*, Belief, attitude, intention and behaviour: An introduction to theory and research, 1975.

[636] *Dies.*, 1975, S. 368–369.

[637] *Dies.*, Belief, attitude, intention and behaviour: An introduction to theory and research, 1975, S. 334.

[638] *Dies.*, Belief, attitude, intention and behaviour: An introduction to theory and research, 1975, S. 301.

Einige Jahre nach der TRA wurde diese durch die *Theory of Planned Behaviour* (TPB) fortentwickelt:[639]

Die TPB geht davon aus, dass neben der Einstellung und der subjektiven Norm als dritter Faktor auch die wahrgenommene Verhaltenskontrolle (*perceived behavioural control*) eine erhebliche Auswirkung auf die Nutzungsabsicht hat. [640] Die wahrgenommene Verhaltenskontrolle beschreibt die subjektive Überzeugung einer Person, das beabsichtigte Verhalten kontrollieren zu können, z.B. weil sie über die notwendigen Fähigkeiten und Ressourcen verfügt.[641] Dieses Modell ist kontextoffen und nicht spezifisch auf die Darstellung von Technologieakzeptanz zugeschnitten.[642]

Basierend auf der TRA entwickelte *Davis* speziell für Vorhersagen zur Nutzung von neuen Technologien das *Technology Acceptance Model* (TAM).[643] Danach soll die tatsächliche Nutzung (*Use*) entscheidend von der Einstellung der Person hinsichtlich der Nutzung (a*ttitude toward using; ATT*) determiniert werden. Als maßgebliche Faktoren nehmen Wahrgenommene Nützlichkeit (*perceived usefulness*; PU) und Wahrgenommene Einfachheit der Nutzung (*perceived ease of use*; PEOU) Einfluss auf die Einstellung zur Nutzung, wie nachfolgende grafische Darstellung zeigt:[644]

---

[639] *Ajzen*, Organizational Behavior and Human Decision Processes 50 (1991), 179 ff.

[640] *Ders.*, Organizational Behavior and Human Decision Processes 50 (1991), 179, 182.

[641] *Ders.*, Organizational Behavior and Human Decision Processes 50 (1991), 179, 182–183.

[642] *Ders.*, Human Behavior and Emerging Technologies 2 (2020), 314, 322.

[643] *Davis*, A Technology Acceptance Model for Empirically Testing New End-User Information Systems, 1986, S. 24.

[644] Vgl. *ders.*, A Technology Acceptance Model for Empirically Testing New End-User Information Systems, 1986, S. 24.

Abbildung 1: Technology Acceptance Model (TAM)

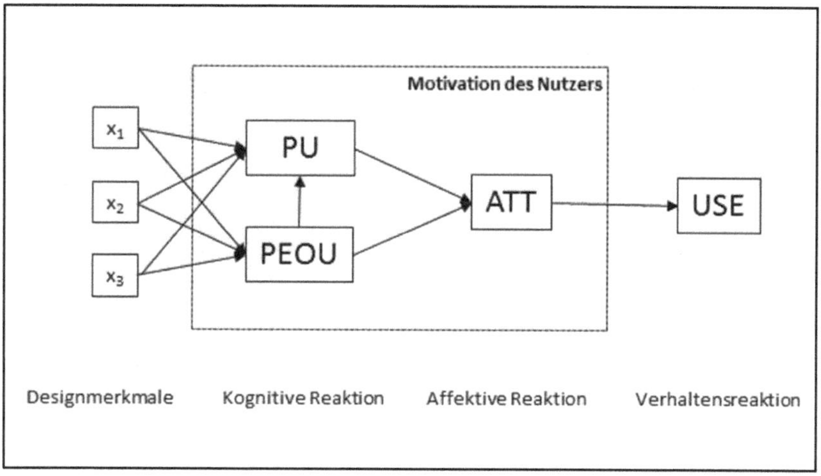

In den Folgejahren wurde das TAM durch Hinzufügen von weiteren Variablen und Beziehungen zwischen den Variablen fortentwickelt und verbessert.[645]

b) Versuch einer Modellsynthese (UTAUT)

Schon früh begannen die Versuche, die TPB und das TAM zu kombinieren. Das sog. *Combined TAM and TPB Model* (C-TAM-TPB)[646] integriert beispielsweise die Variablen Wahrgenommener Nutzen (PU) und Wahrgenommene Einfachheit der Nutzung (PEOU) aus dem TAM in die TPB.[647]

645 *Davis/Bagozzi/Warshaw*, Management Science 35 (1989), 982 ff.; TAM2: *Venkatesh/Davis*, Management Science 46 (2000), 186 ff.; TAM3: *Venkatesh/Bala*, Decision Sciences 39 (2008), 273 ff.

646 So die gängige Bezeichnung: vgl. *Venkatesh/Morris/Davis u.a.*, MIS Quarterly 27 (2003), 425, 428; *Taylor/Todd*, MIS Quarterly 19 (1995), 561, 562 bezeichnen ihr Modell selbst als „augmented TAM".

647 *Taylor/Todd*, MIS Quarterly 19 (1995), 561, 562; die Variable PEOU übersehen *Venkatesh/Morris/Davis u.a.*, MIS Quarterly 27 (2003), 425, 428.

Eine umfassende Modellsynthese unternahmen *Venkatesh et al* mit ihrer *Unified Theory of Acceptance and Use of Technology* (UTAUT).[648] Sie verglichen insgesamt acht Akzeptanzmodelle im Hinblick auf Gemeinsamkeiten und integrierten sie in ein einheitliches Modell. Neben den zuvor beschriebenen TRA, TAM, TPB und C-TAM-TPB fanden auch folgende Ansätze Berücksichtigung: [649] *Motivational Model* (MM)[650], *Model of PC Utilization* (MPCU)[651], *Innovation Diffusion Theory* (IDT)[652], sowie die *Social Cognitive Theory* (SCT)[653].

Venkatesh et al. identifizierten vier Konstrukte, die sich aus der Zusammenschau der verglichenen Modelle ableiten ließen, und einen signifikanten Einfluss auf die Nutzungsabsicht bzw. die tatsächliche Nutzung haben: Erwarteter Nutzen (*performance expectancy*; PE; häufig im Deutschen auch als Leistungserwartung bezeichnet), Erwarteter Aufwand (*effort expectancy*; EE), Sozialer Einfluss (*social influence*; SI) und Erleichternde Umstände (*facilitating conditions*; FC). Zusätzlich sollen Geschlecht (*gender*), Alter (*age*), Erfahrung (*experience*) und Freiwilligkeit der Nutzung (*voluntariness of use*) als moderierende Variablen fungieren. Das führt zu folgendem Modell:[654]

---

648 *Venkatesh/Morris/Davis u.a.*, MIS Quarterly 27 (2003), 425 ff.

649 Zu allen Ansätzen im Überblick *dies.*, MIS Quarterly 27 (2003), 425, 427–432.

650 *Vallerand*, in: Zanna (Hrsg.), Advances in Experimental Social Psychology, 1997, Bd. 29, S. 271 ff.

651 *Thompson/Higgins/Howell*, MIS Quarterly 15 (1991), 125, 131.

652 Grundlegend: *Rogers*, Diffusion of innovations, 1962.

653 *Bandura*, Social foundations of thought and action, 1986.

654 *Venkatesh/Morris/Davis u.a.*, MIS Quarterly 27 (2003), 425, 447.

Abbildung 2: Unified Theory of Acceptance and Use of Technology (UTAUT)

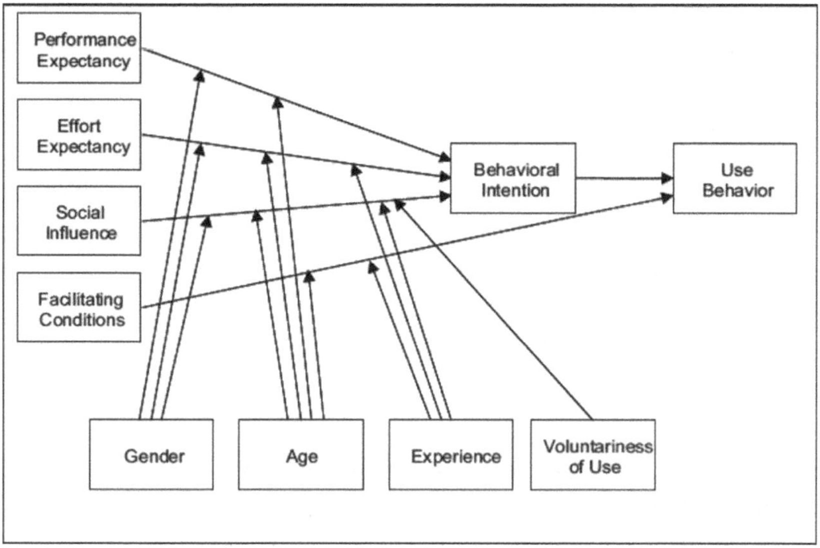

Nachdem das zuvor beschriebene UTAUT dazu dienen sollte, Führungskräfte bei der Beurteilung der Erfolgswahrscheinlichkeit der Einführung neuer Technologien zu unterstützen und Gründe für die (Nicht-) Akzeptanz nachvollziehen zu können, war das UTAUT-Modell ausdrücklich für den Einsatz in einem Unternehmensumfeld konzipiert.[655] Mit einem Nachfolgemodell (UTAUT2) adaptierten *Venkatesh et al* das ursprüngliche UTAUT später auch für die Vorhersage von Technologieakzeptanz im Verbraucherumfeld. [656] Dort werden beispielsweise die Kosten einer Technologie als erheblicher Faktor aufgenommen, die im Falle der Ausstattung der Verhandlungssäle jedoch gerade nicht der Richter trägt und daher für ihn keine Rolle spielen.[657]

[655] *Dies.*, MIS Quarterly 27 (2003), 425–426.

[656] *Venkatesh/Thong/Xu*, MIS Quarterly 36 (2012), 157 ff.

[657] Vgl. *dies.*, MIS Quarterly 36 (2012), 157, 158.

Daher wird angesichts des Forschungsfeldes dieser Arbeit auf diese Weiterentwicklung für den Verbraucherkontext nicht näher eingegangen.

2. Modellstruktur und Hypothesen

a) *Modellanpassungen*

Die UTAUT-Modelle sind die in der Wissenschaft am meisten genutzten Modelle, wenn die Einführung neuer Technologien empirisch untersucht werden soll.[658] UTAUT – als das auf den Arbeitskontext zugeschnittene Modell – bietet daher auch einen verlässlichen Ausgangspunkt für die empirische Untersuchung der Akzeptanz von Videokonferenztechnik im Rahmen der mündlichen Verhandlung.

Allerdings sind aufgrund neuerer Forschungserkenntnisse und des konkreten Einsatzzweckes einige Anpassungen angezeigt. Die meisten Studien, die auf dem UTAUT basieren, nehmen entsprechende kontextbezogene Anpassungen vor.[659]

- Bei der Synthese der acht Akzeptanzmodelle in das UTAUT ergänzten *Venkatesh et al* erstmals vier Moderatoren in das Modell. Keines der acht Basismodelle hatte zuvor Moderatoren miteinbezogen. In der vorliegenden Untersuchung sollen daher die Moderatoren ebenfalls nicht in das Modell aufgenommen werden, weil sie die Komplexität des Modells erheblich erhöhen würden. Dieser Ansatz steht im Einklang mit anderen Studien, die die Moderatoren im Rahmen des UTAUT ebenfalls häufig nicht berücksichtigen.

---

[658] *Venkatesh/Thong/Xu*, JAIS 17 (2016), 328, 329.

[659] *Dwivedi/Rana/Jeyaraj u.a.*, Inf Syst Front 21 (2019), 719, 721.

- Sodann nimmt das UTAUT keinen signifikanten Effekt der Erleichternden Umstände auf die Nutzungsabsicht an. Andere Studien deuten hingegen auf einen solchen Effekt hin. [660] Nachdem dieser Effekt in UTAUT2 auch explizit aufgenommen wurde,[661] soll er auch in dieser Arbeit in das Modell einfließen.
- Die weitreichendste Anpassung des UTAUT für diese Arbeit besteht jedoch in der Aufnahme der Mediator-Variable Einstellung (*attitude*; ATT).

Das Konstrukt der Einstellung findet sich in verschiedenen Facetten in sechs der acht im Rahmen der Entwicklung des UTAUT untersuchten Basismodelle (TRA, TPB, C-TAM-TPB, MM, MPCU und SCT).[662] Dennoch entschieden sich *Venkatesh et al.* gegen die Aufnahme der Variable Einstellung in das UTAUT, weil deren Effekt nicht signifikant sei, wenn man gleichzeitig die Variablen Erwarteter Nutzen und Erwarteter Aufwand berücksichtige.[663]

Dwivedi et al weisen jedoch richtigerweise darauf hin, dass sich die Konstrukte des UTAUT damit auf technologiebezogene (Erwarteter Nutzen und Erwarteter Aufwand) und kontextbezogene (Sozialer Einfluss und Erleichternde Umstände) Faktoren beschränken; besondere personenbezogene Merkmale des Einzelnen (*individual characteristics*) werden in dem Modell nur unzureichend berücksichtigt. [664] Diese Erkenntnis dürfte auch den sechs oben genannten Basismodellen zugrunde liegen, die das Konstrukt der Einstellung nicht ohne Grund aufgenommen hatten. Insofern ist die Einbeziehung der Mediator-Variable

---

[660] *Dies.*, Inf Syst Front 21 (2019), 719, 721 mwN.

[661] *Venkatesh/Thong/Xu*, MIS Quarterly 36 (2012), 157, 162.

[662] *Venkatesh/Morris/Davis u.a.*, MIS Quarterly 27 (2003), 425, 455.

[663] *Dies.*, MIS Quarterly 27 (2003), 425, 455.

[664] *Dwivedi/Rana/Jeyaraj u.a.*, Inf Syst Front 21 (2019), 719, 721.

Einstellung im Einklang mit wesentlichen Strömungen der Technologieakzeptanzforschung.[665] Auch *Venkatesh et al.* nehmen in ihrem UTAUT2 eine Variable Hedonistische Motivation auf, die diesen Komplex erfasst.[666] Dieser Ansatz ist außerdem bereits in diversen anderen Studien verfolgt worden.[667]

- Schließlich erfordert der Untersuchungskontext dieser Arbeit, das Konstrukt Nutzungsverhalten (*use behaviour*) aus dem Modell zu streichen. Ob die Nutzungsabsicht auch zu einer tatsächlichen Nutzung führt, müsste separat zu einem späteren Zeitpunkt bei den Studienteilnehmern erfragt werden. Das ist im Rahmen dieser Arbeit nicht möglich. Daneben ist es auch nicht erforderlich, weil die Annahme, dass die Nutzungsabsicht der wichtigste Indikator für eine spätere Nutzung ist, vielfach durch Studien belegt ist und keiner weiteren Untersuchung bedarf.[668]

b) Konstrukte und Hypothesenbildung

Die latente Variable Nutzungsabsicht wird definiert als Maß für die Stärke der Absicht des Richters, in den nächsten zwölf Monaten eine mündliche Verhandlung per Videokonferenz durchzuführen.[669]

Das Konstrukt Erwarteter Nutzen ist definiert als der vom Richter durch die Nutzung der Videokonferenztechnik in der mündlichen

---

[665] Ebenso *dies.*, Inf Syst Front 21 (2019), 719, 721.

[666] *Venkatesh/Thong/Xu*, MIS Quarterly 36 (2012), 157, 160.

[667] *Dwivedi/Rana/Jeyaraj u.a.*, Inf Syst Front 21 (2019), 719, 723 mwN.

[668] Vgl. grundlegend *Fishbein/Ajzen*, Belief, attitude, intention and behaviour: An introduction to theory and research, 1975, 381 ff.; ausführlich auch: *Sheppard/Hartwick/Warshaw*, Journal of Consumer Research 15 (1988), 325 ff.

[669] Vgl. *Fishbein/Ajzen*, Belief, attitude, intention and behaviour: An introduction to theory and research, 1975, S. 332.

Verhandlung erwartete Vorteil bei der Erledigung seiner Arbeit.[670] In anderen Studien ist dieses Konstrukt der stärkste Prädiktor für die Nutzungsabsicht.[671] Daneben zeigen andere Studien auch einen positiven Effekt auf die Mediator-Variable Einstellung.[672] Daher lauten die Hypothesen im Hinblick auf das Konstrukt Erwarteter Nutzen:

H_1: Erwarteter Nutzen hat einen signifikant positiven Effekt auf die Nutzungsabsicht.

H_2: Erwarteter Nutzen hat einen signifikant positiven Effekt auf die Einstellung.

Das Konstrukt Erwarteter Aufwand ist definiert als der Grad der Benutzerfreundlichkeit, den Richter von der Videokonferenztechnik erwarten. Auch hier zeigen frühere Studien einen positiven Effekt auf die Nutzungsabsicht.[673] Dieser Effekt ist insbesondere in der Einführungsphase einer neuen Technologie von größerer Bedeutung, wenn Prozesse noch nicht eingespielt sind.[674] Daneben ist auch ein signifikanter Einfluss auf die Mediator-Variable Einstellung zu erwarten.[675] Die Hypothesen zum Konstrukt Erwarteter Aufwand lauten demnach:

H_3: Erwarteter Aufwand hat einen signifikant positiven Einfluss auf die Nutzungsabsicht.

H_4: Erwarteter Aufwand hat einen signifikant positiven Einfluss auf die Einstellung.

---

[670] Vgl. *Venkatesh/Morris/Davis u.a.*, MIS Quarterly 27 (2003), 425, 447.

[671] *Dies.*, MIS Quarterly 27 (2003), 425, 447.

[672] *Dwivedi/Rana/Jeyaraj u.a.*, Inf Syst Front 21 (2019), 719, 726.

[673] *Venkatesh/Morris/Davis u.a.*, MIS Quarterly 27 (2003), 425, 450.

[674] *Dies.*, MIS Quarterly 27 (2003), 425, 450.

[675] *Dwivedi/Rana/Jeyaraj u.a.*, Inf Syst Front 21 (2019), 719, 726.

Das Konstrukt Sozialer Einfluss ist definiert als Maß, zu dem der Richter denkt, dass für ihn relevante Dritte der Meinung sind, er solle die Videokonferenztechnik nutzen.[676] Das Konstrukt soll einen direkten Effekt auf die Nutzungsabsicht haben.[677] Daneben fanden Studien auch einen Effekt auf die Mediator-Variable Einstellung.[678] Die Hypothesen zum Konstrukt Sozialer Einfluss lauten daher:

H_5: Sozialer Einfluss hat einen signifikant positiven Effekt auf die Nutzungsabsicht.

H_6: Sozialer Einfluss hat einen signifikant positiven Effekt auf die Einstellung.

Das Konstrukt Erleichternde Umstände ist definiert als das Maß, zu dem der Richter denkt, dass eine organisatorische und technische Infrastruktur existiert, um die Nutzung der Videokonferenztechnik zu unterstützen.[679] Es handelt sich in Abgrenzung zum Erwarteten Aufwand um Kontextfaktoren. Auch das Konstrukt Erleichternde Umstände soll einen direkten Effekt auf die Nutzungsabsicht haben.[680] Der Effekt wird jedoch schwächer, wenn das Konstrukt Erwarteter Aufwand Teil des Modells ist, weil dann die Unterstützungsleistungen bereits dort in die Bewertung der Einfachheit der Systemnutzung miteinfließen.[681] Andere Studien fanden zusätzlich auch einen Effekt auf die Mediator-Variable Einstellung.[682] Der ebenfalls postulierte Einfluss auf die tatsächliche

---

[676] Vgl. *Venkatesh/Morris/Davis u.a.*, MIS Quarterly 27 (2003), 425, 451.

[677] *Ajzen*, Organizational Behavior and Human Decision Processes 50 (1991), 179, 182.

[678] *Dwivedi/Rana/Jeyaraj u.a.*, Inf Syst Front 21 (2019), 719, 726.

[679] Vgl. *Venkatesh/Morris/Davis u.a.*, MIS Quarterly 27 (2003), 425, 453.

[680] *Ajzen*, Organizational Behavior and Human Decision Processes 50 (1991), 179, 182.

[681] *Venkatesh/Morris/Davis u.a.*, MIS Quarterly 27 (2003), 425, 453–454.

[682] *Dwivedi/Rana/Jeyaraj u.a.*, Inf Syst Front 21 (2019), 719, 726.

Nutzung wird in dieser Arbeit nicht untersucht. Die Hypothesen zum Konstrukt Erleichternde Umstände lauten daher:

H_7: Erleichternde Umstände hat einen signifikant positiven Effekt auf die Nutzungsabsicht.

H_8: Erleichternde Umstände hat einen signifikant positiven Effekt auf die Einstellung.

Das Konstrukt Einstellung ist definiert als die positiven oder negativen Gefühle des Richters dazu, die Videokonferenztechnik im Rahmen der mündlichen Verhandlung zu nutzen.[683]

Wie bereits beschrieben, lehnen insbesondere *Venkatesh et al* einen Effekt dieses Konstrukts auf die Nutzungsabsicht ab.[684] Aus den ebenfalls oben beschriebenen Gründen soll die Einstellung in das hier zugrunde zulegende Studienmodell aufgenommen werden, weil eine Beeinflussung der latenten Variable Nutzungsabsicht wahrscheinlich zu sein scheint.[685]

H_9: Einstellung hat einen signifikant positiven Effekt auf die Nutzungsabsicht.

c) *Modellzusammenfassung*

Aus den zuvor genannten Erwägungen ergibt sich für den Fortgang der Arbeit das nachfolgend dargestellte Modell:

[683] Vgl. *dies.*, Inf Syst Front 21 (2019), 719, 724.

[684] *Venkatesh/Morris/Davis u.a.*, MIS Quarterly 27 (2003), 425, 455.

[685] *Dwivedi/Rana/Jeyaraj u.a.*, Inf Syst Front 21 (2019), 719, 723 mwN.

Abbildung 3: Modell

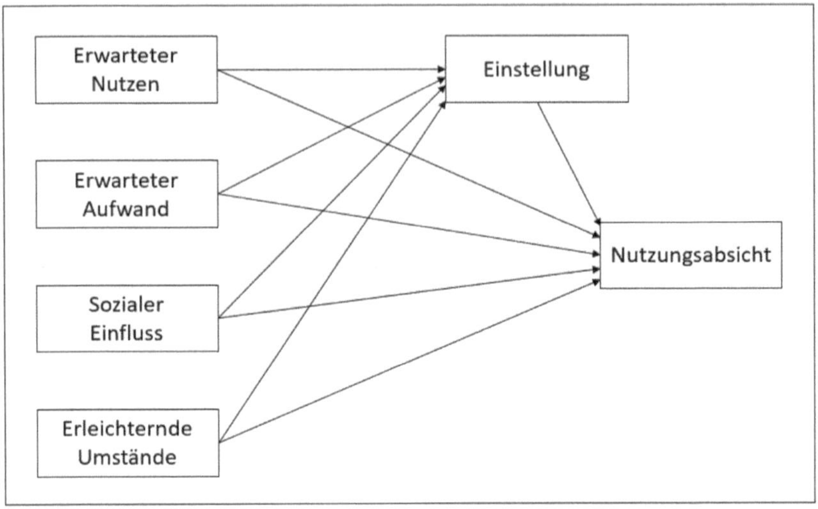

3. Feldstudie

a) Vorgehen Datenerhebung

Zur Überprüfung der Modell-Hypothesen wurde eine Internet-basierte Umfrage durchgeführt. Ziel dieser Querschnittsstudie sind Erkenntnisgewinne über die Nutzung von Videokonferenztechnik zur Durchführung einer mündlichen Verhandlung durch Richterinnen und Richter in Deutschland.

aa) Pre-Test und Anpassungen

Vor der Hauptuntersuchung wurden im Wesentlichen vier Maßnahmen ergriffen, um einen zielführenden Fragebogen sicherzustellen:

- Die Fragen des Fragebogens entsprechen den Items, auf die bereits erfolgreich in früheren Studien unter Zugrundelegung des oben diskutierten Modells zurückgegriffen worden ist.[686] Dazu wurde die bestehende Literatur zum UTAUT und den verwandten Modellen ausgewertet und die Items mit den größten Faktorladungen – also die Items mit der stärksten Auswirkung auf einen Faktor – herausgegriffen.

- Neben der empirischen Literatur wurde auch die juristische Literatur zu § 128a ZPO ausgewertet, um die rechtlichen Hintergründe bei der Konzipierung des Fragebogens adäquat erfassen zu können.

- Es wurden mehrere ausführliche Experteninterviews durchgeführt. Zu den ausgewählten Experten zählten beispielsweise Projektverantwortliche aus der IT-Abteilung zur Einführung der entsprechenden Technik bei diversen Gerichten, ein Richter, der bereits eine Vielzahl an Verfahren gem. § 128a Abs. 1 ZPO verhandelt hatte, sowie ein Anwalt, der ebenfalls bereits mehrfach gem. § 128a Abs. 1 ZPO verhandelt hatte. Die Erkenntnisse aus diesen Interviews sind in die Fragebogenerstellung und die spätere Auswertung eingeflossen.

- Es fand ein Pre-Test des Fragebogens statt. Der Fragebogen wurde dabei einerseits von mit empirischen Umfragen vertrauten Personen im Hinblick auf die Forschungsmethodik evaluiert. Andererseits haben verschiedene Richter den Fragebogen aus Teilnehmersicht getestet. Insbesondere fanden auch kognitive Pre-Tests statt, bei denen die Richter jeweils den Fragebogen in

686 Zum Fragebogen noch ausführlich unten.

Anwesenheit des Fragebogenautors ausfüllten und laut ihre Gedanken formulieren sollten.

Der Pre-Test führte zu diversen Anpassungen des Fragebogens, insbesondere im Hinblick auf die Verständlichkeit der Fragen für die Zielgruppe der Richter, und zur Aufnahme weiterer Fragen, die außerhalb des oben konzipierten Modells interessante Forschungserkenntnisse versprachen, wie z.B. die Fragen danach, inwiefern die Parteien aus Sicht der Richter überhaupt gewillt und technisch in der Lage sind, per Videokonferenz zu verhandeln.

bb) Durchführung der Umfrage

Die Umfrage wurde anschließend im Zeitraum vom 8. Dezember bis zum 23. Dezember 2020 durchgeführt.

Bei der Umfrage unterstützte der Deutsche Richterbund, Bund der Richterinnen und Richter, Staatsanwältinnen und Staatsanwälte e.V. (DRB) durch Verteilung der Umfrage an seine Mitglieder. Nach eigener Angabe hat der DRB ca. 17.000 Mitglieder und ist damit der größte Berufsverband für Richter.[687] Der Deutsche Richterbund e.V. fungiert als Dachorganisation für 25 (vornehmlich) regionale Mitgliedsverbände.[688]

Aufgrund dieser Struktur wurde der Link zum Online-Fragebogen mit einer Begleit-Email am 8. Dezember 2020 zunächst an die Vorstände der regionalen Verbände gesandt. Diese waren aufgefordert, die Umfrage an ihre Mitglieder zu verteilen. Ob und in welcher Form die Verteilung seitens der Regionalverbände an die Mitglieder erfolgte, kann nicht im Detail nachvollzogen werden.

[687] https://www.drb.de/drb/ueber-uns.

[688] https://www.drb.de/drb/der-drb-stellt-sich-vor/mitgliedsverbaende.

Um eine möglichst große Teilnehmerzahl sicherzustellen, wurde am 10. Dezember 2020 zusätzlich in dem Newsletter „NEWS am Mittag“ des Deutschen Richterbundes e.V. auf die Umfrage hingewiesen. Am 15. Dezember 2020 wurden die regionalen Mitgliedsverbände per E-Mail nochmals an die Umfrage erinnert. Am 21. Dezember erfolgte eine telefonische Nachfrage bei einzelnen regionalen Verbänden, aus denen es bis zu diesem Tag nur eine relativ geringe Rücklaufquote gegeben hatte.

b) Fragebogen

Auf Basis der vorhandenen Literatur und des Pre-Tests wurde ein standardisierter Fragebogen entwickelt.

Die Fragen mit Bezug zum Analysemodell werden auf einer 6-stufigen Likert-Skala gemessen. Die Pole reichen von 1 (stimme überhaupt nicht zu) bis 6 (stimme voll und ganz zu).

Die nachfolgende Tabelle zeigt die Items mit den auf den Kontext angepassten Formulierungen:

Tabelle 1:
Itemformulierungen

Variable	Indikator	Itemformulierung[689]
Erwarteter Nutzen	PE1	Ich empfinde eine mündliche Verhandlung per Videokonferenztechnik als nützlich für meine Arbeit.
	PE2	Videokonferenztechnik hilft mir, meine Arbeit schneller zu erledigen.
	PE3	Die Nutzung von Videokonferenztechnik hilft mir, meine Arbeit effizienter zu erledigen.
Erwarteter Aufwand	EE1	Die Nutzung von Videokonferenztechnik ist für mich einfach und verständlich.
	EE2	Es fällt mir leicht, zu lernen, wie ich Videokonferenztechnik bediene.
	EE3	Videokonferenztechnik ist leicht zu bedienen.
	EE4	Es fällt mir leicht, mit den Funktionen von Videokonferenztechnik umzugehen.
Einstellung	ATT1	Die Nutzung von Videokonferenztechnik ist eine gute Idee.

[689] Soweit nicht anders angegeben, basieren die Itemformulierungen auf *Venkatesh/Morris/Davis u.a.*, MIS Quarterly 27 (2003), 425, 460; die Itemformulierungen von ATT4, SI3 und FC4 sind Eigenformulierungen.

	ATT2	Videokonferenztechnik macht meine Arbeit interessanter.
	ATT3	Die Arbeit mit Videokonferenztechnik macht mir Spaß.
	ATT4	Ich arbeite generell gerne mit neuer Technik.
Sozialer Einfluss	SI1	Menschen, nach deren Rat ich mich richte, denken, ich sollte Videokonferenztechnik nutzen.
	SI2	Menschen, die für mich wichtig sind, denken, ich sollte Videokonferenztechnik nutzen.
	SI3	Kollegen/innen in meinem direkten Umfeld nutzen Videokonferenztechnik.
Erleichternde Umstände	FC2	Ich habe das notwendige Wissen, um Videokonferenztechnik einzusetzen.
	FC3	Es gibt einen IT-Support, der mir bei Problemen hilft.
	FC4	Es gibt gute Fortbildungsmöglichkeiten zum Einsatz von Videokonferenztechnik.
Nutzungs-absicht	BI1	Ich plane, in den nächsten zwölf Monaten eine mündliche Verhandlung mittels Videokonferenztechnik durchzuführen.

Es war zu erwarten, dass unter den Teilnehmern sowohl Richter sein würden, die die Videokonferenztechnik bereits im Rahmen einer mündlichen Verhandlung genutzt hatten, als auch solche, die bisher keine Praxiserfahrungen gesammelt hatten. Letztere wurden im Rahmen des Fragebogens angewiesen, in Abwesenheit von aktuellen Erfahrungen, bei den Fragen ihre Erwartungen zugrunde zu legen.

Zudem sollten die Teilnehmer unterstellen, dass ihnen die notwendige Technik zur Durchführung der Videokonferenz grundsätzlich zur Verfügung steht. Das steht im Einklang mit dem Ziel der Untersuchung, gerade Einflüsse auf die Nutzungsabsicht außerhalb des schlichten Vorhandenseins von Technik zu identifizieren. Die tatsächlichen technischen Zugriffsmöglichkeiten wurden dennoch zusätzlich separat abgefragt.

Aufgrund der juristischen Literaturauswertung, der Experteninterviews und des Pre-Tests wurden auch die folgenden weiteren Fragen aufgenommen, die nicht Teil des quantitativen Analysemodells sind:

Tabelle 2:
Weitere Itemformulierungen außerhalb des Modells

Item	Name	Formulierung
Frühere Nutzung von Videokonferenztechnik in der mündlichen Verhandlung	FN1	Ich habe bereits vor den akuten Einschränkungen aufgrund der Covid-19-Pandemie (= vor dem 1. April 2020) mindestens eine Verhandlung per Videokonferenz durchgeführt. (ja/nein)
	FN2	Ich habe im Zeitraum zwischen dem 1. April 2020 und heute mindestens eine mündliche Verhandlung per Videokonferenz durchgeführt. (ja/nein)
Technische Voraussetzungen	TECH1	Ich hatte bereits vor den akuten Einschränkungen aufgrund der Covid-19-Pandemie (= vor dem 1. April 2020) ohne großen Aufwand Zugriff auf die technischen Voraussetzungen zur Durchführung mündlicher Verhandlungen per Videokonferenz. (ja/nein)
	TECH2	Ich hatte im Zeitraum zwischen 1. April 2020 und heute ohne großen Aufwand Zugriff auf alle technischen Voraussetzungen zur Durchführung einer mündlichen Verhandlung per Videokonferenz. (ja/nein)

	TECH3	Ich habe die Möglichkeit, mit folgenden technischen Geräten mündliche Verhandlungen per Videokonferenz durchzuführen: Stationäre Videokonferenzanlage; Mobile Videokonferenzanlage; Arbeits-Notebook/PC, Web-Kamera; Privates Notebook, Web-Kamera (mit Erlaubnis der Gerichtsverwaltung); Sonstiges (Freitext); keine der genannten Optionen.
Geeignete Verfahren	QUOTE	Wie hoch ist die Quote Ihrer Verfahren, die sich aus Ihrer Sicht gut für mündliche Verhandlungen per Videokonferenz eignen? (unter 20 %; 20-40 %; 41-60 %; 61-80 %; über 80 %)
Zukünftige Nutzung	ZN	Ich beabsichtige, zukünftig mündliche Verhandlungen nur noch per Videokonferenz durchzuführen.
Probleme	PROB1	Ich befürchte rechtliche Unsicherheiten bei der Nutzung von Videokonferenztechnik.
	PROB2	Ich befürchte technische Probleme bei der Nutzung von Videokonferenztechnik.

Vorteile	VORT	Ich sehe viele Vorteile bei der Nutzung von Videokonferenztechnik für mündliche Verhandlungen.
Regelfall	REGEL	Die mündliche Verhandlung per Videokonferenz sollte zum gesetzlichen Regelfall und der persönliche Termin im Gerichtsgebäude zum Ausnahmefall werden.
Effizienz	EFF	Die Durchführung der mündlichen Verhandlung per Videokonferenz steigert die Effizienz des gesamten Gerichtsverfahrens.
Parteien als Faktor	PART1	Ich würde mündliche Verhandlungen per Videokonferenz durchführen, wenn beide Parteien dies beantragen.
	PART2	Auf Seiten der Parteien fehlen oftmals die erforderlichen technischen Voraussetzungen für eine Videokonferenz.
	PART3	Die meisten Parteien sind nicht gewillt, per Videokonferenz mündlich zu verhandeln.
Pandemie	PAND1	Die Einschränkungen aufgrund der Covid-19-Pandemie haben zu einem Digitalisierungsschub in der Justiz geführt.

	PAND2	Wenn sich die Covid-19-Pandemielage entspannt, sehe ich keinen Grund mehr, Videokonferenztechnik einzusetzen.
Geschlecht	GEN	Geschlecht (männlich; weiblich; anderes)
Alter	AGE	Alter (unter 30; 30-39; 40-49; 50-59; über 60)
Berufserfahrung	BE	Berufserfahrung als Richter/in (bis 5 Jahre; 6-10 Jahre; 11-15 Jahre; 16-20 Jahre; 21-25 Jahre; 26-30 Jahre; über 30 Jahre)
Erfahrung mit Videokonferenzen	ERF	Ich nutze Videokonferenztechnik außerhalb der mündlichen Verhandlung (z.B. privat oder zur Abstimmung mit Kollegen über Skype, ZOOM, Teams etc.). (nie; selten; gelegentlich; oft; immer)
Gerichtsbarkeit	GERB	Ich bin in folgender Gerichtsbarkeit tätig:
Bundesland	BUNDL	Ich bin Richter/in im Bundesland:
Gericht	AGLG	Ich bin Richter/in am:

Mit Freitextfeldern wurden Antworten auf die folgenden Fragen erhoben:

- Welche Verfahren eignen sich Ihres Erachtens - typisiert - gut für mündliche Verhandlungen per Videokonferenz (Kurzbezeichnung: v74-v76)?

- Bitte beschreiben Sie den Hauptgrund, warum Sie mündliche Verhandlungen per Videokonferenz durchführen würden (Kurzbezeichnung: PROS).

- Bitte beschreiben Sie den Hauptgrund, der aus Ihrer Sicht gegen eine Durchführung mündlicher Verhandlungen per Videokonferenz spricht (Kurzbezeichnung: CONS).

- Allgemeine Anmerkungen (Bitte nutzen Sie dieses Feld, wenn Sie weitere Anmerkungen zur Umfrage oder dem Themenkomplex "Videokonferenz" haben; Kurzbezeichnung: ANM).

Mit Ausnahme der Freitextfelder waren alle Fragen als Pflichtfelder zwingend zu beantworten.

Der Original-Fragebogen, so wie er den Teilnehmern angezeigt wurde, ist als **Anhang A** abgedruckt.

c) Wahl der Methode

Methodisch wurden die Daten im Rahmen des Modells mittels einer varianzbasierten Strukturgleichungsanalyse auf Basis des „partial least square“-Ansatzes (PLS) analysiert.

Ein varianzbasiertes Verfahren erschien an dieser Stelle geeigneter als ein kovarianzbasiertes Verfahren:[690] Es handelt sich bei dem PLS-Ansatz

[690] Vgl. *Goebel/Weißenberger*, J Bus Econ 87 (2017), 185, 201 mwN; *Goebel/Weißenberger*, J Bus Ethics 141 (2017), 505, 515 mwN.

um ein nicht-parametrisches Verfahren, das keine strengen Verteilungsanforderungen an die Datenbasis stellt.[691] Dieser Ansatz ist daneben in der Lage, komplexe Forschungsmodelle zu analysieren, aber gleichzeitig weniger restriktiv in Bezug auf die Anforderungen an den notwendigen Stichprobenumfang.[692] Der Ansatz gilt darüber hinaus als besonders geeignet für Forschungsbereiche, zu denen die theoretischen und empirischen Grundlagen noch nicht umfassend erforscht sind.[693] Schließlich ist auch das dieser Analyse maßgeblich zugrundeliegende Modell (UTAUT) unter Rückgriff auf die Methode der PLS entwickelt worden.[694]

Zur Auswertung wurden die Statistikprogramme SPSS (Version 27) und SmartPLS (Version 3.3.2) verwendet.

Die Auswertung der Freitextfelder erfolgte mit Hilfe der Software MaxQDA (Version 2020). Hier wurden zunächst über eine programmunterstützte Worthäufigkeitsanalyse zentrale Begrifflichkeiten identifiziert und daraus Kategorien gebildet. Anschließend erfolgte eine Codierung der Freitextantworten mit den zuvor gewonnen Kategorien. Die Auswertung der Freitextfelder ist nicht teil des zuvor beschriebenen Modells, sondern erfolgte gesondert.

---

691 *Hair/Sarstedt/Ringle u.a.*, JAMS 40 (2012), 414, 416 *Henseler/Ringle/Sinkovics*, in: Sinkovics (Hrsg.), New challenges to international marketing, 2009, Bd. 20, S. 277, 297.

692 *Henseler/Ringle/Sinkovics*, in: Sinkovics (Hrsg.), New challenges to international marketing, 2009, Bd. 20, S. 277, 297; *Hair/Sarstedt/Ringle u.a.*, JAMS 40 (2012), 414, 416.

693 *Henseler/Ringle/Sinkovics*, in: Sinkovics (Hrsg.), New challenges to international marketing, 2009, Bd. 20, S. 277, 297; *Hair/Sarstedt/Ringle u.a.*, JAMS 40 (2012), 414, 416.

694 *Venkatesh/Morris/Davis u.a.*, MIS Quarterly 27 (2003), 425, 438.

4. Modellvalidierung

a) Beschreibung der Stichprobe

Die Grundgesamtheit umfasst alle Richterinnen und Richter an den Gerichten der Bundesrepublik Deutschland mit Ausnahme des Bundesverfassungsgerichts. Im Jahr 2018 waren dies 21.338.[695]

Es wurden insgesamt 663 Fragebögen vollständig beantwortet. Nachdem alle Fragen mit Ausnahme der Freitextfelder als Pflichtfelder deklariert waren, mussten keine Fragebögen als unvollständig aussortiert werden. Eine Prüfung der Daten erbrachte keine Hinweise auf inkonsistente Antworten. Daher wurden keine Antwortbögen zusätzlich eliminiert.

Nach der oben definierten Forschungsfrage richtete sich die Umfrage nach ihrer Konzeption vorrangig an die Richter der Zivilgerichtsbarkeit. Eine Differenzierung nach Gerichtsbarkeiten war bei Versand der Einladungsemail nicht möglich, sondern wurde erst im Fragebogen selbst abgefragt. Der Fragebogen konnte unabhängig von der Gerichtsbarkeit vollständig ausgefüllt werden. Aufgrund des Zuschnitts dieser Arbeit auf den Zivilprozess sowie der großen Unterschiede beispielsweise zwischen dem Zivil- und dem Strafprozess werden in der Folge zunächst nur die Richter der Zivilgerichtsbarkeit als Untersuchungspopulation für das entwickelte Modell analysiert. Im Ergebnisteil finden sich separate Abschnitte für die weiteren Gerichtsbarkeiten, die auf bedeutsame Abweichungen zu den Antworten der Zivilrichter hinweisen.

Die Verteilung der Teilnehmer über die Gerichtsbarkeiten und Gerichte zeigt die nachfolgende Tabelle:

---

[695] Bundesamt für Justiz, Richterstatistik 2018; Personalzahlen in Arbeitskraftanteilen, nicht Kopfzahlen.

Tabelle 3:
Verteilung Teilnehmer Gerichtsbarkeit

Gerichtsbarkeit	Gericht	Häufigkeit	Prozent
Zivilgerichtsbarkeit	LG	208	53,1
	OLG	51	13,0
	AG	132	33,7
	BGH	1	0,3
	Gesamt	**392**	**100,0**
Strafgerichtsbarkeit	LG	27	31,0
	OLG	1	1,1
	AG	59	67,8
	Gesamt	**87**	**100,0**
Freiwillige Gerichtsbarkeit	LG	1	1,9
	OLG	4	7,7
	AG	47	90,4
	Gesamt	**52**	**100,0**
Arbeitsgerichtsbarkeit	ArbG	37	78,7
	LAG	10	21,3
	Gesamt	**47**	**100,0**
Verwaltungs-gerichtsbarkeit	VG	11	78,6
	OVG/VGH	2	14,3
	BVerwG	1	7,1

	Gesamt	**14**	**100,0**
Finanzgerichtsbarkeit	FinG	17	94,4
	BFH	1	5,6
	Gesamt	**18**	**100,0**
Sozialgerichtsbarkeit	SG	46	86,8
	LSG	7	13,2
	Gesamt	**53**	**100,0**

In den folgenden Tabellen sind die wichtigsten deskriptiven Merkmale der Stichprobe aufgelistet. Es sind jeweils nur die Daten für die Zivilgerichtsbarkeit angegeben, die auch die Basis für die spätere quantitative Analyse bilden. Die ausführlichen deskriptiven Datentabellen aufgegliedert nach Gerichtsbarkeiten finden sich im **Anhang B**.

Tabelle 4:
Verteilung nach Bundesländern

Bundesland	**Häufigkeit**	**Prozent**
Bayern	71	18,1
Berlin	30	7,7
Bremen	2	0,5
Hamburg	19	4,8
Hessen	12	3,1
Mecklenburg-Vorpommern	12	3,1

Baden-Württemberg	62	15,8
Niedersachsen	66	16,8
Nordrhein-Westfalen	33	8,4
Brandenburg	5	1,3
Rheinland-Pfalz	28	7,1
Saarland	3	0,8
Sachsen	12	3,1
Sachsen-Anhalt	7	1,8
Schleswig-Holstein	23	5,9
Thüringen	7	1,8
Gesamt	**392**	**100,0**

Tabelle 5:
Deskriptive Merkmale Teilnehmer

Item	Antwort	Häufigkeit	Prozent
Geschlecht	männlich	210	53,6
	weiblich	182	46,4
	anderes	0	0,0
	Gesamt	**392**	**100,0**
Alter	Unter 30	7	1,8
	30-39	78	19,9
	40-49	127	32,4

	50-59	136	34,7
	Über 60	44	11,2
	Gesamt	**392**	**100,0**
Berufserfahrung	Bis 5 Jahre	57	14,5
	6-10 Jahre	58	14,8
	11-15 Jahre	48	12,2
	16-20 Jahre	69	17,6
	21-25 Jahre	48	12,2
	26-30 Jahre	82	20,9
	Über 30 Jahre	30	7,7
	Gesamt	**392**	**100,0**
Vorerfahrung	nie	32	8,2
	selten	78	19,9
	gelegentlich	145	37,0
	oft	129	32,9
	immer	8	2,0
	Gesamt	**392**	**100,0**

Tabelle 6:
Weitere Abfragen

Item	Antwort	Häufigkeit	Prozent
Videokonferenznutzung vor Corona (FN1)	Ja	31	7,9
	Nein	361	92,1
	Gesamt	**392**	**100,0**
Videokonferenznutzung während Corona (FN2)	Ja	163	41,6
	Nein	229	58,4
	Gesamt	**392**	**100,0**
Zugriff Technik vor Corona (TECH1)	Ja	70	17,9
	Nein	322	82,1
	Gesamt	**392**	**100,0**
Zugriff Technik während Corona (TECH2)	Ja	182	46,4
	Nein	210	53,6
	Gesamt	**392**	**100,0**
Quote geeigneter Verfahren (QUOTE)	unter 20 %	197	50,3
	20-40 %	124	31,6
	41-60 %	43	11,0
	61-80 %	19	4,8
	über 80 %	9	2,3
	Gesamt	**392**	**100,0**

Verfügbarkeit technischer Geräte (Mehrfachauswahl möglich)	Stationäre Videokonferenzanlage	143	24,4
	Mobile Videokonferenzanlage	157	26,8
	Arbeits-Notebook/PC, Web-Kamera	199	34,0
	Privates Notebook, Web-Kamera (mit Erlaubnis der Gerichtsverwaltung)	12	2,1
	Sonstiges (Freitext)	15	2,6
	Keine der genannten Optionen.	59	10,1
	Gesamt	**585**	**100,0**

Angesichts der Gesamtzahl von ca. 5754 Vollzeitstellen für Richter in Deutschland[696] gewährt die Stichprobe aus der Zivilgerichtbarkeit mit $n_{zivil} = 392$ einen sehr guten Einblick in diese Teilgruppe der Befragten.

Die Daten zeigen im Übrigen eine erwartet heterogene Stichprobe, insbesondere im Hinblick auf Geschlecht, Alter und Berufserfahrung. Die Teilnehmer stammen aus allen Bundesländern. Im Grundsatz sind die großen Flächenländer erwartungsgemäß stärker repräsentiert. Einzelne Bundesländer sind jedoch gemessen an ihrer Größe unter- (z.B. Bremen und Hessen), andere hingegen überrepräsentiert (z.B. Berlin).

[696] Bundesamt für Justiz, Geschäftsentwicklung der Zivilsachen in der Eingangs- und Rechtsmittelinstanz 1995 bis 2019.

Vor der Corona-Krise (= vor dem 1. April 2020) hatten lediglich ca. 18 % der Zivilrichter Zugriff auf die technische Ausstattung für eine mündliche Verhandlung per Videokonferenz und nur ca. 8 % der Zivilrichter hatten auch eine solche Verhandlung per Videokonferenz schon einmal durchgeführt. Im Laufe des Jahres 2020 stieg dieser Anteil auf immerhin ca. 42 %, nachdem insgesamt ca. 46 % der Zivilrichter im Laufe des Jahres 2020 auch Zugriff auf die Technik erlangten.

Die nachfolgende Tabelle gibt Mittelwert und Standardabweichung der einzelnen Indikatoren an (gemessen auf einer 6-stufigen Likert-Skala von 1 (stimme überhaupt nicht zu) bis 6 (stimme voll und ganz zu)). In ihrem zweiten Teil finden sich die zusätzlich zum Modell erhobenen Daten:

Tabelle 7:
Mittelwerte und Standardabweichungen der Indikatoren/Items

Variable	Indikator	Mittelwert	Std.-Abweichung
Erwarteter Nutzen	PE1	3,71	1,572
	PE2	3,28	1,547
	PE3	3,44	1,553
Erwarteter Aufwand	EE1	3,96	1,357
	EE2	4,34	1,293
	EE3	3,83	1,277
	EE4	4,08	1,292
Einstellung	ATT1	4,35	1,376
	ATT2	3,02	1,474
	ATT3	3,36	1,416

	ATT4	4,36	1,220
Sozialer Einfluss	SI1	3,28	1,408
	SI2	3,35	1,467
	SI3	3,13	1,594
Erleichternde Umstände	FC2	3,94	1,444
	FC3	3,88	1,472
	FC4	2,76	1,282
Nutzungsabsicht	BI1	3,70	1,788

Zukünftige Nutzung	ZN	1,63	1,042
Probleme	PROB1	3,30	1,299
	PROB2	4,19	1,317
Vorteile	VORT1	3,52	1,450
Regelfall	REGEL	1,56	0,890
Effizienz	EFF	3,10	1,446
Parteien	PART1	4,00	1,400
	PART2	3,79	1,105
	PART3	3,34	1,035
Pandemie	PAND1	3,95	1,477
	PAND2	3,18	1,521

Es fällt auf, dass die Items Zukünftige Nutzung (ZN) und Regelfall (REGEL) nur sehr geringe Zustimmungswerte bei einer ebenfalls geringen Standard-Abweichung zeigen. Die Werte der weiteren Items sind unauffällig (zur näheren Auswertung noch unter V.).

b) Modellanalyse

Das zu analysierende Modell gliedert sich in mehrere Messmodelle und ein Strukturmodell. Als Messmodell wird ein Konstrukt bestehend aus mehreren messbaren Variablen (Indikatoren, Items) und einer latenten (nicht messbaren) Variablen bezeichnet. Das Strukturmodell setzt sich zusammen aus den Beziehungen zwischen den unabhängigen und abhängigen Variablen. [697] Folgende Abbildung verdeutlicht diesen Zusammenhang:

[697] *Backhaus/Erichson/Weiber*, Fortgeschrittene Multivariate Analysemethoden, S. 68.

Abbildung 4: Mess- und Strukturmodell

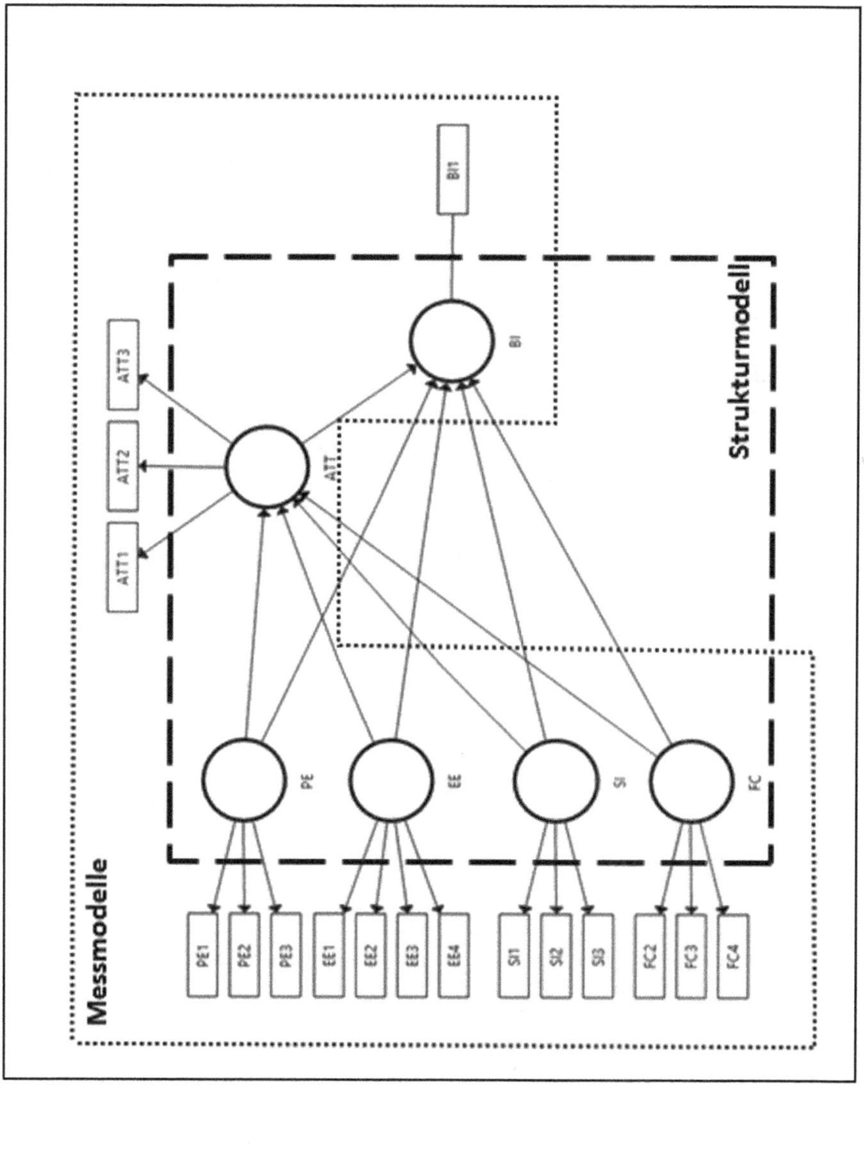

Es sei an dieser Stelle erneut darauf hingewiesen, dass für die Zwecke der Modellanalyse nur auf die Daten der Zivilrichter ($n_{zivil} = 392$) zurückgegriffen wird.

aa) Analyse der Messmodelle

Die Daten der Messmodelle sind nur für die weitere Analyse geeignet, wenn sie einen Katalog von Gütekriterien erfüllen – dann ist das Messmodell valide. Im Folgenden wird daher das Messmodell im Hinblick auf seine (i) Indikatorreliabilität, (ii) interne Konsistenz, (iii) Konvergenzvalidität und (iv) Diskriminanzvalidität überprüft.[698]

Folgende Niveaus müssen jeweils eingehalten werden:

Tabelle 8:
Gütekriterien Messmodell

	Kriterium	**Niveau**
Indikatorreliabilität	Faktorladung	≥ 0,7[699]
Interne Konsistenz	Cronbachs Alpha	≥ 0,7[700]
	Faktorreliabilität (composite reliability, CR)	≥ 0,6[701]
Konvergenzvalidität	Durchschnittlich erfasste Varianz (AVE)	≥ 0,5[702]

698 *Hair/Sarstedt/Ringle u.a.*, JAMS 40 (2012), 414, 429 ff.; *Henseler/Ringle/Sinkovics*, in: Sinkovics (Hrsg.), New challenges to international marketing, 2009, Bd. 20, S. 277, 298 ff.

699 *Fornell/Larcker*, JMR 18 (1981), 39 ff.

700 *Chin*, in: Marcoulides (Hrsg.), Modern methods for business research, S. 295 ff.

701 *Bagozzi/Yi*, JAMS 16 (1988), 74, 80.

702 *Fornell/Larcker*, JMR 18 (1981), 39, 46.

Diskriminanzvalidität	Fornell-Larcker Kriterium	DEVi > quadrierte Korrelation der latenten Variable i mit allen anderen latenten Variablen[703]
	Indikatorladung des Konstrukts	Ladung jedes Indikators auf das eigene Konstrukt > Ladung auf andere Konstrukte[704]

Die folgenden Tabellen zeigt die Validität der Messmodelle, weil alle Kriterienvorgaben erreicht werden:

[703] *Dies.*, JMR 18 (1981), 39, 46.

[704] *Clark/Watson*, Psychological Assessment 7 (1995), 309, 318.

Tabelle 9:
Validität Messmodell

Reflektives Messmodell		Indikatorreliabilität	Interne Konsistenz		Konvergenzvalidität	Diskriminanzvalidität
		Faktorladung	Cro α	CR	AVE	Fornell-Larcker (Wurzel AVE > größte Korrelation)
Erwarteter Nutzen (PE)			0.910	0.943	0.848	0.921 > 0.799
	PE1	0.906				
	PE2	0.910				
	PE3	0.946				
Erwarteter Aufwand (EE)			0.943	0.959	0.854	0.924 > 0.663
	EE1	0.936				
	EE2	0.908				
	EE3	0.916				
	EE4	0.936				
Einstellung (ATT)			0.838	0.902	0.754	0.868 > 0.799
	ATT1	0.864				
	ATT2	0.871				

	ATT3	0.871				
Sozialer Einfluss (SI)			0.775	0.874	0.703	0.839 > 0.603
	SI1	0.931				
	SI2	0.914				
	SI3	0.638				
Erleichternde Umstände (FC)			0.637	0.793	0.564	0.751 > 0.663
	FC2	0.848				
	FC3	0.729				
	FC4	0.664				

Tabelle 10:
Kreuzladungen

	ATT	EE	FC	PE	SI	BI
Einstellung (ATT)						
ATT1	**0.864**	0.463	0.417	0.729	0.584	0.597
ATT2	**0.871**	0.389	0.357	0.662	0.514	0.414
ATT3	**0.871**	0.594	0.431	0.682	0.465	0.502
Erwarteter Aufwand (EE)						
EE1	0.558	**0.936**	0.631	0.575	0.423	0.478
EE2	0.465	**0.908**	0.576	0.458	0.350	0.387
EE3	0.512	**0.916**	0.613	0.548	0.411	0.482
EE4	0.517	**0.936**	0.626	0.509	0.373	0.445
Erleichternde Umstände (FC)						
FC2	0.478	0.715	**0.848**	0.407	0.405	0.522
FC3	0.270	0.341	**0.729**	0.223	0.293	0.356
FC4	0.225	0.310	**0.664**	0.190	0.264	0.258
Erwarteter Nutzen (PE)						
PE1	0.767	0.583	0.415	**0.906**	0.548	0.582
PE2	0.686	0.474	0.304	**0.910**	0.476	0.394
PE3	0.744	0.502	0.355	**0.946**	0.507	0.445
Sozialer Einfluss (SI)						
SI1	0.593	0.394	0.361	0.581	**0.931**	0.505
SI2	0.567	0.349	0.316	0.545	**0.914**	0.448

SI3	0.321	0.319	0.461	0.225	**0.638**	0.482
Nutzungsabsicht (BI)						
BI1	0.588	0.487	0.535	0.522	0.566	**1.000**

Inhaltsvalidität ist bereits dadurch hinreichend sichergestellt, dass die Items und Variablen aus bereits validierten Studien übernommen wurden.[705]

Indikatorreliabilität ist gegeben, weil die Ladung der Items auf ihre jeweiligen Faktoren ≥ 0,7 bei hinreichenden t-Werten von ≥ 1,96 ist. Lediglich die Faktorladungen der Items SI3 (0,638) und FC4 (0,664) liegen geringfügig unter diesem Schwellenwert. Studien zeigen, dass geringfügige Abweichung einzelner Items nach unten noch zulässig sind, solange die weiteren Items deutlich oberhalb der Schwelle liegen.[706] Nur die zwei zuvor genannten Items liegen geringfügig unterhalb der Schwelle. Sie entstammen unterschiedlichen Konstrukten und die weiteren Items dieser Konstrukte weisen Faktorladungen deutlich oberhalb der geforderten Schwelle auf. Danach können auch die Items SI3 und FC4 im Modell belassen werden.[707]

Auch die Gütekriterien für interne Konsistenz (Cronbachs α, CR) sind erfüllt. Zwar liegt das Konstrukt Erleichternde Umstände mit einem Cronbachs α Wert von 0,637 leicht unter der empfohlenen Schwelle von

[705] *Venkatesh/Morris/Davis u.a.*, MIS Quarterly 27 (2003), 425, 460.

[706] *Chin*, in: Marcoulides (Hrsg.), Modern methods for business research, 1998, S. 295, 325.

[707] Vgl. *Goebel/Weißenberger*, J Bus Econ 87 (2017), 185, 202.

0,7. Bei Konstrukten mit drei Indikatoren – wie hier – sind jedoch Werte von $\alpha \geq 0,6$ ausreichend.[708]

Auch die für die Konvergenzvalidität relevante durchschnittlich erfasste Varianz (AVE) liegt bei allen Konstrukten über dem erforderlichen Wert von 0,5.

Für den Test der Diskriminanzvalidität sind sowohl das Fornell-Larcker Kriterium erfüllt als auch die Kreuzladungen unauffällig.

bb) Analyse des Strukturmodells

Auch das Strukturmodell muss diverse Gütekriterien erfüllen, um verlässliche Aussagen treffen zu können. Die Validierungsparameter des Strukturmodells sind in der nachfolgenden Tabelle zusammengefasst:[709]

[708] *Ohlwein*, Märkte für gebrauchte Güter, 1999, S. 224; zitiert nach *Gansser/Krol*, Markt- und Absatzprognosen, 2015, S. 149, 155.

[709] Darstellung angelehnt an *Beck*, Konsumentenakzeptanz, 2016, S. 154.

Tabelle 11:
Güte des Strukturmodells

	Kriterium	Niveau
Prüfung der Konstrukte	Bestimmtheitsmaß R^2	≥ 0,67 substanziell; ≥ 0,33 moderat; ≥ 0,19 schwach[710]
Prognoserelevanz	Stone-Geisser-Test Q^2	≥ 0[711]
Prüfung Pfadkoeffizient	Pfadkoeffizient	≥ 0,1[712]
	Effektstärke f^2	≥ 0,02[713]
Multikollinearität	Variance Inflation Factors (VIF)	< 5[714]

Die erklärte Varianz der latenten Variable Nutzungsabsicht liegt bei 48 % (R^2 = 0,477, R^2 angepasst = 0,470). Dies entspricht einer moderaten Erklärungsbasis. Mit einer erklärten Varianz von 69 % (R^2 = 0,688; R^2 angepasst = 0,685) wird die Variable Einstellung sogar substanziell durch die weiteren Variablen erklärt.

710 *Chin*, in: Marcoulides (Hrsg.), Modern methods for business research, 1998, S. 295, 317.

711 *Ders.*, in: Marcoulides (Hrsg.), Modern methods for business research, 1998, S. 295, 318.

712 *Lohmöller*, Latent variable path modeling with partial least squares, 1989, 60 f.; zitiert nach *Ringle*, Gütemaße für den Partial Least Squares Ansatz zur Bestimmung von Kausalmodellen, 2004, S. 15.

713 *Chin*, in: Marcoulides (Hrsg.), Modern methods for business research, 1998, S. 295, 317.

714 *Backhaus/Erichson/Plinke u.a.*, Multivariate Analysemethoden, S. 100.

Auch der Stone-Geisser-Test für die Prognoserelevanz ist erfüllt (ATT Q^2 = 0,509; BI Q^2 = 0,461).

Die Prüfung auf Multikollinearität durch den Variance Inflation Factor zeigt durchgängig unauffällige Werte von unter 5.

Die Werte der Pfadkoeffizienten sind in der folgenden Tabelle abgebildet. Problematische Werte sind *kursiv* gedruckt:

Tabelle 12: Wirkungszusammenhänge

Wirkungszusammenhänge	Pfadkoeffizienten	t-Wert	p-Wert	Effektstärke	VIFs	Totale Effekte
Erwarteter Nutzen -> Nutzungsabsicht	*0.063*	*0.924*	*0.355*	*0.002*	3.054	0.214
Erwarteter Nutzen -> Einstellung	0.621	17.621	0.000	0.683	1.815	0.621
Erwarteter Aufwand -> Nutzungsabsicht	*0.035*	*0.618*	*0.536*	*0.001*	2.240	*0.050*
Erwarteter Aufwand -> Einstellung	*0.059*	*1.299*	*0.194*	*0.005*	2.229	*0.059*
Sozialer Einfluss -> Nutzungsabsicht	0.255	5.184	0.000	0.073	1.698	0.301
Sozialer Einfluss -> Einstellung	0.188	4.661	0.000	0.072	1.584	0.188
Erleichternde Umstände -> Nutzungsabsicht	0.261	5.035	0.000	0.067	1.933	0.285

Erleichternde Umstände -> Einstellung	*0.098*	2.262	0.024	*0.016*	1.902	*0.098*
Einstellung -> Nutzungsabsicht	0.243	3.572	0.000	0.035	3.209	0.243

Es zeigt sich, dass für die Variable Erwarteter Aufwand weder eine signifikante Korrelation mit der Variable Einstellung noch mit der Variable Nutzungsabsicht nachgewiesen werden kann.

Für die Variable Erwarteter Nutzen kann keine signifikante Korrelation mit der Nutzungsabsicht nachgewiesen werden. Allerdings liegt ein sehr starker Effekt mit der Variablen Einstellung vor.

Der Effekt der Erleichternden Umstände mit der Einstellung ist zwar signifikant jedoch nur sehr schwach ausgeprägt.

Die weiteren Wirkungszusammenhänge sind durchgängig substanziell und signifikant.

c) Überprüfung der Hypothesen

Die Ergebnisse der Analyse von Mess- und Strukturmodell sind in der folgenden Modellstruktur zusammengefasst.

Abbildung 5: Modell mit Pfadkoeffizienten

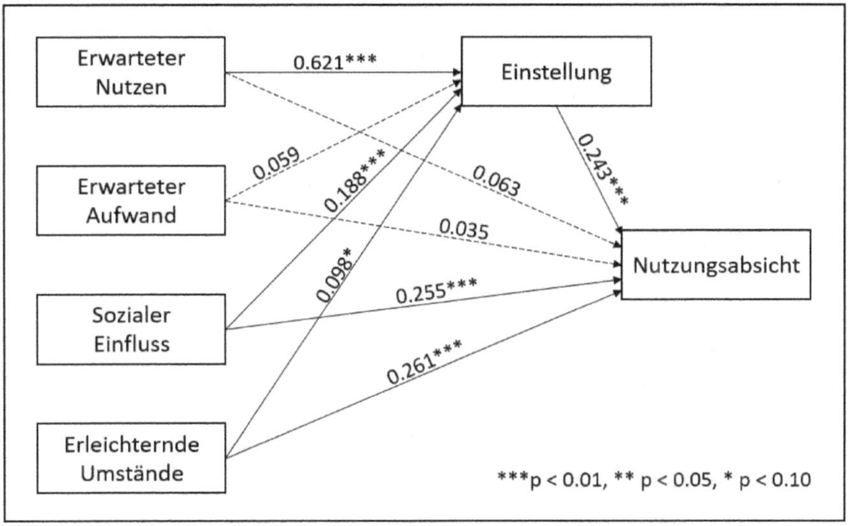

Für die Überprüfung der Hypothesen ergibt sich damit nachfolgendes Ergebnis, wobei in der letzten Spalte ein „o" angibt, dass sich eine Hypothese nicht bestätigt hat, und ein „+", dass die Hypothese durch die Daten bestätigt werden konnte. Werte in Klammer zeigen einen sehr schwachen Zusammenhang.

Tabelle 13:
Hypothesen und Ergebnis

Hypothese		Ergebnis
H_1	Erwarteter Nutzen hat einen signifikant positiven Effekt auf die Nutzungsabsicht.	o
H_2	Erwarteter Nutzen hat einen signifikant positiven Effekt auf die Mediator-Variable Einstellung.	+
H_3	Erwarteter Aufwand hat einen signifikant positiven Einfluss auf die Nutzungsabsicht.	o
H_4	Erwarteter Aufwand hat einen signifikant positiven Einfluss auf die Einstellung.	o
H_5	Sozialer Einfluss hat einen signifikant positiven Effekt auf die Nutzungsabsicht.	+
H_6	Sozialer Einfluss hat einen signifikant positiven Effekt auf die Einstellung.	+
H_7	Erleichternde Umstände hat einen signifikant positiven Effekt auf die Nutzungsabsicht.	+
H_8	Erleichternde Umstände hat einen signifikant positiven Effekt auf die Einstellung.	(+)
H_9	Einstellung hat einen signifikant positiven Effekt auf die Nutzungsabsicht.	+

V. Ergebnisdiskussion

Was folgt aus den im Rahmen der Feldstudie gesammelten Erkenntnissen im Hinblick auf die zuvor definierten Forschungsfragen (oben unter II.)?

Zunächst sollen die gesammelten Erkenntnisse zur Nutzung und Akzeptanz von Videokonferenztechnik in der Ziviljustiz diskutiert werden (1.), bevor die Effizienzfrage beantwortet wird (2.). Schließlich werden auffällige Abweichungen der Ergebnisse in den anderen Gerichtsbarkeiten aufgezeigt (3.).

1. Nutzung und Akzeptanz

Der bereits in der Einleitung geäußerte Eindruck, dass bis zu Beginn der Corona-Pandemie die mündliche Verhandlung per Videokonferenz – trotz der seit 20 Jahren bestehenden gesetzlichen Gestattung – keinerlei Rolle spielte, hat sich auch empirisch bewahrheitet: Lediglich 8 % der Teilnehmer hatten vor dem 1. April 2020 bereits eine derartige Verhandlung durchgeführt.

Umso beeindruckender ist jedoch, dass sich diese Quote innerhalb von nur acht Monaten auf 42 % mehr als verfünffacht hat. Auf die dahinterstehenden Gründe (Technikschub, öffentliche Aufmerksamkeit etc.) wird noch zurückzukommen sein (c)).

Es ist damit zu rechnen, dass sich dieser Trend weiter fortsetzen wird: Sogar 258 (66 %) der Zivilrichter stimmen der Aussage „Ich plane, in den nächsten zwölf Monaten eine mündliche Verhandlung per Videokonferenztechnik durchzuführen." mindestens eher zu (Median: 4,5). Es kann zwar nicht ausgeschlossen werden, dass einige unter diesen Richtern lediglich einen Testlauf wagen werden und spätestens nach Abflachen der Pandemie-Lage wieder von der

Verhandlung per Videokonferenztechnik Abstand nehmen. Aber auch die Bereitschaft, die Technik zumindest versuchsweise zu testen, ist positiv zu bewerten.

a) Technik (Infrastrukturfaktor)

aa) Einfluss auf Nutzung

Ohne die entsprechende Technik können der Wille zur Nutzung und die (theoretische) Akzeptanz noch so groß ausgeprägt sein – eine mündliche Verhandlung per Videokonferenz ist schlicht nicht möglich. Aus diesem Grund war auch das Vorhandensein der Technik nicht Teil des oben analysierten Strukturmodells. Die Teilnehmer sollten sich bei der Beantwortung gerade vorstellen, dass die technischen Voraussetzungen geschaffen sind. Dennoch waren Fragen nach der Technik integraler Bestandteil des Fragenkatalogs außerhalb der Modellitems.

bb) Technikausstattung

(i) Generell

Bei der Technikausstattung zeigt sich ein erwartet heterogenes Bild. Zwar existiert mit der Länderliste der Standorte der Videokonferenzanlagen bei den Gerichten und Staatsanwaltschaften sogar eine offizielle Übersicht. [715] Diese wird jedoch nicht stetig aktualisiert.[716] Zudem gibt sie keinerlei Auskunft darüber, welche Technik konkret vorgehalten wird und wie viele Säle eines Gerichts damit ausgestattet sind.

---

[715] Länderliste der Standorte der Videokonferenzanlagen bei den Gerichten und Staatsanwaltschaften, 2020.

[716] Eine Übersicht über die in den Bundesländern verfügbare Technik im Dezember 2020 bietet: *Rebehn*, DRiZ 2021, 8–9.

Hatten vor der COVID-19-Pandemie nur 18 % der Teilnehmer Zugriff auf – irgendeine – technische Möglichkeit zur Durchführung, konnten bis Ende des Jahres 2020 46 % der Teilnehmer ohne größere Hürden auf die Technik zugreifen.[717] Die Quote hat sich damit mehr als verdoppelt.

Die Gründe dürften darin liegen, dass die Thematik massiv in den medialen und politischen Fokus gerückt ist und plötzlich Gelder aus diversen COVID-19-Fördertöpfen für die Anschaffung zur Verfügung standen. Auch wenn die Anschaffung der Technik grundsätzlich sehr zu begrüßen ist, muss man sich die Frage stellen, ob es sinnvoll war, eine derartige Beschaffung innerhalb eines sehr kurzen Zeitfensters durchzuführen, ohne zuvor ausführliche Planungen zum konkreten technischen Bedarf und der besten technischen Lösung anstellen zu können. Angesichts der Pandemie-Lage ist ein derartiges, kurzfristiges Vorgehen jedoch nachvollziehbar.

Bei den technischen Lösungen ist zwischen Hard- und Software zu unterscheiden. Innerhalb der Hardware ist weiter nach dem Einsatzzweck zu differenzieren.

(ii) Software

Die Softwarelösungen wurden in der Umfrage nicht separat abgefragt. Die Experteninterviews und weitere Quellen zeigen die Verwendung einer Vielzahl unterschiedlicher Lösungen.[718] Diese reichen von Open Source Software (Jitsi) gehostet auf landeseigenen Servern (z.B. Schleswig-Holstein), über für Unternehmenskommunikation entwickelte und weit verbreitete Software wie Skype for Business, MS Teams oder Cisco WebEx, bis hin zu mit der Hardware verknüpften Lösungen von Polycom.

---

[717] Zur Technikausstattung der Bundesländer im Mai 2020: *ders.*, DRiZ 2020, 202–203.

[718] Überblick bei *Windau*, 128a-Technik Länderliste, 2020.

Bezeichnend an diesem Flickenteppich ist, dass einerseits in einigen Ländern Software wie Skype for Business als von den Datenschutzbehörden freigegebene Lösung zwingend zu verwenden ist, andererseits in anderen Ländern derartige Programme aus Datenschutzgründen nicht einmal auf den Dienstrechnern der Richter installiert werden dürfen.[719]

(iii) Hardware

Als Hardware-Ausstattung kommen grundsätzlich vier Lösungen in Betracht:[720]

- Bei der **stationären Konferenzanlage** handelt es sich um eine im Sitzungssaal fest verbaute Lösung. Diese besteht regelmäßig aus mindestens (i) einer Kamera, die das Geschehen im Sitzungssaal einfängt, (ii) einem Saalmikrofon, das den Ton der Anwesenden aufnimmt, (iii) einem großen Bildschirm, der den vor Ort Anwesenden die zugeschalteten Personen zeigt, sowie (iv) mindestens einer weiteren Kamera und einem weiteren Mikrofon, die den Richter aufnehmen. Für Letztere wird teilweise auch das Dienstnotebook des Richters verwendet, sofern die Richter eines Gerichts damit ausgestattet sind.
  Aufgrund der Einführung der elektronischen Akte – spätestens zum 1. Januar 2026 (§ 298a Abs. 1a S. 1 ZPO) – werden darüber hinaus häufig eine Dokumentenkamera sowie eine umfangreiche Mediensteuerungseinheit zur Koordination der verschiedenen technischen Geräte fest verbaut. Bei kleineren Sälen ist ein derartiger Aufbau aus Platzgründen nicht immer zu realisieren. Bei größeren Räumen und Verhandlungen mit vielen Beteiligten

[719] Zur datenschutzrechtlichen Problematik s. *Freye/Schnebbe*, ZD 2020, 502 ff.

[720] Zur Entwicklung speziell am LG Hannover: *Irskens*, Betrifft Justiz 2020, 281, 284.

sind zusätzliche Kameras, Mikrofone und Bildschirme erforderlich.

- Die **mobile Lösung** unterscheidet sich im Grundsatz von der stationären Lösung nur dadurch, dass sie nicht fest in einem Saal verbaut ist, sondern die erforderlichen Geräte (Bildschirm, Kamera, Mikrofon) auf einem mobilen Wagen in jeden Sitzungssaal gefahren werden können.
- Die einfachste Lösung ist die Nutzung des jeweiligen **Dienstnotebooks** des Richters. Dieses ist regelmäßig mit einer Kamera und einem Mikrofon ausgestattet. Sofern nicht alle Richter eines Gerichts bereits über ein solches Notebook verfügen, können zumindest kostengünstig mehrere Notebooks angeschafft werden, die sodann als „Videokonferenznotebooks" von mehreren Richtern für ihre mündliche Verhandlung genutzt werden können.
- Die gleichen Voraussetzungen wie Dienstnotebooks würden auch **private Notebooks** der Richter bieten. Aus Datensicherheitsgründen ist deren Nutzung üblicherweise untersagt. In Einzelfällen werden private Notebooks dennoch genutzt – nach den Umfragedaten vornehmlich in Bayern. Jedenfalls in Berlin existiert auch eine gesetzliche Grundlage für die Nutzung privater Endgeräte für dienstliche Zwecke.[721]

Neben den zuvor genannten Varianten konnten die Teilnehmer der Umfrage auch weitere Hardware angeben. Hierbei handelte es sich jedoch regelmäßig nur um genauere Beschreibungen einer der obigen Varianten, z.B. durch die Nutzung eines Tablets statt eines Notebooks.

---

[721] § 23 Abs. 1 AGGVG Bln; vgl. auch KG Berlin, NJW 2020, 3656.

Interessanterweise stehen stationäre und mobile Videokonferenzanlagen ungefähr gleich häufig zur Verfügung (ca. 25 %). Videokonferenzen mit dem Arbeitsnotebook sind etwas häufiger verbreitet (ca. 35 %). Aufgrund der Möglichkeit von Mehrfachantworten ist die tatsächliche Verteilung bei dieser Frage verzerrt.

Im Übrigen zeigen die Freitextantworten einzelne Beschwerden über komplizierte Technik. Es zeigt sich auch eine große Sorge vor technischen Problemen (PROB2), die die Angst vor rechtlichen Problemen (PROB1) deutlich überwiegt.

cc) Zukunftsausblick

(i) Software

Probleme bereiten die verschiedenen Softwarelösungen für die Gerichte selbst nicht. Der einzelne Richter verwendet stets das bei ihm am Gericht vorgesehene Programm. Schwierigkeiten können auftreten, wenn Videokonferenzen länderübergreifend durchgeführt werden sollen (z.B. im Wege der Amtshilfe) oder die Software nicht kompatibel ist.[722] Hürden ergeben sich zudem insbesondere für die weiteren Teilnehmer: Überregional tätige Anwälte müssen sich mit allen vertretenen Softwaretools vertraut machen. Außerdem ist in größeren Anwaltssozietäten und Unternehmen die Installation von Software nur durch die zentrale IT-Abteilung möglich und einige Programme – wie in der Justiz – aus Datenschutzgründen nicht gestattet.

Der Königsweg wäre daher eine einheitliche Software, die zuverlässig und datenschutzkonform von einer gemeinsamen, länderübergreifenden Gesellschaft bereitgestellt und gewartet würde, und bei der die Beteiligten für die Teilnahme keinerlei eigene Software installieren müssten, sondern

[722] Zu Letzterem auch: *Irskens*, Betrifft Justiz 2020, 281, 283.

sich lediglich über einen Internetbrowser einwählten. Das würde auch die Entwicklung von Fortbildungsmaterialien für Richter und Anwälte erleichtern und die Akzeptanz unter allen Beteiligten steigern.

(ii) Hardware

Hardwareseitig kann die ausschließliche Nutzung des eigenen Dienstnotebooks nur als unzureichende Notlösung während der COVID-19-Pandemie angesehen werden. Ihr Vorteil liegt darin, dass die entsprechenden Geräte vielfach bereits vorhanden sind[723] oder günstig beschafft werden können und für die Einführung der eAkte bei den Gerichten ohnehin notwendig werden. Auch die Einführung von Remote-Zugriffen aus dem Home-Office spricht zunächst für die schnelle und flächendeckende Ausstattung mit Dienstnotebooks, wo dies noch nicht geschehen ist.

Diese Investition wäre auch nicht vergebens, wenn man sich später noch für eine mobile oder stationäre Videokonferenzlösung entscheidet. Die Notebooks könnten über eine Dockingstation und eine Multimediasteuerungseinheit gut in derartige Systeme integriert werden.

Die alleinige Nutzung der Notebooks ist jedoch dann ungeeignet, wenn die Verhandlung nicht für alle Parteien als Videokonferenz stattfindet, sondern als hybride Verhandlung (also unter Beteiligung von Teilnehmern per Video und persönlich im Gerichtssaal) durchgeführt wird.

Die mobile Lösung hat zwar den Vorteil, dass sie theoretisch in jedem Saal einsetzbar ist. Nachteile bestehen aber dadurch, dass sie jedes Mal mit

---

[723] Zur Ausstattung mit Dienstnotebooks in einzelnen Bundesländern: *Rebehn*, DRiZ 2021, 8, 9.

Zeitaufwand neu aufgebaut werden muss und dadurch fehleranfälliger ist, als eine auf den Raum abgestimmte fest verbaute stationäre Anlage.

Langfristig bietet damit nur die stationäre Lösung eine dauerhafte Alternative. Ob damit gleich alle Sitzungssäle ausgestattet werden sollten, ist allerdings zweifelhaft. Während einer pandemischen Notlage sind übergangsweise auch Dienstnotebooks zur Aufrechterhaltung der Rechtsprechung ein probates Mittel. Vor einer flächendeckenden Anschaffung der weiteren Technik sollten über Pilotprojekte zunächst Erfahrungswerte mit der konkreten Technik gesammelt und der ungefähre Bedarf außerhalb einer Pandemie ermittelt werden.

b) Geeignete Verfahren (Sachfaktor)

Die teilnehmenden Zivilrichter gehen zur Hälfte davon aus, dass weniger als 20% ihrer Verfahren für den Einsatz von Videokonferenztechnik gut geeignet sind, weitere 30 % sehen bis zu 40% ihrer Verfahren als geeignet an. Nicht jede Materie oder Verhandlungssituation ist danach gleichermaßen geeignet, um sie als Videokonferenz durchzuführen.

Eine Auswertung der Freitextantworten zu den geeigneten Verfahren unter Berücksichtigung der Worthäufigkeiten zeigt folgendes Bild: Geeignet erscheinen insbesondere Verfahren ohne Beweisaufnahme und ohne Beteiligung der Naturalpartei. Das deckt sich mit der Auswertung der Frage nach den Hauptgründen gegen eine Verhandlung per Videokonferenz: Mit Abstand ist der fehlende persönliche Eindruck von Zeugen und Parteien der am häufigsten genannte Hinderungsgrund. Sofern es auf eine Einschätzung der Glaubwürdigkeit ankommt, ist die Wahrnehmung feiner Details in Körpersprache und Stimme wichtig. Diese Details kann auch die heutige Technik im Regelfall nur unzureichend wiedergeben.[724] Hinzu tritt, dass für die Qualität der Übertragung nicht die im Gerichtssaal vorhandene Technik ausschlaggebend ist. Vielmehr kommt es darauf an, welcher Bild- und Ton-Input bei Zeugen und Parteien aufgenommen wird.

Bei erwarteter Teilnahme von Naturalparteien tritt nach Ansicht vieler Richter auch hinzu, dass allein der Eindruck des Gerichtsgebäudes dazu führt, dass sich Parteien der Ernsthaftigkeit der Sache bewusst werden und sich auch von der staatlichen Gerichtsbarkeit ernst genommen fühlen. Dieser Aspekt fehlt – gleichermaßen auch bei Zeugen –, wenn eine Teilnahme *„aus dem Wohnzimmer"* erfolgt.

Ausnahmen von dieser Grundregel machen die Richter überwiegend dann, wenn es um die Befragung eines Sachverständigen[725] geht oder ein Zeugenbeweis ohne den Einsatz von Videokonferenztechnik gar nicht möglich wäre. Bei Sachverständigen stellt sich die Glaubwürdigkeitsfrage regelmäßig nicht.

Ansonsten werden insbesondere Verfahren mit Rechtsanwälten,[726] bei denen lediglich Rechtsfragen zu erörtern sind (z.B. Masseverfahren wie der sog. Dieselskandal), als geeignet für eine Videokonferenz angesehen.[727] Wenn Termine allerdings nur zur Antragstellung dienen oder als Austausch von Rechtsansichten vor dem Richter, darf man bereits die Frage stellen, ob diese Verhandlungen nicht ohnehin als schriftliches Verfahren nach § 128 Abs. 2 ZPO geführt werden sollten.

Ein generelles Problem sehen viele Richter darin, dass die Vergleichsbereitschaft bei Verhandlungen per Videokonferenz sinkt.

---

[724] Instruktiv hierzu aber technisch veraltet: *Glunz*, Psychologische Effekte, S. 71 ff.

[725] So auch *Irskens*, Betrifft Justiz 2020, 281, 285.

[726] Diesen Aspekt erkannte bereits die Gesetzesbegründung: BT-Drs. 17/1224, S. 1.

[727] So auch *Irskens*, Betrifft Justiz 2020, 281, 285.

Nachdem einer jeden mündlichen Verhandlung der Versuch einer gütlichen Einigung vorgeschaltet ist, ist dieser Aspekt sehr wichtig.[728] Ob die Vermutung einer schwierigeren Einigung generell zutrifft, wäre allerdings zunächst empirisch zu untersuchen. Bei aufgeheizter Atmosphäre zwischen den Beteiligten kann die Distanz einer Videokonferenz auch zur Versachlichung beitragen.[729] Andererseits mag gerade die Distanz zu einer weiteren Eskalation beitragen. Gegebenenfalls ließe sich hier auch mit Schulungen entgegenwirken, wie eine Vergleichsverhandlung durch den Richter gerade per Videokonferenz effektiv moderiert werden kann.

Die ebenfalls häufiger genannte problematische Abstimmung zwischen Parteien und ihren Anwälten, wenn sie von getrennten Orten an der Konferenz teilnehmen, ließe sich technisch unproblematisch durch sog. Break-Out-Rooms lösen. Auch eine Unterbrechung der Videokonferenz für ein kurzes Telefonat/Skypegespräch oder Ähnliches zwischen Partei und Anwalt ist problemlos möglich. Auf derartige Möglichkeiten müsste noch deutlicher hingewiesen werden und auch in der Anwaltschaft wäre entsprechende Aufklärungsarbeit zu den Möglichkeiten erforderlich.

c) Gründe für und gegen die Nutzung

Von den Teilnehmern, die die Technik zwischen April und Dezember 2020 zur Verfügung hatten (182), haben immerhin 132 Teilnehmer (73%) diese auch genutzt. Was ist mit den anderen 27 %, die die Möglichkeit hat aber nicht nutzt? Warum stimmen über 100 Teilnehmer (25 %) einer Nutzungsabsicht nicht bzw. gar nicht zu?

---

[728] Auch die Güteverhandlung gem. § 278 Abs. 3 ZPO wird überwiegend als von § 128a Abs. 1 ZPO (ggf. analog) erfasst angesehen; *dies.*, Betrifft Justiz 2020, 281, 282.

[729] *Dies.*, Betrifft Justiz 2020, 281, 285.

Für die Antworten auf diese Fragen liefert die Strukturgleichungsanalyse des in dieser Arbeit postulierten Modells wichtige Erkenntnisse:

Der Erwartete Nutzen ist üblicherweise der mit Abstand wichtigste Faktor zur Bestimmung der Nutzungsabsicht im Rahmen anderer UTAUT-Studien.[730] Dieser erwartete Zusammenhang (H_1) hat sich durch die Studie nicht bestätigt. Ein signifikanter direkter Effekt auf die Nutzungsabsicht konnte nicht nachgewiesen werden. Das überrascht auf den ersten Blick, steht jedoch im Einklang mit den weiteren Antworten der Umfrage: Große Vorteile sehen die Richter (für sich) nicht (VORT: Mittelwert von 3,57). Die Freitext-Analyse der Variable PROS hat gezeigt, dass lediglich eine schnellere Terminierung[731] als „Richtervorteil" gesehen wird, weil die Anwälte und Sachverständige durch geringere Reisetätigkeiten mehr Termine wahrnehmen können. Die mit Abstand am häufigsten genannte Motivation war daneben die COVID-19-Pandemie – die vorübergeht – sowie die altruistische Motivation, den anderen Beteiligten eine weite Anreise zu ersparen (was indirekt auch zur besseren Terminierung führt). Auch der ökologische Aspekt bei verringerter Reiseaktivität wurde als Motivation vermehrt genannt. Vereinzelt wurde auch der Aspekt genannt, dass statt eines Terminsvertreters der sachbearbeitende Rechtsanwalt teilnimmt.[732]

Wenn der persönliche Nutzen gering ausfällt, müssen daher für mehr Akzeptanz andere Faktoren optimiert werden.

Für den Erwarteten Aufwand konnten in der Summe keine signifikanten Effekte nachgewiesen werden. Auch das zeigt sich in einer

---

[730] *Williams/Rana/Dwivedi*, Journal of Ent Info Management 28 (2015), 443, 460.

[731] Dieser Vorteil findet sich auch in der Gesetzesbegründung: BT-Drs. 17/1224, S. 1.

[732] Hierzu auch: *Irskens*, Betrifft Justiz 2020, 281.

Vielzahl von anderen Studien zum UTAUT.[733] Die Freitextauswertung legt allerdings nahe, dass teils erheblicher zeitlicher Aufwand in die Vorbereitung einer mündlichen Verhandlung per Videokonferenz fließt.

Der Faktor Erleichternde Bedingungen hat einen signifikant positiven Effekt auf die Nutzungsabsicht. Eine häufige Aussage bestand darin, dass kein Support vorhanden sei und Fortbildungsmöglichkeiten nicht ausreichend existieren. Damit war einerseits Support bei IT-Problemen verbunden, andererseits aber auch Support beim Aufbau und Starten der Videokonferenz. Das wird untermauert durch die gesteigerte Befürchtung von technischen Problemen (PROB2), die ebenfalls vermehrt in den Freitextantworten genannt wurden (CONS). Rechtliche Unsicherheiten spielen demgegenüber nur eine untergeordnete Rolle (PROB1).

Der Faktor Sozialer Einfluss hat signifikante Auswirkungen auf die Nutzungsabsicht. Das könnte man für eine Akzeptanzsteigerung nutzen und bei Gerichten gezielte Tandems aus IT-Support und technikaffinen Richtern bilden. Diese könnten als Promotoren der Technik und Ansprechpartner innerhalb des Gerichts dienen. Sie würden so vermutlich auch gleichzeitig auf den Faktor Erleichternde Umstände und auf den Faktor Einstellung wirken.

Im Zusammenhang mit dem Sozialen Einfluss stehen auch die Fragen zu den Parteien: Einerseits wären viele Richter offenbar eher geneigt, per Videokonferenz zu verhandeln, wenn beide Parteien dies beantragen. Andererseits scheinen vermehrt videokonferenzaffine Richter auf skeptische Rechtsanwälte zu treffen, wie die Mittelwerte der Items PART2/3 nahelegen. In diese Richtung weisen ebenfalls mehrere Freitextantworten.

---

[733] *Williams/Rana/Dwivedi*, Journal of Ent Info Management 28 (2015), 443, 460.

Maßnahmen zur Akzeptanzsteigerung sollten daher nicht nur direkt bei den Gerichten und Richtern ansetzen, sondern ein aktives Einfordern der Verhandlung per Videokonferenz durch Rechtsanwälte fördern. Eine Umfrage der Bundesrechtsanwaltskammer offenbarte, dass seitens der befragten Anwälte knapp 90 % eine Verhandlung per Videokonferenz nicht einmal beantragt hatten.[734] Wichtig wäre es, Anwälten die Vorteile deutlicher aufzuzeigen, wie z.B. der Verzicht auf Terminvertreter. Entscheidend ist hierbei auch (abseits der regelmäßig gut ausgestatteten Großkanzleien) die oben bereits erwähnte einheitliche Softwarelösung. Ergänzt werden sollte das Angebot durch Fortbildungen für Anwälte und Demonstrationen von mündlichen Verhandlungen per Videokonferenz, wozu es an einzelnen Gerichten Pilotprojekte gibt.[735] Auch Testräume ließen sich technisch unproblematisch für alle Beteiligten einrichten, ohne dass der Richter einen Testtermin anbieten müsste.

Die Einstellung als Mediator-Variable hat einen ähnlich starken signifikanten Einfluss auf die Nutzungsabsicht wie die anderen Variablen. Die Einstellung gegenüber einer Technik selbst ist nur bedingt direkt zu beeinflussen. Als Mediator-Variable zeigt sich jedoch, dass die Einstellung massiv vom Erwarteten Nutzen abhängt (Pfadkoeffizient: 0,621). Dieser ist – wie bereits geschildert – für den einzelnen Richter gering. Ein denkbarer Ansatz besteht aber darin, gezielt Verhandlungssituationen zu identifizieren, bei denen es deutliche Vorteile für den einzelnen Richter gibt und diese den Richtern über Fortbildungen auch nahezubringen. Damit sollte sich auch die Einstellung gegenüber der Technik verbessern, sowie mittelbar die Nutzungsabsicht steigern lassen.

---

[734] Bundesrechtsanwaltskammer, 2. Umfrage über die Auswirkungen der Corona-Krise auf die deutsche Anwaltschaft, S. 9.

[735] LG Hannover, Landgericht demonstriert Videoverhandlungen, 2020.

Stärkster Grund für die Nutzung im Rahmen der Freitextauswertung ist derzeit die Pandemielage, um die Rechtspflege aufrecht zu erhalten. Es ist daher damit zu rechnen, dass nach Abflachen der Pandemie deutlich weniger Verhandlungen per Videokonferenz erfolgen werden. In diese Richtung deutet auch PAND2 mit einem relativ hohen Mittelwert von 3,1. An dieser Stelle wird nach Abflachen der Pandemie weitere Forschung ansetzen müssen, um valide Ergebnisse ohne den Einflussfaktor Pandemie zu erhalten.

2. Effizienz

Die bisher dargestellten Erkenntnisse führen zur Ausgangsfrage der Dissertation zurück: Ist die mündliche Verhandlung per Videokonferenz effizienter als die Alternative Sitzungssaal?

Wie bereits im Grundlagenteil dieser Arbeit dargelegt,[736] erfolgt die Betrachtung sinnvollerweise auf einer Mikroebene I, die einen Teil des Zivilprozesses – hier die mündliche Verhandlung – als gesetzgeberische Gestaltungsaufgabe in den Blick nimmt, sowie auf einer Mikroebene II, auf der ein konkreter Richter in einem konkreten Zivilprozess eine an der Prozessökonomie ausgerichtete Entscheidung fällen muss.

a) Mikroebene I

Eine abschließende wohlfahrtsökonomische Effizienzbetrachtung unter Einschließung sämtlicher Faktoren ist im Rahmen dieser Arbeit nicht leistbar. [737] Im Folgenden sollen zumindest Tendenzen und Näherungen aufgezeigt werden.

---

[736] → S. 108.

[737] Bereits → S. 108.

aa) Gesetzesbegründungen

Als Ausgangspunkt können die Gesetzesbegründungen zur Einführung und Reform des § 128a Abs. 1 ZPO dienen. Bei der Einführung des § 128a Abs. 1 ZPO wird nur abstrakt von „*erhebliche*[n] *Effektivitätsgewinne*[n]“[738] gesprochen. Über die Kosten machte man sich zunächst keine Gedanken.[739]

Wenig hilfreich ist die Kostenschätzung im Rahmen der Reform des § 128a Abs. 1 ZPO: Die Vorteile werden nur abstrakt in einem geringeren zeitlichen Aufwand insbesondere bei Anwälten beschrieben.[740] Auch die Kostenschätzung von 5.000 bis 12.000 Euro pro Videokonferenzanlage führt nicht weiter.[741] Die Spannbreite ist einerseits enorm; andererseits sind die Kosten heute (also zum Beschaffungszeitpunkt) erheblich geringer. Die laufenden Kosten sollen laut Gesetzesbegründung durch Einführung einer Kostenpauschale in Höhe von 15 EUR pro angefangener halber Stunde abgegolten sein.[742] Es scheint aus heutiger Sicht abwegig, dass der erhebliche Aufwand an Personalleistungen von der Projektsteuerung und Beschaffung, über Installation und Schulung bis hin zum laufenden IT-Support durch diese Summe kompensiert werden kann.

Noch unrealistischer fällt die Kostenschätzung im Rahmen des Sozialpakets II aus:[743]

Bereits die Annahme, dass alle Richter der Arbeits- und der Sozialgerichtsbarkeit mit Dienstnotebooks ausgestattet sind, erscheint realitätsfern. Auch die Annahme, dass diese Ausstattung zur

[738] BT-Drs. 14/6036, S. 116.

[739] BT-Drs. 14/6036, S. 3.

[740] BT-Drs. 17/1224, S. 1.

[741] BT-Drs. 17/1224, S. 3.

[742] Nr. 9019, Gerichtskostengesetz (GKG) Anlage 1 (zu § 3 Abs. 2) Kostenverzeichnis.

[743] BT-Drs. 19/18966, S. 28.

Durchführung von mündlichen Verhandlungen per Videokonferenz ausreichend wäre, lässt die gesetzlichen Anforderungen an eine ordnungsgemäße Durchführung einer solchen Verhandlung außer Acht. Zwar erfolgt eine genaue Bezifferung des Aufwands für die initiale Softwareinstallation. Zwei Stunden für die Installation am gesamten Gericht scheinen jedoch zu optimistisch. Für die Fortbildung der Richter, die Behebung von Problemen während des Betriebs und weitere Aufgaben ist keinerlei Aufwand eingeplant.

bb) Kosten

Ein Baustein der Kosten sind die initialen Kosten zur Bereitstellung der Technik.

Nach Auswertung der im Rahmen dieser Arbeit geführten Experteninterviews dürften die Kosten pro Gerichtssaal für eine sog. große Lösung bei ca. 3.000 EUR liegen. Je nach Größe des Saales kann diese Zahl variieren. Eine mobile Lösung ist bereits erheblich günstiger im Bereich von 1.000 EUR angesiedelt.

In Deutschland gibt es 638 Amtsgerichte, 115 Landgerichte und 24 Oberlandesgerichte.[744] Die Zahl der Säle ist jedoch nicht bekannt. Die Statistik zur Geschäftsentwicklung in Zivilsachen enthält 5.457 Richterstellen (FTE) in Deutschland.[745] Unter den – diskussionswürdigen – Annahmen, dass sich zwei Richter einen Sitzungssaal teilen und nach eigener Einschätzung der Richter deutlich weniger als 50 % der Fälle für eine Videoverhandlung geeignet sind, kommt ein Initialaufwand bis zu ca. 4 Mio. EUR in Betracht (5.457:2:2*3.000).

[744] https://de.statista.com/statistik/daten/studie/37313/umfrage/anzahl-der-gerichte-in-deutschland-nach-gerichtsart/

[745] Bundesamt für Justiz, Geschäftsentwicklung der Zivilsachen in der Eingangs- und Rechtsmittelinstanz 1995 bis 2019.

Noch schwieriger zu bestimmen ist der Zeit- und Kostenaufwand für Schulungen und Support. Gerade in der Etablierungsphase wird dieser deutlicher höher sein als im späteren laufenden Betrieb. Daneben fällt für den einzelnen Richter zusätzlicher Aufwand für Fortbildungen an und – wie die Freitextantworten zeigen – derzeit auch für jedes einzelne Verfahren ein gewisser zeitlicher Mehraufwand.

Kosten entstehen auch bei den weiteren Beteiligten. Diese sind jedoch im Gegensatz zu der Ausstattung der Gerichte gering, weil lediglich ein Notebook oder PC mit Kamera benötigt wird und eine kurze Einarbeitung für die Benutzung erforderlich ist.

Teilweise handelt es sich bei den genannten Posten nicht um direkte Kosten für die Videoverhandlung. Die flächendeckende Ausstattung der Gerichtssäle mit Bildschirmen, Kameras und Dienstnotebooks ist bereits wegen der Einführung der eAkte unerlässlich. Auch die weiteren Beteiligten verwenden ihre Notebooks nicht nur für mündliche Verhandlungen. Sowohl Technik als auch Software sind zumindest bei Anwälten und Unternehmen bereits vorhanden, weil sie diese auch für ihre weitere Arbeit und Kommunikation unabhängig von § 128a Abs. 1 ZPO benötigen.

Kaum zu bemessen ist daneben der zusätzliche Aufwand in Folge von technischen Problemen, die dazu führen, dass eine Verhandlung bspw. abgebrochen und zu einem späteren Zeitpunkt wiederholt werden muss.

cc) Nutzen

Die Nutzenbemessung ist nicht weniger komplex. Jedenfalls zu Zeiten einer Pandemie übersteigt der wohlfahrtsökonomische Nutzen die oben genannten Kosten bei weitem. Die Sicherung der Funktionsfähigkeit des Rechtsstandorts Deutschland hat einen wichtigen Einfluss auf den

Wirtschaftsstandort Deutschland. Lediglich eine flächendeckende Ausstattung wäre für einen „Notbetrieb" nicht erforderlich.

Der weitere Nutzen liegt überwiegend in den Kosteneinsparungen der Anwälte, Zeugen und weiterer Beteiligter. Diese sparen erhebliche Reise- und Übernachtungskosten. Noch größer dürfte allein der gewonnene Zeitvorteil sein. Die Vorteile für die Richter sind – wie gezeigt – gering.

Angesichts der mit der europäischen Verbandsklage zu erwartenden erheblichen Zunahme von Massenverfahren mit professionellen Beteiligten, dürfte der Nutzenfaktor sich zukünftig sogar noch erhöhen.

Gleiches gilt – in fernerer Zukunft – wenn die derzeitigen Contra-Argumente (schlechte Wahrnehmbarkeit der Zugeschalteten) mit immer besser werdender Technik an Gewicht verlieren.

Unter der Annahme, dass ein Weniger an Mobilität nicht nur Zeit und Reisekosten spart, sondern durch den Verzicht auf Autofahrten und Flüge einen Beitrag zur Senkung des CO2-Ausstoßes leistet, trägt auch dieser Aspekt zur wohlfahrtökonomischen Effizienz bei, weil zukünftige Kosten für die Eindämmung des Klimawandels gesenkt werden.

Die Tendenz geht daher eindeutig in die Richtung, dass die verstärkte Nutzung von Videokonferenztechnik in der mündlichen Verhandlung aus wohlfahrtökonomischer Perspektive effizienter ist als der Status quo.

b) Mikroebene II

Auf der Mikroebene II findet eine prozessökonomische Wertung des Richters statt. Der Nutzen ist entsprechend dem Zweck des Zivilprozesses auf den Grad der Durchsetzung der Rechte des Einzelnen begrenzt.[746] Es stellt sich für den Richter die Frage, ob er die Aufwands- und Kostenseite

[746] Siehe → S. 105.

durch den Einsatz von Videokonferenztechnik – aus einer ex ante Perspektive geschätzt – minimieren kann.

Im Zuge einer Pandemie wird der Einsatz von Videokonferenztechnik stets prozessökonomisch sein, weil nur dieser Einsatz überhaupt die Durchsetzung des Rechts des Einzelnen in angemessener Zeit erlaubt.

Ansonsten scheidet nach den Ergebnissen der Studie eine generelle Bevorzugung der Videokonferenz gegenüber dem persönlichen Termin im Sitzungssaal aus prozessökonomischen Gründen aus. Der Gesichtspunkt der Reisezeitersparnis auf Seiten der weiteren Beteiligten führt im Regelfall dazu, dass eine Gestattung nach § 128a Abs. 1 ZPO für diese Beteiligten auch insgesamt prozessökomisch ist. Sofern es jedoch auf den persönlichen Eindruck von einer Person ankommt, ist es fraglich, ob der Zweck der Rechtsdurchsetzung noch mit Mitteln der Videokonferenz erreicht werden kann, sodass eine Gestattung nicht prozessökonomisch wäre.

Auch eine gesteigerte Einigungsbereitschaft spricht aus prozessökonomischen Gründen für eine Verhandlung im Gerichtssaal, weil Beweisaufnahmen ebenso entbehrlich werden wie Folgetermine und der Aufwand, ein Urteil zu schreiben. Welche Faktoren für eine Einigung im Gerichtssaal sprechen und wann eine Einigung auch per Videokonferenz wahrscheinlich ist, sollte daher näher erforscht werden.

In vielen Einzelfällen ist damit die Nutzung der Videokonferenztechnik auch prozessökonomisch geboten.

Die obigen Ausführungen bleiben lediglich Ansätze zur Diskussion der Effizienzfrage. Sie zeigen aber immerhin eine Tendenz und basieren auf einer empirischen Datenbasis. Die Richter selbst sind sich im Übrigen nicht einig, ob die Videokonferenztechnik den Zivilprozess insgesamt effizienter macht: Mit einem Mittelwert von 3,05 bei der Frage nach der

Effizienzsteigerung des Zivilverfahrens durch den Einsatz von Videokonferenztechnik äußern sie sich skeptisch.

3. Folgen

Im Folgenden werden zunächst die Grenzen der Studie (a)) und sowie anschließend die Folgen für die Theorie und Forschung (b)) sowie für die Praxis (c)) dargestellt.

a) Grenzen der Studie

Wenngleich die Studie mit größtmöglicher Sorgfalt vorbereitet und durchgeführt wurde, ist die Aussagekraft durch die folgenden Faktoren begrenzt:

- Aufgrund der Unterstützung durch den Deutschen Richterbund konnte der Fragebogen nur dessen Mitglieder erreichen. Nicht-Mitglieder hatten keine Möglichkeit zur Teilnahme. Angesichts einer Zahl von ca. 17.000 Mitgliedern bei ca. 20.000 Richtern in Deutschland ist diese Einschränkung für das Ergebnis nur von untergeordneter Bedeutung.
- Die Befragung wurde als Online-Umfrage durchgeführt, der Link per E-Mail versendet. Es wäre daher zu erwarten, dass insbesondere technikaffine Richter daran teilnehmen und die Ergebnisse dadurch verzerrt werden. Die E-Mail hat sich jedoch in der Justiz als wichtiges Kommunikationsmedium etabliert. Richter haben flächendeckend Dienstemailadressen und sind es gewohnt, über diese informiert zu werden. Die Altersverteilung deutet auch nicht auf eine vom Altersdurchschnitt der Richter in Deutschland abweichenden deutlich jüngeren Teilnehmergruppe hin.

- Bei der Frage nach der Gerichtsbarkeit hatten einige Teilnehmer Schwierigkeiten, weil Familienstreitsachen zu den Zivilverfahren zählen, Kindschaftssachen aber Teil der freiwilligen Gerichtsbarkeit sind. Familienrichter mussten sich hier für eine Gerichtsbarkeit entscheiden. Dadurch könnte das Ergebnis leicht verzerrt sein.
- Hinsichtlich der Zivilgerichtsbarkeit lag eine hinreichend große Anzahl von Teilnehmern vor (n_{zivil}= 392). Die anderen Gerichtsbarkeiten waren, dem Zuschnitt der Studie entsprechend nur in geringerer Zahl vertreten. Aussagen zu diesen sind daher nur im Überblick am Ende dieses Kapitels zusammengefasst. Sie sind keineswegs repräsentativ.
- Nachdem nicht alle Gerichte flächendeckend mit der erforderlichen Technik ausgestattet sind, haben nicht alle Richter tatsächliche Erfahrungen mit dem Einsatz der Technik. Um dennoch eine möglichst hohe Rücklaufquote zu erhalten, sollten diese Richter statt ihrer Erfahrungen ihre Erwartungen angeben. Hierdurch spiegeln die Ergebnisse zum Teil Erfahrungen und zum Teil nur Erwartungen wider.
- Auch Endogenität aufgrund fehlender (Kontroll-)Variablen lässt sich nicht ausschließen. So wurde die Studie im Dezember 2020 während einer akuten Phase der COVID-19-Pandemie durchgeführt. Dieser Faktor ist nicht Teil des Strukturmodells. Die weiteren Antworten zeigen jedoch, dass er für viele Richter eine große Rolle spielt. Der Faktor ließ sich jedoch nicht aus den Ergebnissen eliminieren.

b) Folgen für Theorie und Forschung

Die Studie überträgt – soweit ersichtlich – erstmals ein Technologieakzeptanzmodell auf den juristischen Kontext. Aus diesem ersten Forschungsbeitrag können weitere Forschungsansätze entspringen:

- Zunächst wäre es sinnvoll, eine ähnliche Untersuchung in ca. zwei Jahren durchzuführen und mit den jetzigen Ergebnissen zu vergleichen. In zwei Jahren dürfte der Faktor der Pandemie aus den Resultaten verschwunden sein und zudem die Richter flächendeckend die Technik zur Verfügung und bereits genutzt haben, sodass ihre Antworten durchgängig tatsächliche Erfahrungen wiedergeben.
- Weitere Forschungsansätze ergeben sich, indem man das genutzte Strukturmodell noch stärker auf die Besonderheiten der Justiz zuschneidet. Allerdings ist der Mehrwert eines Modells gerade seine abstrakte Anwendbarkeit auf eine Vielzahl von Nutzungskontexten. Weitere Forschung könnte zeigen, ob eine moderate Anpassung des Modells dennoch sinnvoll ist.
- Neben den Zivilrichtern, die den Fokus dieser Untersuchung bilden, könnten ähnliche Umfragen gezielt die weiteren Gerichtsbarkeiten in den Blick nehmen und mit den hier gewonnen Erkenntnissen zur Zivilgerichtsbarkeit vergleichen. Die Rückläufe aus anderen Gerichtsbarkeiten im Rahmen dieser Studie zeigen bereits interessante Unterschiede, sind jedoch aufgrund der geringen Teilnehmerzahl nur wenig aussagekräftig.
- Neben der Sichtweise der Justiz könnte das Thema der Videokonferenz auch aus dem Blickwinkel der weiteren Beteiligten (Parteien, Anwälte, Zeugen Sachverständige) gewinnbringend untersucht werden.

- Schließlich scheint insbesondere weitere Forschung notwendig, um die Probleme der Richter im Hinblick auf den persönlichen Eindruck und die Aussagepsychologie per Videokonferenz empirisch zu untersuchen.
- Auch die Frage nach der geringeren Einigungsbereitschaft im Rahmen einer Videokonferenz bietet interessante Ansätze, z.B. verknüpft mit einem Blick auf Verhandlungsszenarien per Videokonferenz in der freien Wirtschaft.
- Auch die nähere Untersuchung der mündlichen Verhandlung per Videokonferenz unter Nachhaltigkeitsgesichtspunkten erscheint lohnenswert.

c) Handlungsempfehlungen

Was folgt aus der Auswertung der Studie für die Praxis der Justiz?

aa) Tatsächlich

Eine Ausstattung der Justiz mit Videokonferenztechnik sollte flächendeckend erfolgen. Nachdem eine einheitliche Beschaffung von Technik und Software durch den Bund nicht erfolgen wird, sollten sich die Länder zumindest auf eine Software verständigen, um allen Teilnehmern außerhalb der Justiz einen einheitlichen Zugang zu gewährleisten. Diese sind aufgrund der gesetzlichen Zuständigkeitsbestimmungen an einen Gerichtsort gebunden, sodass gerade kein Wettbewerb des besten Systems stattfinden kann.

Eine Ausstattung aller Säle eines jeden Gerichts scheint nicht zwingend notwendig. Es dürfte genügen, ca. 1/3 der Säle mit fester Technik auszustatten. Mit einer derart reduzierten Ausstattung geht jedoch einher, dass die Gerichtsverwaltung für ein einfaches Raumbuchungssystem sorgen muss, sodass der Richter im Vergleich zur

Sitzung im Saal für eine Terminierung mit Videokonferenz keinerlei Mehraufwand hat.

Investiert werden sollte dazu insbesondere in den IT-Support. Während es in Wirtschaftsunternehmen wie Großkanzleien vollkommen üblich ist, dass der Anwalt pünktlich zum Termin im Videokonferenzraum erscheint, wo die IT-Abteilung die Verbindung bereitstellt und bei Problemen stets ansprechbar ist, scheint es in den Gerichten Aufgabe des Richters zu sein, die Technik zum Laufen zu bringen, und auch bei Problemen während der Verhandlung fehlt die Möglichkeit, unkompliziert Hilfe in Anspruch zu nehmen.

Schließlich müssten die Fortbildungsmöglichkeiten für Richter angepasst werden: Dazu zählen nicht nur Schulungen in der Technik selbst, sondern auch die Verhandlungsführung oder die Moderation von Vergleichsverhandlungen speziell per Videokonferenz.

Die entsprechenden Prozesse müssen klar definiert und leicht auffindbar hinterlegt sein: Es sollte ein zentrales Dokument geben, dass den Richtern eines Gerichts Ansprechpartner nennt und die Schritte für eine erfolgreiche Verhandlung per Videokonferenz vom Beschluss über die Raumbuchung bis zur Anmeldung und Einrichtung im Saal erklärt. Sofern bspw. nicht alle Säle mit Videokonferenztechnik ausgestattet sind, sollte die Raumbuchung über einen für alle einsehbaren und zugreifbaren Kalender (oder ein dezidiertes Raumbuchungssystem) erfolgen. Für die mit § 128a Abs. 1 ZPO verbundenen Beschlüsse und Hinweise sollten entsprechende Formularvorlagen in der am Gericht verwendeten Software verfügbar sein.

Dass den weiteren Beteiligten Testläufe zur Verfügung stehen müssen, sollte selbstverständlich sein. Hierfür muss kein Richter im Vorfeld seine Zeit opfern. Die Technik ermöglicht vielmehr ein unkompliziertes Testen von Kamera und Tonverbindung (z.B. ein Testanruf in der Software Microsoft Teams).

bb) Gesetzlich

De lege ferenda könnte man die Videoverhandlung analog dem Vorbild der EUBagatellVO zum Regelfall der mündlichen Verhandlung auch in der ZPO erklären. Eine ähnliche Regelung findet sich für Pandemiezeiten in diversen Fachgerichtsbarkeiten.[747]

Die Umfrage (Items REGEL / ZN) zeigt deutlich, dass die Richter eine solche Gesetzesänderung nicht für sinnvoll halten. Angesichts der oben geschilderten Nachteile und einer geschätzten Quote geeigneter Verfahren von deutlich unter 50% scheint ein gesetzlicher Regelfall daher kein gangbarer Weg. Eine ermessenslenkende Vorschrift während einer akuten Pandemielage (vgl. § 114 Abs. 3 ArbGG) ist demgegenüber zweckmäßig.

Es zeigt sich somit, dass akuter legislativer Handlungsbedarf derzeit nicht besteht. Die Videokonferenz ist – um es mit den Worten eines Umfrageteilnehmers zu sagen – ein Pfeil „im Köcher der Möglichkeiten“ und steht damit zwischen der mündlichen Verhandlung im Sitzungssaal und dem schriftlichen Verfahren nach § 128 Abs. 2 ZPO. Die oben dargestellten Maßnahmen im Tatsächlichen sind hingegen dringend umzusetzen.

4. Andere Gerichtsbarkeiten

Die bisherigen Erkenntnisse bezogen sich auf die Zivilgerichtsbarkeit. Der Fragebogen war angesichts des Forschungszuschnitts der Dissertation hauptsächlich für den Zivilprozess konzipiert. Dennoch haben auch eine

[747] Z.B. § 114 Abs. 3 ArbGG.

Vielzahl von Richtern aus anderen Gerichtsbarkeiten an der Umfrage teilgenommen. Soweit sich hieraus von den Antworten der Zivilrichter deutlich abweichende Ergebnisse zeigen, sollen diese im Folgenden kurz erläutert werden. Die Daten aller Gerichtsbarkeiten finden sich im **Anhang B.**

a) Strafgerichtsbarkeit

Mit insgesamt 87 Teilnehmern haben – trotz des erkennbaren zivilprozessualen Fokus – auch viele Strafrichter an der Umfrage teilgenommen.

Der Strafprozess unterscheidet sich erheblich vom Zivilprozess. Die Besonderheiten des Strafprozesses sind an dieser Stelle nicht abbildbar. Es wäre sinnvoll, zum Einsatz von Videotechnik im Strafprozess eine ähnliche Studie zu erstellen.

Es zeigt sich, dass bei der Ausstattung eine leichte Steigerung der technischen Möglichkeiten während der COVID-19-Pandemie zu verzeichnen ist. Allerdings stagniert die Quote derer, die die Technik einsetzen, vor und während der Corona-Krise auf einem niedrigen Niveau von ca. 13 %. Auch die Nutzungsabsicht ist im Vergleich zu den anderen Gerichtsbarkeiten sehr gering. Die Hintergründe dürften mit den prozessualen Besonderheiten der Strafgerichtsbarkeit zusammenhängen und weniger die generelle Einstellung der Richter zur Technik betreffen.

Erwartungsgemäß sehen die Strafrichter die schlechte Wahrnehmbarkeit des Gesamteindrucks eines Zeugen per Videotechnik als größten Kritikpunkt. Dem Strafprozess entsprechend, spielt die geringere Einigungsbereitschaft keine Rolle.

Am ehesten geeignet ist der Einsatz von Technik in bei Strafvollstreckungssachen und, um Zeugen räumlich getrennt vom Beschuldigten zu vernehmen.

b) Freiwillige Gerichtsbarkeit

Mit 52 Teilnehmern ist auch ein Teil der freiwilligen Gerichtsbarkeit vertreten. Hier zeigt sich jedoch die Einschränkung, dass Familienstreitsachen zu den Zivilverfahren zählen, Kindschaftssachen aber Teil der freiwilligen Gerichtsbarkeit sind. Nachdem die Umfrage keine eigene Auswahl für Familiengerichte vorsah, dürfte das Ergebnis verzerrt sein, je nachdem ob sich die Familienrichter zur Zivil- oder zur freiwilligen Gerichtsbarkeit gezählt haben.

Durch die COVID-19-Pandemie machen die Nutzungszahlen für Videokonferenztechnik von sehr niedrigen 3,8 % auf immerhin 17,3 % einen beachtlichen Sprung.

Bei den geeigneten Verfahren werden insbesondere Scheidungen genannt. Auch die Kindesanhörung im familiengerichtlichen Verfahren könnte hier Potential bieten. Im Übrigen ergeben sich keine relevanten Abweichungen zu den Einschätzungen der Zivilrichter.

c) Arbeitsgerichtsbarkeit

Auch 47 Arbeitsrichter haben an der Umfrage teilgenommen, wobei die Bundesländer Baden-Württemberg und Nordrhein-Westfalen stark überrepräsentiert sind.

Keiner der Teilnehmer hatte vor der COVID-19-Pandemie bereits per Videokonferenz verhandelt, weil keiner der Teilnehmer Zugriff auf die entsprechende Technik hatte.

Immerhin nutzten während der Pandemie 17 % die dann bei 30 % vorhandene Technik (zumeist Dienstnotebooks). Angesichts der vorübergehenden gesetzlichen Ermessensreduktion des § 114 Abs. 3 ArbGG ist das ein geringer Wert.

Die Teilnehmer betonen auch die erschwerte Einigung per Videokonferenz. Sie halten daher Verhandlungen über Rechtsfragen ohne Einigungsaussicht für gut geeignet. Dennoch wird auch die Güteverhandlung unter Beteiligung von Anwälten als grundsätzlich für eine Videokonferenz geeignet vermehrt genannt.

d) *Verwaltungsgerichtsbarkeit*

Aus der Verwaltungsgerichtsbarkeit haben lediglich 14 Richter teilgenommen. Verallgemeinerungsfähige Aussagen lassen sich bei dieser kleinen Stichprobe nicht treffen. Lediglich ein Richter hatte während des abgefragten Zeitraumes Zugriff auf die Technik und hat diese auch genutzt.

e) *Finanzgerichtbarkeit*

Auch aus der Finanzgerichtsbarkeit haben lediglich 17 Richter teilgenommen, sodass verallgemeinerungsfähige Aussagen nicht sinnvoll möglich sind.

f) *Sozialgerichtsbarkeit*

Aus der Sozialgerichtsbarkeit haben 53 Richter teilgenommen. Rheinland-Pfalz und Berlin sind stark überrepräsentiert, Bayern und Baden-Württemberg sehr stark unterrepräsentiert. Erfreulich ist, dass 10 von 11 Richtern, die während der COVID-19-Pandemie Zugriff auf die Technik hatten, diese auch genutzt haben. Angesichts der geringen Zahl ist dieses Ergebnis aber nicht verallgemeinerungsfähig. Angesichts vieler

Verfahren unter professionellen Beteiligten (Anwälte auf Seiten des Leistungsempfängers und des Leistungserbringers) scheinen Videokonferenzen jedoch zumindest für diese Prozesse eine wichtige Ergänzung zu sein.

Viertes Kapitel: Schluss

A. Erkenntnisgewinn

Wer die vorhergehenden Seiten aufmerksam gelesen hat, wird sich zwischenzeitlich viele Fragen gestellt haben. Nur einige konnten im Laufe dieser Arbeit beantwortet werden. Das liegt in der Natur der Sache. Entscheidend ist, ob diese Arbeit die zu Beginn aufgestellte Forschungsfrage in hinreichender Tiefe beantworten konnte. Ausgehend vom Titel dieser Arbeit „Effizienz im Zivilprozess - Zur Strukturierung von Schriftsätzen und der mündlichen Verhandlung per Videokonferenz" sollten drei Themenkreise beleuchtet werden:

1) Welche Rolle spielt die Effizienz im Rechtsgefüge?
2) Kann die Strukturierung von Schriftsätzen zu einem effizienteren Verfahren beitragen?
3) Welche empirischen Erkenntnisse lassen sich zur mündlichen Verhandlung per Videokonferenz festhalten.

Im Folgenden sollen die wesentlichen Ergebnisse noch einmal zusammengefasst werden:

I. Effizienz im Recht

- Ein spezifisch juristischer Effizienzbegriff existiert bisher nicht.[748] Die Prozessökonomie ist die Wirtschaftlichkeit des Zivilverfahrens.[749] Sie bildet einen „quasi-juristischen"

---

[748] → S. 24.

[749] → S. 17.

T. Duhe, *Effizienz im Zivilprozess*, Juridicum – Schriften zum Zivilprozessrecht,
https://doi.org/10.1007/978-3-658-51616-1_4

Effizienzbegriff.[750] Wirtschaftlichkeit meint, dass gegebene Ziele mit möglichst wenig Aufwand erreicht werden sollen oder mit einem festgelegten Aufwand möglichst viele Ziele verwirklicht werden sollen.[751]

- Als wohlfahrtsökonomischer Effizienzbegriff ist das Kaldor-Hicks-Kriterium vorzugwürdig. Solange der Saldo von Kosten und Nutzen einer Zustandsveränderung positiv ist, ist der veränderte Zustand dem vorherigen Zustand gegenüber vorzuziehen. Einziger Zweck der Wohlfahrtsökonomie ist die Wohlfahrtsmaximierung.[752]
- Die Prozessökonomie ist ein lokales Rechtsprinzip des Zivilverfahrensrechts.[753] Wohlfahrtsökonomische Effizienzbegriffe sind kein Rechtsprinzip.[754] Hieraus folgt, dass der Richter zu prozessökonomischen Erwägungen verpflichtet ist.[755] Auch der Gesetzgeber kann prozessökonomische Überlegungen anstellen. Solange grundgesetzliche Schranken eingehalten werden, kann der Gesetzgeber auch wohlfahrtsökonomische Effizienzaspekte berücksichtigen.[756]
- Zur Ermittlung von Handlungsalternativen ist ein auf Basis der Verhaltensökonomik modifiziertes homo oeconomicus Modell heranzuziehen.[757]

---

[750] → S. 24.

[751] → S. 16.

[752] → S. 12.

[753] → S. 34.

[754] → S. 30/33.

[755] → S. 39.

[756] → S. 38.

[757] → S. 52 ff.

- Eine Effizienzbetrachtung kann insbesondere auf drei Ebenen erfolgen: Auf einer Makroebene sind Nutzen und Kosten des Instituts Zivilprozess in seiner Gesamtheit zu betrachten.[758] Auf einer Mikroebene I sind Aussagen zu einzelnen Ordnungsaufgaben, jedoch typisiert für eine Vielzahl von Zivilprozessen, zu treffen.[759] Auf einer Mikroebene II steht die einzelne Entscheidung des Richters in einer konkreten Situation innerhalb eines spezifischen Zivilprozesses.[760]
- Für eine Effizienzbetrachtung sind Kosten und Nutzen von Handlungsalternativen zu bestimmen und abzuwägen. Erhebliche Schwierigkeiten bereitet hierbei die Bemessung von Kosten und Nutzen in bestimmten Einheiten sowie ein erhebliches Informationsdefizit, weil angesichts einer Vielzahl von Auswirkungen kaum alle Kosten und Nutzen einer Handlung erfassbar sind.[761]

II. Strukturierung von Schriftsätzen

- Schriftsätze sind ein zentraler Bestandteil des deutschen Zivilverfahrens. Die gesetzlichen Vorgaben der ZPO sind nur rudimentär. Problematisch ist insbesondere unstrukturierter, wiederholender und überflüssiger Vortrag.[762]
- Die EUBagatellVO schreibt demgegenüber die Nutzung von Formblättern vor. Für umfangreichen Sach- und Rechtsvortrag

[758] → S. 97 ff.

[759] → S. 104 f.

[760] → S. 106 f.

[761] → S. 103/105/107.

[762] → S. 115.

bietet sie hingegen Freitextfelder und daher keinen erheblichen Effizienzgewinn.[763]

- Die Einführung von Formularen für den Sach- und Rechtsvortrag wäre für bestimmte Sachmaterien denkbar (Mietpreisbremse etc.). Ob die Einführung solcher Formulare effizient wäre, bleibt aber zweifelhaft.[764]
- Ein separates Klageinreichungsverfahren (ähnlich des Mahnverfahrens) scheint ebenfalls keinen erheblichen Effizienzgewinn erzielen zu können.[765]
- Eine stärkere Formalisierung von gewissen Standardangaben (Rubrum) und die Beachtung von technischen Strukturierungsmaßnahmen (Beweisverzeichnis, Randnummern) verspricht – insbesondere in Verbindung mit einem zunehmend digital geführten Zivilprozess – leichte Effizienzgewinne.[766]
- Als weitere Maßnahme sollte im Anwaltsprozess eine Pflicht zu Rechtsausführungen sowie eine Strukturierung des Vortrags entlang von Anspruchsgrundlagen und Tatbestandsvoraussetzungen erfolgen. Sachverhaltsausführungen wären hierin zu integrieren.[767]
- Dem einzelnen Richter sollte durch frühzeitige Hinweise und Strukturierungstermine eine aktivere Rolle zufallen.[768]
- Wenngleich es Hinweise gibt, dass sowohl Strukturierung der Schriftsätze als auch die Strukturierung durch Richter in der

[763] → S. 118 f.

[764] → S. 134 ff.

[765] → S. 154.

[766] → S. 170 ff.

[767] → S. 158 ff.

[768] → S. 165 f.

Gesamtheit Effizienzvorteile für den Zivilprozess bringen können, hängt die genaue Höhe maßgeblich vom Einzelverfahren und dem einzelnen Richter ab.[769]

III. Mündliche Verhandlung per Videokonferenz

- Die EUBagatellVO sieht den umfangreichen Einsatz von Videokonferenzmöglichkeiten für mündliche Verhandlungen vor.[770] Mit § 128a ZPO kennt auch das deutsche Recht bereits seit dem Jahr 2002 eine entsprechende Regelung.[771] Diese wurde bis zum Beginn der COVID-19 Pandemie im April 2020 nur vereinzelt genutzt.[772] Die Gründe für die Nichtnutzung und Identifikation von Anreizen für eine verstärkte Nutzung sollten mittels einer empirischen Analyse ermittelt werden.[773]
- Die Ergebnisse basieren auf einer im Dezember 2020 durchgeführten Online-Umfrage unter 17.000 Richtern in Deutschland.[774] Antworten dürften erheblich unter dem Eindruck der COVID-19-Pandemie stehen.[775]
- Methodisch wurden die Daten im Rahmen des Modells mittels einer varianzbasierten Strukturgleichungsanalyse auf Basis des „partial least square“-Ansatzes (PLS) analysiert.[776]
- Die Auswertung basiert auf dem in der sozial-psychologischen Forschung anerkannten Technologieakzeptanzmodell, das für

769 → S. 170 ff.

770 → S. 179.

771 → S. 178.

772 → S. 177.

773 → S. 181.

774 → S. 202.

775 → S. 258.

776 → S. 213.

den Fall der mündlichen Verhandlung per Videokonferenz adaptiert wurde.[777]

- Bis zum 1. April 2020 hatten nur 8 % der Zivilrichter bereits eine Verhandlung per Videokonferenz durchgeführt. Die Quote stieg im Laufe des Jahres 2020 auf über 40 %.[778] Die Technik war im März 2020 nur bei 18 % der Zivilrichter vorhanden, Ende des Jahres 2020 bereits bei 46 % der Zivilrichter.[779] Die Richter sehen in der Nutzung von Videokonferenztechnologie für sich selbst kaum Vorteile. Im Übrigen bemängeln sie den fehlenden persönlichen Eindruck von Zeugen und der verringerten Vergleichsbereitschaft. Neben der Ausstattung an sich, ist fehlender IT-Support ein großes Problem.[780]
- Hinsichtlich der Frage der Effizienzsteigerung sind die befragten Zivilrichter skeptisch. [781] In vielen Einzelfällen dürfte die Durchführung der Videokonferenz jedoch prozessökonomisch geboten sein. Auch wohlfahrtsökonomisch erscheint die verstärkte Umstellung auf Verhandlungen per Videokonferenz effizient.[782]
- Es besteht aber weiterhin erheblicher Handlungsbedarf bei der technischen Ausstattung und auch der spezifischen Fortbildungsmöglichkeiten.[783]

---

777 → S. 193/196.

778 → S. **Fehler! Textmarke nicht definiert.**.

779 → S. 240.

780 → S. 248.

781 → S. 256.

782 → S. 252 ff.

783 → S. 261.

- Ähnliche Antworten lieferten auch die befragten Richter aus anderen Gerichtsbarkeiten.[784]

B. Weitere Forschungsansätze

Die vorliegende Arbeit hat – so die Hoffnung des Autors – einen kleinen Beitrag zur rechtswissenschaftlichen Forschung geleistet. Auf Basis dieser eigenen Forschung bietet sich aus Sicht des Autors weitere angrenzende Forschung an.

- Ausgehend von der Optimierung des Zivilverfahrens durch eine Strukturierung von Schriftsätzen stellt sich beispielsweise die Frage, ob nicht auch auf Ebene der Urteilsabfassung Änderungen zielführend sein können. Sofern zukünftig der schriftsätzliche Vortrag nicht mehr streng zwischen Sach- und Rechtsausführungen aufgegliedert würde, könnte beispielsweise auch im Urteil eine solche Trennung aufzuheben sein. Die damit verbundenen Konsequenzen z.B. auch im Hinblick auf Berufungs- und Revisionsverfahren bedürften einer vertiefteren Analyse.
- Auch die Auswirkungen der noch zu schaffenden Verbandsklagemöglichkeit auf die Zivilverfahren bieten interessante Forschungsansätze sowohl hinsichtlich der quantitativen Analyse des Prozessaufkommens als auch der Auswirkungen auf die Schriftsatzkunst.
- Im Rahmen der Forschung zur Nutzung von Videokonferenzmöglichkeiten wäre eine Wiederholung der Umfrage und Auswertung nach dem Ende der COVID-19-Pandemie und nach einer flächendeckenden Ausstattung mit entsprechendem technischen Equipment lohnenswert.

---

784 → S. 263 ff.

- Auch eine Anwendung des Technologieakzeptanzmodells auf Seiten der Anwälte würde zu einem umfassenden Verständnis der Akzeptanz der diversen Beteiligten beitragen.
- Daneben könnten auch einzelne Teilaspekte wie z.B. die häufig geäußerte angebliche geringere Einigungsbereitschaft oder auch die Videokonferenz unter Nachhaltigkeitsgesichtspunkten weiter erforscht werden.
- Schließlich ließen sich entsprechende Untersuchungen auch speziell für die Besonderheiten des Straf- oder des Verwaltungsprozesses konzipieren.

Fünftes Kapitel: Verzeichnisse

A. Literaturverzeichnis

Ajzen, Icek, The theory of planned behavior, Organizational Behavior and Human Decision Processes 50 (1991), S. 179–211.

ders., The theory of planned behavior: Frequently asked questions, Human Behavior and Emerging Technologies 2 (2020), S. 314–324.

Alexy, Robert, Theorie der Grundrechte, 8. Aufl., Frankfurt am Main 2018.

Arnim, Hans Herbert von, Wirtschaftlichkeit als Rechtsprinzip, Berlin 1988 (zit. *Arnim*, Wirtschaftlichkeit).

Backhaus, Klaus/Erichson, Bernd/Plinke, Wulff/Weiber, Rolf, Multivariate Analysemethoden – Eine anwendungsorientierte Einführung, 14. Aufl., Berlin/Heidelberg 2016 (zit. B*ackhaus/Erichson/Plinke u.a.*, Multivariate Analysemethoden).

Backhaus, Klaus/Erichson, Bernd/Weiber, Rolf, Fortgeschrittene Multivariate Analysemethoden – Eine anwendungsorientierte Einführung, 3. Aufl., Berlin/Heidelberg 2015.

Bagozzi, Richard P./Yi, Youjae, On the evaluation of structural equation models, Journal of the Academy of Marketing Science 16 (1988), S. 74–94.

Baumann, Frank/Burkhardt, Emanuel H./Büßer, Janko, Beck'sches Prozessformularbuch, 15. Aufl., München 2022.

Musielak, Hans-Joachim/Voit, Wolfgang (Hrsg.), Zivilprozessordnung – Kommentar, 18. Aufl., München 2021.

Balzer, Christian/Walther, Bianca, Beweisaufnahme und Beweiswürdigung im Zivilprozess – Eine Anleitung für die gerichtliche und anwaltliche Praxis, 4. Aufl., Berlin 2018.

Bandura, Albert, Social foundations of thought and action – A social cognitive theory, Englewood Cliffs, NJ 1986.

T. Duhe, *Effizienz im Zivilprozess*, Juridicum – Schriften zum Zivilprozessrecht,
https://doi.org/10.1007/978-3-658-51616-1

Beck, Norbert, Konsumentenakzeptanz von mobilen Click & Collect Systemen als Determinante der Kaufentscheidung, Dissertation, Steinbeis, School of International Business and Entrepreneurship 2016 (zit. *Beck*, Konsumentenakzeptanz).

Bohne, Eberhard, Verwaltungswissenschaft – Eine interdisziplinäre Einführung in die Grundlagen, Wiesbaden 2018.

Borchert, Hans-Ulrich, Einsatz von Videokonferenzsystemen in Gerichtsverfahren, Computer und Recht 2002, S. 854–856.

Breidenstein, Matthias, Zur Methodik der Verfahrensrechtsvergleichung – Eine Erörterung am Beispiel der Tatsachenfeststellung im deutschen und europäischen Verfahren zur Kontrolle horizontaler Zusammenschlüsse von Unternehmen, Tübingen 2012.

Brokamp, Arno, Das Europäische Verfahren für geringfügige Forderungen, Tübingen 2008.

Bruns, Alexander, Maximendenken im Zivilprozessrecht – Irrweg oder Zukunftschance?, in: Bruns, Alexander/Münch, Joachim/Stadler, Astrid (Hrsg.), Die Zukunft des Zivilprozesses – Freiburger Symposion am 27. April 2013 anlässlich des 70. Geburtstages von Rolf Stürner, Tübingen 2014, S. 53–67 (zit. *Bruns*, FS Stürner).

Canaris, Claus-Wilhelm, Systemdenken und Systembegriff in der Jurisprudenz – Entwickelt am Beispiel des deutschen Privatrechts, 2. Aufl., Berlin 1983.

Chin, Wynne W., The Partial Least Squares Approach to Structural Equation Modeling, in: Marcoulides, George A. (Hrsg.), Modern methods for business research, Mahwah 1998, S. 295–336.

Clark, Lee/Watson, David, Constructing validity – Basic issues in objective scale development, Psychological Assessment 7 (1995), S. 309–319.

Coase, Ronald, The Problem of Social Cost, The Journal of Law & Economics 1960, S. 1–44.

Dahrendorf, Ralf/Abels, Heinz, Homo Sociologicus – Ein Versuch zur Geschichte, Bedeutung und Kritik der Kategorie der sozialen Rolle, 17. Aufl., Wiesbaden 2010.

Daubenspeck, Hermann, Referat, Votum und Urtheil – Eine Anleitung für praktische Juristen im Vorbereitungsdienst, 4. Aufl., Berlin 1892.

Davis, Fred D., A Technology Acceptance Model for Empirically Testing New End-User Information Systems 1986.

Davis, Fred D./Bagozzi, Richard P./Warshaw, Paul R., User Acceptance of Computer Technology: A Comparison of Two Theoretical Models, Management Science 35 (1989), S. 982–1003.

Dreier, Horst (Hrsg.), Grundgesetz – Kommentar, 3. Aufl., Tübingen 2013.

Duhe, Tobias/Weißenberger, Barbara E., Ein empirischer Blick auf die mündliche Verhandlung per Videokonferenz, RDi 2 (2022), S. 176–182.

Dwivedi, Yogesh K./Rana, Nripendra P./Jeyaraj, Anand/Clement, Marc/Williams, Michael D., Re-examining the Unified Theory of Acceptance and Use of Technology (UTAUT): Towards a Revised Theoretical Model, Inf Syst Front 21 (2019), S. 719–734.

Effer-Uhe, Daniel, Strukturierter Parteivortrag im elektronischen Zivilprozess, GVRZ 2018, S. 33–46.

Eidenmüller, Horst, Effizienz als Rechtsprinzip: Möglichkeiten und Grenzen der ökonomischen Analyse des Rechts, 4. Aufl., Tübingen 2015 (zit. *Eidenmüller*, Effizienz als Rechtsprinzip).

Fezer, Karl-Heinz, Nochmals - Kritik an der ökonomischen Analyse des Rechts, JZ 1988, S. 223–228.

Fishbein, M. A./Ajzen, Icek, Belief, attitude, intention and behaviour: An introduction to theory and research, Boston 1975.

Fornell, Claes/Larcker, David F., Evaluating Structural Equation Models with Unobservable Variables and Measurement Error, Journal of Marketing Research 18 (1981), S. 39–50.

Förschler, Peter/Steinle, Hermann/Förschler, Hermann, Der Zivilprozess – Ein Lehrbuch für die Praxis, 7. Aufl., Stuttgart 2010.

Franz, Thomas, Prüfungen des Bundesrechnungshofes bei den Gerichten des Bundes, in: Schulze-Fielitz, Helmuth (Hrsg.), Fortschritte der Finanzkontrolle in Theorie und Praxis – Zum Gedenken an Ernst Heuer, Berlin 2000, S. 76–101.

Freye, Merle/Schnebbe, Maximilian, Digitale Gerichtsverhandlung, ZD (Zeitschrift für Datenschutz) 2020, S. 502–506.

Fries, Martin, Verbraucherrechtsdurchsetzung, Tübingen 2016.

Gaier, Reinhard, Strukturiertes Parteivorbringen im Zivilprozess, ZRP 2015, S. 101–104.

ders., Richterliche Effizienz, in: Ackermann, Brunhilde/Gaier, Reinhard/Wolf, Christian (Hrsg.), Gelebtes Prozessrecht – Festschrift für Volkert Vorwerk, Köln 2019, S. 79–88 (zit. *Gaier*, FS Vorwerk).

ders., Erweiterte Prozessleitung im zivilgerichtlichen Verfahren – Strukturierung und Abschichtung nach § 139 I 3 ZPO, NJW 2020, S. 177–182.

Gansser, Oliver/Krol, Bianca, Ein Modell zur Erklärung und Prognose des Werbeplanungserfolgs, in: Gansser, Oliver A./Krol, Bianca (Hrsg.), Markt- und Absatzprognosen – Modelle, Methoden, Anwendung, Wiesbaden 2015, S. 149–169.

Geimer, Reinhold, Internationales Zivilprozessrecht, 8. Aufl., Köln 2020.

Geimer, Reinhold/Schütze, Rolf A./Hau, Wolfgang (Hrsg.), Internationaler Rechtsverkehr in Zivil- und Handelssachen – Loseblatt-Handbuch mit Texten, Kommentierungen und Länderberichten, 59. Aufl., München 2020.

Glunz, Benjamin, Psychologische Effekte beim gerichtlichen Einsatz von Videotechnik – Eine empirische und rechtsvergleichende Untersuchung zum US-amerikanischen, australischen und deutschen Zivilprozess, Tübingen 2012 (zit. *Glunz*, Psychologische Effekte).

Goebel, Sebastian/Weißenberger, Barbara E., Effects of management control mechanisms: towards a more comprehensive analysis, J Bus Econ 87 (2017), S. 185–219.

dies., The Relationship Between Informal Controls, Ethical Work Climates, and Organizational Performance, J Bus Ethics 141 (2017), S. 505–528.

Greger, Reinhard, Der Zivilprozess auf dem Weg in die digitale Sackgasse, NJW 2019, S. 3429–3432.

Grundmann, Stefan, Methodenpluralismus als Aufgabe – Zur Legalität von ökonomischen und rechtsethischen Argumenten in Auslegung und Rechtsanwendung, RabelsZ 61 (1997), S. 423–452.

Haft, Fritjof, Mündlich, schriftlich, digital, in: Geimer, Reinhold/Schütze, Rolf A./Garber, Thomas (Hrsg.), Europäische und internationale Dimension des Rechts – Festschrift für Daphne-Ariane Simotta, Wien 2012, S. 197–204 (zit. *Haft*, FS Simotta).

Bork, Reinhard/Roth, Herbert (Hrsg.), Kommentar zur Zivilprozessordnung, 23. Aufl., Tübingen 2014/2016 (zit. Stein/Jonas/*Bearbeiter*).

Hahn, Karl/Stegemann, Eduard, Die gesammten Materialien zur Civilprozeßordnung und dem Einführungsgesetz zu derselben vom 30. Januar 1877, Berlin 1880.

Haibach, Georg, Zur Einführung des ersten europäischen Zivilprozessverfahrens: Verordnung (EG) Nr. 861/2007, EuZW 2008, S. 137–140.

Hair, Joe F./Sarstedt, Marko/Ringle, Christian M./Mena, Jeannette A., An assessment of the use of partial least squares structural equation modeling in marketing research, JAMS 40 (2012), S. 414–433.

Hau, Wolfgang, Zur Fortentwicklung des europäischen Verfahrens für geringfügige Forderungen – Die große Zukunft der kleinen Münze, in: Adolphsen, Jens/Goebel, Joachim u.a. (Hrsg.), Festschrift für Peter Gottwald zum 70. Geburtstag, München 2014, S. 255–266 (zit. *Hau*, FS Gottwald).

Henseler, Jörg/Ringle, Christian M./Sinkovics, Rudolf R., The use of partial least squares path modeling in international marketing, in: Sinkovics, Rudolf R. (Hrsg.), New challenges to international marketing, Bd. 20, London 2009, S. 277–319.

Hess, Burkhard, Harmonized Rules and Minimum Standards in the European Law of Civil Procedure 2016.

Hicks, John R., The Foundations of Welfare Economics, The Economic Journal 49 (1939), S. 696–712.

Hirtz, Bernd, Von Formularen und Strukturen – zur Rhetorik des Prozessvortrags, in: Ackermann, Brunhilde/Gaier, Reinhard/Wolf, Christian (Hrsg.), Gelebtes Prozessrecht – Festschrift für Volkert Vorwerk, Köln 2019, S. 163–170 (zit. *Hirtz*, FS Vorwerk).

Huber, Stefan, Die Reform des europäischen Verfahrens für geringfügige Forderungen, RIW 2018, S. 625–631.

Hütten, Peter, Die Prozessökonomie als rechtserheblicher Entscheidungsgesichtspunkt, Würzburg 1975.

Hyckel, Jonas, Prozessökonomie – Theorie und Methodik effizienter Rechtserkenntnis im Verwaltungsprozess, Baden-Baden 2020.

Irskens, Gesine, Die Videoverhandlung in der Praxis, Betrifft Justiz 2020, S. 281–287.

Janson, Gunnar, Ökonomische Theorie im Recht – Anwendbarkeit und Erkenntniswert im allgemeinen und am Beispiel des Arbeitsrechts, Berlin 2004.

Kaiser, Torsten/Kaiser, Horst/Kaiser, Jan, Die Anwaltsklausur Zivilrecht, 9. Aufl., München 2021.

Kaldor, Nicholas, Welfare Propositions of Economics and Interpersonal Comparisons of Utility, The Economic Journal 49 (1939), S. 549–552.

Kern, Christoph, Justice between simplification and formalism – a discussion and critique of the World Bank, Tübingen 2007.

Kern, Christoph A., Das europäische Verfahren für geringfügige Forderungen und die gemeineuropäischen Verfahrensgrundsätze, JZ 2012, S. 389–398.

Kip, H. G., Das sogenannte Mündlichkeitsprinzip: Geschichte einer Episode des deutschen Zivilprozesses 1952.

Kirchgässner, Gebhard, Hält sich der homo oeconomicus an Regeln? – Einige Bemerkungen zur Rolle von Normen und Regeln im Rahmen der Konzeption des ökonomischen Verhaltensmodells, in: Herder-Dorneich, Philipp/Schenk, Karl-Ernst/Schmidtchen, Dieter (Hrsg.), Neue Politische Ökonomie von Normen und Institutionen, 12 (1993), Tübingen 1993, S. 181–197.

ders., Homo oeconomicus – Das ökonomische Modell individuellen Verhaltens und seine Anwendung in den Wirtschafts- und Sozialwissenschaften, 4. Aufl., Tübingen 2013.

Klöck, Wolfgang/Markus, Till, Der europäische „Green Deal" – Auf dem Weg zu einem EU-„Klimagesetz", Zeitschrift für Umweltrecht 2020, S. 257–259.

Köbler, Ralf, eJustice: Zwischen Scheiternsrisiko und methodisch-organisatorischen Chancen – Appell für eine unangenehme Verfahrensrechtsreform, in: Oostrom, Samuel van/Weth, Stephan (Hrsg.), Festschrift für Maximilian Herberger, Saarbrücken 2016, S. 541–549 (zit. *Köbler*, FS Herberger).

ders., Strukturierter Parteivortrag – das geht doch sowieso nicht, DRiZ 2018, S. 88–91.

ders., Und es geht doch: Strukturierter Parteivortrag – ein Werkstattbericht, AnwBl 2018, S. 289.

Koch, Alexander, Die Prozessökonomie als Auslegungskriterium der Zivilprozessordnung, Berlin 2014.

Korves, Robert, Formularzwänge im (digitalisierten) Prozessrecht, GVRZ 2018, S. 7.

Krüger, Wolfgang/Rauscher, Thomas (Hrsg.), Münchener Kommentar zur Zivilprozessordnung, 5. Aufl., München 2016 (zit. MüKoZPO/*Bearbeiter*).

Kunze, Axel, Das amtsgerichtliche Bagatellverfahren nach § 495a ZPO, Bielefeld 1995.

Lachmayer, Konrad, Effizienz als Verfassungsprinzip – Eine Maxime für staatliches Handeln in Österreich?, in: Recht und Ökonomik – 44. Assistententagung Öffentliches Recht, Jena 2004, München 2004, S. 135–160.

Larenz, Karl/Canaris, Claus-Wilhelm, Methodenlehre der Rechtswissenschaft, 3. Aufl., Berlin 1995.

Leipold, Dieter, Das europäische Verfahren für geringfügige Forderungen – Vorbild für einen Europäischen Zivilprozess?, in: Brinkmann, Moritz/Effer-Uhe, Daniel Oliver u.a. (Hrsg.), Dogmatik im Dienst von Gerechtigkeit, Rechtssicherheit und Rechtsentwicklung – Festschrift für Hanns Prütting zum 70. Geburtstag, Köln 2018, S. 401–416 (zit. *Leipold*, FS Prütting).

Leisner, Walter, Effizienz als Rechtsprinzip, Tübingen 1971.

Lieth, Oliver, Die ökonomische Analyse des Rechts im Spiegelbild klassischer Argumentationsrestriktionen des Rechts und seiner Methodenlehre, Baden-Baden 2007 (zit. *Lieth*, Die ökonomische Analyse des Rechts).

Linke, Hartmut/Hau, Wolfgang, Internationales Zivilverfahrensrecht, 7. Aufl., Köln 2018.

Lohmöller, Jan-Bernd, Latent variable path modeling with partial least squares, Heidelberg 1989.

Lorenz, Arndt, Die Videokonferenz im familiengerichtlichen Verfahren, MDR 2016, S. 956–960.

Lübbe-Wolf, Gertrude, Das Prinzip der praktischen Konkordanz, in: Herrmann, Dirk/Krämer, Achim (Hrsg.), Festschrift für Christian Kirchberg zum 70. Geburtstag am 5. September 2017, Stuttgart u.a. 2017 (zit. *Lübbe-Wolf*, FS Kirchberg).

Lühmann, Tobias B., Kollektiver Rechtsschutz - Ein aktueller Überblick, NJW 2020, S. 1706–1710.

Manko, Rafal, Die Europäisierung des Zivilverfahrens – Auf dem Weg zu gemeinsamen Mindestnormen, Europäische Union 2015.

Markus, Till/Gebauer, Jochen/Calliess, Christian, Der Klimabeschluss des Bundesverfassungsgerichts, Zeitschrift für Umweltrecht: ZUR 32 (2021), S. 577–578.

Mathis, Klaus, Effizienz statt Gerechtigkeit? – Auf der Suche nach den philosophischen Grundlagen der Ökonomischen Analyse des Rechts, 4. Aufl., Berlin 2019.

Herzog, Roman/Scholz, Rupert/Herdegen, Matthias/Klein, Hans (Hrsg.), Grundgesetz – Kommentar, München 2020 (zit. Herzog/Scholz/Herdegen/Klein/*Bearbeiter*).

Mantz, Reto/Spoenle, Jan, Corona-Pandemie: Die Durchführung des schriftlichen Verfahrens gem. § 128 Abs. 2 ZPO als Alternative zur Präsenzverhandlung, MDR 2020, S. 703–706.

dies., Corona-Pandemie: Die Verhandlung per Videokonferenz nach § 128a ZPO als Alternative zur Präsenzverhandlung, MDR 2020, S. 637–644.

Marangunić, Nikola/Granić, Andrina, Technology acceptance model: a literature review from 1986 to 2013, Univ Access Inf Soc 14 (2015), S. 81–95.

Maurer, Hartmut, Der Justizgewährungsanspruch, in: Coelln, Christian von/Rozek, Jochen/Detterbeck, Steffen (Hrsg.), Recht als Medium der Staatlichkeit – Festschrift für Herbert Bethge zum 70. Geburtstag, Berlin 2009, S. 551–567 (zit. *Maurer*, FS Bethge).

Mayer, Hans-Peter/Lindemann, Julia, Einklagen von Fluggastrechten mit dem Europäischen Verfahren für geringfügige Forderungen, NJW 2012, S. 2317–2321.

Mettenheim, Christoph von, Der Grundsatz der Prozessökonomie im Zivilprozeß, Berlin 1970.

Müller-Teckhof, Alexander, Gesetz zur Förderung des elektronischen Rechtsverkehrs mit den Gerichten – Harmonisierung der Formerfordernisse mit Möglichkeiten moderner Kommunikation, Multimedia und Recht: MMR 17 (2014), S. 95–100.

Münch, Joachim, Grundfragen des Zivilprozesses – Sinngehalte der Lehre vom Prozeßzweck, in: Bruns, Alexander/Münch, Joachim/Stadler, Astrid (Hrsg.), Die Zukunft des Zivilprozesses – Freiburger Symposion am 27. April 2013 anlässlich des 70. Geburtstages von Rolf Stürner, Tübingen 2014, S. 6–51 (zit. *Münch*, FS Stürner).

Neupert, Michael, Rechtmäßigkeit und Zweckmäßigkeit – Das Rahmen-Bild-Modell der verwaltungsgerichtlichen Kontrolldichte bei der Eingriffsverwaltung, Tübingen 2011 (zit. *Neupert*, Rechtmäßigkeit und Zweckmäßigkeit).

Nissen, Ulf Andreas, Die Online-Videokonferenz im Zivilprozess, Frankfurt am Main 2004 (zit. *Nissen*, Online-Videokonferenz).

Noske, Thomas, Die Prozessökonomie als Bestandteil des verfassungsrechtlichen Grundsatzes der Verhältnismäßigkeit, Mainz 1989.

Ohlwein, Martin, Märkte für gebrauchte Güter, Wiesbaden 1999.

Ott, Claus, Allokationseffizienz, Rechtsdogmatik und Rechtsprechung - die immanente ökonomische Rationalität des Zivilrechts, in: Ott, Claus/Schäfer, Hans-Bernd (Hrsg.), Allokationseffizienz in der Rechtsordnung – Beiträge zum Travemünder Symposium zur Ökonomischen Analyse des Zivilrechts, 23.-26. März 1988, Berlin 1989, S. 25–44 (zit. *Ott*, Allokationseffizienz).

Pareto, Vilfredo, Manuel d'économie politique, Paris 1909.

Park, Namkee/Rhoads, Mohja/Hou, Jinghui/Lee, Kwan Min, Understanding the acceptance of teleconferencing systems among employees: An extension of the technology acceptance model, Computers in Human Behavior 39 (2014), S. 118–127.

Pflughaupt, Matthias, Prozessökonomie – Verfassungsrechtliche Anatomie und Belastbarkeit eines gern bemühten Arguments, Tübingen 2011 (zit. *Pflughaupt*, Prozessökonomie).

Pitschas, Rainer, Reform der Verwaltungsgerichtsbarkeit als "Ökonomisierung" des Rechtsstaates? – Verfassungsrechtliche und verwaltungswissenschaftliche Eckwerte der Modernisierungsdiskussion, in: ders. (Hrsg.), Die Reform der Verwaltungsgerichtsbarkeit – Vorträge und Diskussionsbeiträge der Verwaltungswissenschaftlichen Arbeitstagung 1997 des Forschungsinstituts für Öffentliche Verwaltung bei der Deutschen Hochschule für Verwaltungswissenschaften Speyer, Berlin 1999, S. 59–94.

Posner, Richard A., Utilitarianism, Economics, and Legal Theory, The Journal of Legal Studies Vol. 8 (1979), S. 103–140.

ders., Economic analysis of law, 9. Aufl., New York, NY 2014.

Prütting, Hanns, Die materielle Prozessleitung, in: Heinrich, Christian (Hrsg.), Festschrift für Hans-Joachim Musielak zum 70. Geburtstag, München 2004, S. 379–410 (zit. *Prütting*, FS Musielak).

Prütting, Hanns/Gehrlein, Markus (Hrsg.), ZPO Kommentar, 12. Aufl., Köln 2020 (zit. Prütting/Gehrlein/*Bearbeiter*).

Raiser, Thomas, Homo oeconomicus, homo sociologicus, homo juridicus – Leitbilder wissenschaftlicher Forschung, in: Mahlmann, Matthias (Hrsg.), Gesellschaft und Gerechtigkeit – Festschrift für Hubert Rottleuthner, Baden-Baden 2011, S. 347–356 (zit. *Raiser*, FS Rottleuthner).

Rauscher, Thomas (Hrsg.), Europäisches Zivilprozess- und Kollisionsrecht, 4. Aufl., Köln 2015 (zit. Rauscher/*Bearbeiter*).

Rebehn, Sven, Justiz braucht Update, DRiZ 2020, S. 202–203.

ders., Corona führt zu Digitalisierungsschub, DRiZ 2021, S. 8–9.

ders., Umfrage zeigt: Akzeptanz für Online-Verfahren wächst, DRiZ 2021, S. 90–91.

Reimer, Franz, Verfassungsprinzipien – Ein Normtyp im Grundgesetz, Berlin 2001 (zit. *Reimer*, Verfassungsprinzipien).

Ringle, Christian, Gütemaße für den Partial Least Squares Ansatz zur Bestimmung von Kausalmodellen, Hamburg 2004.

Rogers, Everett M., Diffusion of innovations, New York 1962.

Röhl, Klaus F./Röhl, Hans Christian, Allgemeine Rechtslehre – Ein Lehrbuch, 3. Aufl., Köln 2008.

Roth, Herbert, Die Zukunft der Ziviljustiz, ZZP (Zeitschrift für Zivilprozess) 129. Band (2016), S. 3–24.

ders., Gewissheitsverluste in der Lehre vom Prozesszweck?, ZfPW (Zeitschrift für die gesamte Privatrechtswissenschaft) 2017, S. 129–256.

Rottleuthner, Hubert, Umbau des Rechtsstaats?, NJW 1996, S. 2473–2477.

Ruttloff, Marc/Wagner, Eric, COVID-19 und Recht (COVuR) – Medium für Rechtsfragen rund um die Pandemie, COVID-19 und Recht (COVuR) 2020, S. 1.

Schäfer, Ekkehard, Der strukturierte Parteivortrag im elektronischen Rechtsverkehr, in: Ackermann, Brunhilde/Gaier, Reinhard/Wolf, Christian (Hrsg.), Gelebtes Prozessrecht – Festschrift für Volkert Vorwerk, Köln 2019, S. 291–302 (zit. *Schäfer*, FS Vorwerk).

Schäfer, Hans-Bernd/Ott, Claus, Lehrbuch der ökonomischen Analyse des Zivilrechts, Berlin 1986.

dies., Lehrbuch der ökonomischen Analyse des Zivilrechts, 5. Aufl., Berlin 2012.

Schellhammer, Kurt, Zivilprozess, 15. Aufl., Heidelberg 2016.

Schindler, Charlotte, Praktische Probleme mit den technischen Vorgaben im elektronischen Rechtsverkehr, NJW 2020, S. 2943–2946.

Schlicht, Christian, Erste Videoverhandlung am Landgericht Köln – Ein Erfahrungsbericht, Legal-tech.de magazin 2020, S. 8–9.

Schnelle, Helmut/Bender, Rolf, Der elektronisch gestützte Zivilprozeß - Das "Neue Stuttgarter Modell", DRiZ 1993, S. 97–109.

Schultzky, Hendrik, Videokonferenzen im Zivilprozess, NJW 2003, S. 313–318.

Schumann, Ekkehard, Die Prozeßökonomie als rechtsethisches Prinzip, in: Paulus, Gotthard/Diederichsen, Uwe/Canaris, Claus-Wilhelm (Hrsg.), Festschrift für Karl Larenz zum 70. Geburtstag, München 1973, S. 271–287 (zit. *Schumann*, FS Larenz).

Sensburg, Patrick Ernst, Videokonferenztechnik: Einsatz verbessert und beschleunigt Verfahren, DRiZ 2013, S. 126–127.

Sheppard, Blair H./Hartwick, Jon/Warshaw, Paul R., The Theory of Reasoned Action: A Meta-Analysis of Past Research with Recommendations for Modifications and Future Research, Journal of Consumer Research 15 (1988), S. 325–343.

Stein, Friedrich, Über die Voraussetzungen des Rechtsschutzes, insbesondere bei der Verurteilungsklage, Halle 1902.

Streinz, Rudolf/Michl, Walther (Hrsg.), EUV/AEUV – Vertrag über die Europäische Union, Vertrag über die Arbeitsweise der Europäischen Union, Charta der Grundrechte der Europäischen Union, 3. Aufl., München 2018 (zit. Streinz/Michl/*Bearbeiter*).

Stürner, Rolf, Prozessökonomie als gemeineuropäischer Verfahrensgrundsatz?, in: Hilbig-Lugani, Katharina (Hrsg.), Zwischenbilanz – Festschrift für Dagmar Coester-Waltjen zum 70. Geburtstag am 11. Juli 2015, Bielefeld 2015, S. 855–864 (zit. *Stürner*, FS Coester-Waltjen).

Sujecki, Bartosz, Änderung des Europäischen Verfahrens für geringfügige Forderungen, ZRP 2014, S. 84–86.

Taylor, Shirley/Todd, Peter, Assessing IT Usage: The Role of Prior Experience, MIS Quarterly 19 (1995), S. 561–570.

Thompson, Ronald L./Higgins, Christopher A./Howell, Jane M., Personal Computing: Toward a Conceptual Model of Utilization, MIS Quarterly 15 (1991), S. 125–143.

Vallerand, Robert J., Toward A Hierarchical Model of Intrinsic and Extrinsic Motivation, in: Zanna, Mark P. (Hrsg.), Advances in Experimental Social Psychology, Bd. 29, 1997, S. 271–360.

Vanetta, Sara/Lemmer, Sophie-Charlotte, ZPO im Corona-Stresstest – Herausforderungen und Handlungsmöglichkeiten in einem verlangsamten Prozess- und Geschäftsbetrieb, BB 2020, S. 1098–1103.

Venkatesh, Viswanath/Bala, Hillol, Technology Acceptance Model 3 and a Research Agenda on Interventions, Decision Sciences 39 (2008), S. 273–315.

Venkatesh, Viswanath/Davis, Fred D., A Theoretical Extension of the Technology Acceptance Model: Four Longitudinal Field Studies, Management Science 46 (2000), S. 186–204.

Venkatesh, Viswanath/Morris, Michael G./Davis, Gordon B./Davis, Fred D., User Acceptance of Information Technology: Toward a Unified View, MIS Quarterly 27 (2003), S. 425–478.

Venkatesh, Viswanath/Thong, James/Xu, Xin, Unified Theory of Acceptance and Use of Technology: A Synthesis and the Road Ahead, JAIS 17 (2016), S. 328–376.

Venkatesh, Viswanath/Thong, James Y. L./Xu, Xin, Consumer Acceptance and Use of Information Technology: Extending the Unified Theory of Acceptance and Use of Technology, MIS Quarterly 36 (2012), S. 157–178.

Vorwerk, Volkert, Strukturiertes Verfahren im Zivilprozess, NJW 2017, S. 2326–2330.

ders., Das Prozessformularbuch – Erläuterungen und Muster für den Zivilprozess, für das FamFG-Verfahren, das Insolvenzverfahren, die Zwangsvollstreckung und den Arbeitsgerichtsprozess, jeweils mit kostenrechtlichen Hinweisen, 11. Aufl., Köln 2019 (zit. Vorwerk, Das Prozessformularbuch).

Vorwerk, Volkert/Wolf, Christian (Hrsg.), Beck'scher Online-Kommentar ZPO, 36. Aufl., München 2020 (zit. BeckOK ZPO/*Bearbeiter*).

Voßkuhle, Andreas, Das "Produkt" der Justiz, in: Schulze-Fielitz, Helmuth/Schütz, Carsten (Hrsg.), Justiz und Justizverwaltung zwischen Ökonomisierungsdruck und Unabhängigkeit, Berlin 2002, S. 35–54.

Weise, Peter, Intrinsische Motivation und Moral – Internalisierung von Normen und Werten in ökonomischer Sicht, in: Held, Martin/Nutzinger, Hans G. (Hrsg.), Institutionen prägen Menschen – Bausteine zu einer allgemeinen Institutionenökonomik, Frankfurt, New York 1999, S. 207–230.

Weller, Marc-Philippe/Tran, Mai-Lan, Klimawandelklagen im Rechtsvergleich - private enforcement als weltweiter Trend?, Zeitschrift für europäisches Privatrecht: ZEuP 29 (2021), S. 573–605.

Williams, Michael D./Rana, Nripendra P./Dwivedi, Yogesh K., The unified theory of acceptance and use of technology (UTAUT): a literature review, Journal of Ent Info Management 28 (2015), S. 443–488.

Windau, Bendikt, Die Verhandlung im Wege der Bild- und Tonübertragung, NJW 2020, S. 2753–2757.

Zöller, Richard (Hrsg.), Zivilprozessordnung, 32. Aufl., Köln 2018 (zit. Zöller/*Bearbeiter*).

Zwickel, Martin, Die Strukturierung von Schriftsätzen, MDR 2016, S. 988–992.

ders., Die digitale Strukturierung und inhaltliche Erschließung zivilprozessualer Schriftsätze im Spannungsfeld zwischen Parteiherrschaft und Richtermacht, in: Buschmann, Almuth/Gläß, Anne-Christin u.a. (Hrsg.), Digitalisierung der gerichtlichen Verfahren und das Prozessrecht – 3. Tagung junger Prozessrechtswissenschaftler und -wissenschaftlerinnen am 29./30.09.2017 in Leipzig, Berlin 2018.

B. Materialverzeichnis

90. Konferenz der Justziministerinnen und Justizminister, Abschlussbericht der Länderarbeitsgruppe Legal Tech: Herausforderungen für die Justiz.

Arbeitsgruppe "Modernisierung des Zivilprozesses", Thesenpapier 2020.

dies., Modernisierung des Zivilprozesses - Diskussionspapier Januar 2021.

Amhaouach, Lamia, Sind alle Corona-Schutzmaßnahmen in Hamburg rechtswidrig? – Das VG Hamburg zu § 28 IfSG, JuWissBlog Nr. 129/2020 v. 14.11.2020.

Anger, Heike, Digitalisierung der Justiz: Staats-Legal-Tech „Tech4Germany" kommt, Handelsblatt 13.09.2021.

Baus, Christoph/Patzer, Stefan/Steger, Christian, Verbraucherschutz auf europäische Art, 2020, https://www.lto.de/recht/hintergruende/h/eu-richtlinie-verbandsklage-ueberblick-musterfeststellungsklage-unterschied/ (geprüft am 06.11.2020).

Bundesamt für Justiz, Geschäftsentwicklung der Zivilsachen in der Eingangs- und Rechtsmittelinstanz 1995 bis 2019,

Bundesamt für Justiz, Richterstatistik 2018,

Bundesrechtsanwaltskammer, 2. Umfrage über die Auswirkungen der Corona-Krise auf die deutsche Anwaltschaft,

Chmielewski, Marc/Behrens, Sonja, Textbaustein-Gate: Wenn Klägerkanzleien im Dieselskandal Berufungen versemmeln, 05.11.2020, https://www.juve.de/nachrichten/verfahren/2020/09/textbaustein-gate-wenn-klaegerkanzleien-im-dieselskandal-berufungen-versemmeln (geprüft am 05.11.2020).

Deutscher Bundestag, Drucksache 14/6036 – Beschlussempfehlung und Bericht des Rechtsausschusses (6. Ausschuss) zu dem Gesetzentwurf der Bundesregierung – Drucksache 14/4722 – Entwurf eines Gesetzes zur Reform des Zivilprozesses 15.05.2001.

ders., Drucksache 17/1224 – Entwurf eines Gesetzes zur Intensivierung des Einsatzes von Videokonferenztechnik in gerichtlichen und staatsanwaltschaftlichen Verfahren 24.03.2010.

ders., Drucksache 19/18966 – Entwurf eines Gesetzes zu sozialen Maßnahmen zur Bekämpfung der Corona-Pandemie (Sozialschutz-Paket II) 05.05.2020.

Deutscher Juristentag e.V., Verhandlungen des 70. Deutschen Juristentages 2014, München 2015.

Duden, Definition: Effizienz, https://www.duden.de/rechtschreibung/Effizienz (geprüft am 04.02.2020).

Gabler Wirtschaftslexikon, Definition: Effektivität, https://wirtschaftslexikon.gabler.de/definition/effektivitaet-33138 (geprüft am 13.07.2020).

Gabler Wirtschaftslexikon, Definition: Wirtschaftlichkeitsprinzip, https://wirtschaftslexikon.gabler.de/definition/wirtschaftlichkeitsprinzip-48143 (geprüft am 13.07.2020).

Judiciary of England and Wales, The Queen's Bench Guide 2018.

Länderliste der Standorte der Videokonferenzanlagen bei den Gerichten und Staatsanwaltschaften – Stand: 22. Dezember 2020, https://justiz.de/verzeichnis/zwi_videokonferenz/videokonferenzanlagen.pdf;jsessionid=1A269D5A0B77BF96C6AC019CE9BB2E18.

Mahngerichte der Bundesrepublik Deutschland, https://www.mahngerichte.de/de/mahngerichte.html (geprüft am 29.01.2020).

Lehmkuhl, Kurt, Coronavirus: Behördenschließungen und Hamsterkäufe in Erkelenz, 28.02.2020, https://rp-online.de/nrw/staedte/erkelenz/coronavirus-behoerdenschliessungen-und-hamsterkaeufe-in-erkelenz_aid-49231105 (geprüft am 11.01.2021).

LG Hannover, Landgericht demonstriert Videoverhandlungen, 2020, https://www.landgericht-hannover.niedersachsen.de/startseite/aktuelles_und_medieninformationen/presseinformationen/landgericht-demonstriert-videoverhandlungen-194681.html (geprüft am 25.11.2020).

OLG Nürnberg, Internetauftritt - Aktuelles, 13.11.2020, https://www.justiz.bayern.de/gerichte-und-behoerden/oberlandesgerichte/nuernberg/aktuelles.php (geprüft am 13.11.2020).

ROLAND Rechtsschutz-Versicherungs-AG, ROLAND RECHTSREPORT 202 – Einstellung der Bevölkerung zum deutschen Justizsystem und zur außergerichtlichen Konfliktlösung 2020.

Röhl, Klaus, Homo juridicus - nice guy oder bad man?, 17.6.2020, https://www.rsozblog.de/tag/homo-juridicus/ (geprüft am 17.6.2020).

Rundfunk Berlin-Brandenburg, Erstmals Zivilprozess in Berlin als Videokonferenz durchgeführt, 11.01.2021, https://www.rbb24.de/panorama/beitrag/2020/07/berlin-landgericht-erstmals-zivilprozess-per-videokonferenz.html (geprüft am 11.01.2021).

Statistisches Bundesamt (Destatis), Statistik Zivilgerichte - Fachserie 10 Reihe 2.1 2020.

Windau, Benedikt, 128a-Technik Länderliste, 2020, https://www.zpoblog.de/service/128a-technik-bundeslaender/ (geprüft am 18.12.2020).

ders., Gerichtsverhandlung per Videokonferenz: Keine Angst vor § 128a ZPO, 2020, https://anwaltsblatt.anwaltverein.de/de/anwaeltinnen-anwaelte/anwaltspraxis/gerichtsverhandlung-per-videokonferenz-keine-angst-vor-128a-zpo?page_n1=2#panel-fussnoten (geprüft am 18.12.2020).

ders., Rechtsmittel gegen abgelehnte Teilnahme im Wege der Bild- und Tonübertragung?, zpoblog.de, 2020, https://www.zpoblog.de/verhandlung-im-wege-der-bild-und-tonuebertragung-sofortige-beschwerde-128a-zpo-114-arbgg-211-sgg/ (geprüft am 12.01.2021).

C. Tabellenverzeichnis

D. Abbildungsverzeichnis

Sechstes Kapitel: Anhänge

A. Anhang A – Original-Fragebogen

BUCERIUS LAW SCHOOL

„Nutzung von Videokonferenztechnik in der mündlichen Verhandlung"

Vielen Dank, dass Sie an unserer Untersuchung zu Chancen und Problemen beim Einsatz von Videokonferenztechnik in der mündlichen Verhandlung teilnehmen!

Worum geht es?

Der Einsatz von Videokonferenztechnik in Gerichtsverfahren ist derzeit - auch pandemiebedingt - eines der am meisten diskutierten Themen in Justiz und Anwaltschaft. Die Diskussion beschränkt sich häufig auf die fehlende technische Ausstattung der Gerichte. Diese Umfrage untersucht erstmals auf wissenschaftlicher Basis weitere Faktoren, die für den gelungenen Einsatz von Videokonferenztechnik wichtig sind.

Daher sollen Sie gerade auch dann teilnehmen, wenn Sie noch keine Erfahrungen mit dieser Technik sammeln konnten, weil beispielsweise die Ausstattung an Ihrem Gericht bisher nicht vorhanden ist.

Die Umfrage ist Teil eines wissenschaftlichen Forschungsprojektes an der Bucerius Law School, Hamburg.

Sie haben mit Ihrer Teilnahme die Chance, Ihre Sicht auf den Einsatz von Videokonferenztechnik zu schildern. Nutzen Sie diese Möglichkeit und unterstützen Sie gleichzeitig die wissenschaftliche Forschung!

Hinweise zum Ausfüllen des Fragebogens

- Es gibt keine "richtigen" oder "falschen" Antworten. Es geht ausschließlich um Ihren persönlichen Eindruck.
- Wenn Sie mit einer Frage noch keine aktuellen Erfahrungen sammeln konnten, kreuzen Sie bitte Ihre Erwartungen und Vorstellungen an.
- Das Ausfüllen des Fragebogens wird ungefähr 10 bis 15 Minuten dauern.

Hinweise zur Veröffentlichung und zum Datenschutz

- Alle Angaben werden streng vertraulich behandelt, anonym verwendet und nur in aggregierter Form wiedergegeben, sodass keinerlei Rückschlüsse auf Ihre individuellen Antworten möglich sind.
- Die Daten werden zu Forschungszwecken verwendet und die Ergebnisse nach Abschluss der Untersuchung in aggregierter Form veröffentlicht.

Sie haben Fragen oder Anregungen?
Schreiben Sie uns gerne eine E-Mail.

Prof. Dr. Barbara E. Weißenberger

Tobias Duhe

Sobald Sie der Datenschutzerklärung zustimmen, kann es losgehen. Sie können sie hier lesen und herunterladen.

○ Ich habe die Datenschutzerklärung gelesen und stimme ihr zu.

WEITER

T. Duhe, *Effizienz im Zivilprozess*, Juridicum – Schriften zum Zivilprozessrecht,
https://doi.org/10.1007/978-3-658-51616-1

BUCERIUS LAW SCHOOL

Bitte beantworten Sie zum Einstieg die folgenden allgemeinen Fragen:

Ich bin in folgender Gerichtsbarkeit tätig:

Bitte wählen Sie die Gerichtsbarkeit aus, in der Sie überwiegend tätig sind. Eine Mehrfachauswahl ist nicht möglich.

- ○ Zivilgerichtsbarkeit
- ○ Strafgerichtsbarkeit
- ○ Freiwillige Gerichtsbarkeit
- ○ Arbeitsgerichtsbarkeit
- ○ Verwaltungsgerichtsbarkeit
- ○ Finanzgerichtsbarkeit
- ○ Sozialgerichtsbarkeit

Ich bin Richter/in im Bundesland:

Bitte wählen

Ich bin Richter/in am:

Bitte wählen

ZURÜCK

WEITER

BUCERIUS LAW SCHOOL

Sofern im Folgenden von der Nutzung von Videokonferenzsystemen die Rede ist, ist immer die Durchführung der mündlichen Verhandlung im Wege der Bild- und Tonübertragung im Sinne von § 128a Abs. 1 ZPO (oder seiner Entsprechungen für die anderen Gerichtsbarkeiten wie z.B. § 91a FGO, § 110a SGG, § 102a VwGO) gemeint.

Ich habe bereits vor den akuten Einschränkungen aufgrund der Covid-19-Pandemie (= vor dem 1. April 2020) mindestens eine Verhandlung per Videokonferenz durchgeführt.

○ Ja ○ Nein

Ich habe im Zeitraum zwischen dem 1. April 2020 und heute mindestens eine mündliche Verhandlung per Videokonferenz durchgeführt.

○ Ja ○ Nein

Ich hatte bereits vor den akuten Einschränkungen aufgrund der Covid-19-Pandemie (= vor dem 1. April 2020) ohne großen Aufwand Zugriff auf die technischen Voraussetzungen zur Durchführung mündlicher Verhandlungen per Videokonferenz.

○ Ja ○ Nein

Ich hatte im Zeitraum zwischen 1. April 2020 und heute ohne großen Aufwand Zugriff auf alle technischen Voraussetzungen zur Durchführung einer mündlichen Verhandlung per Videokonferenz.

○ Ja ○ Nein

Ich habe die Möglichkeit, mit folgenden technischen Geräten mündliche Verhandlungen per Videokonferenz durchzuführen:

(Mehrfachauswahl möglich)

- ☐ Stationäre Videokonferenzanlage
- ☐ Mobile Videokonferenzanlage
- ☐ Arbeits-Notebook/PC, Web-Kamera
- ☐ Privates Notebook, Web-Kamera (mit Erlaubnis der Gerichtsverwaltung)
- ☐ Sonstiges
- ☐ Keine der genannten Optionen.

ZURÜCK WEITER

BUCERIUS LAW SCHOOL

Bitte unterstellen Sie bei allen nachfolgenden Fragen, dass an Ihrem Gericht die technischen Möglichkeiten für die Durchführung einer mündlichen Verhandlung per Videokonferenz gegeben sind.

Den Fragen bzw. Aussagen liegt ein geprüftes empirisches Erkenntnismodell zugrunde. Bitte beantworten Sie die Fragen auch dann, wenn sie Ihnen auf den ersten Blick vielleicht nicht ganz auf Ihre Situation zugeschnitten oder in Ihrer Formulierung sehr ähnlich erscheinen.

Wie sehr stimmen Sie den folgenden Aussagen zu oder nicht zu?

Sofern Sie zu einer Frage keine aktuellen Erfahrungen haben, geben Sie bitte Ihre Erwartungen und Vorstellungen an.

	Stimme gar nicht zu	Stimme nicht zu	Stimme eher nicht zu	Stimme eher zu	Stimme zu	Stimme voll und ganz zu
Die Nutzung von Videokonferenztechnik hilft mir, meine Arbeit effizienter zu erledigen.	○	○	○	○	○	○
Videokonferenztechnik hilft mir, meine Arbeit schneller zu erledigen.	○	○	○	○	○	○
Die Nutzung von Videokonferenztechnik ist für mich einfach und verständlich.	○	○	○	○	○	○
Es fällt mir leicht, mit den Funktionen von Videokonferenztechnik umzugehen.	○	○	○	○	○	○
Ich empfinde eine mündliche Verhandlung per Videokonferenztechnik als nützlich für meine Arbeit.	○	○	○	○	○	○
Videokonferenztechnik ist leicht zu bedienen.	○	○	○	○	○	○
Es fällt mir leicht, zu lernen, wie ich Videokonferenztechnik bediene.	○	○	○	○	○	○

ZURÜCK

WEITER

BUCERIUS LAW SCHOOL

Wie sehr stimmen Sie den folgenden Aussagen zu oder nicht zu?

Sofern Sie zu einer Frage keine aktuellen Erfahrungen haben, geben Sie bitte Ihre Erwartungen und Vorstellungen an.

	Stimme gar nicht zu	Stimme nicht zu	Stimme eher nicht zu	Stimme eher zu	Stimme zu	Stimme voll und ganz zu
Videokonferenztechnik macht meine Arbeit interessanter.	○	○	○	○	○	○
Die Nutzung von Videokonferenztechnik ist eine gute Idee.	○	○	○	○	○	○
Ich arbeite generell gerne mit neuer Technik.	○	○	○	○	○	○
Menschen, die für mich wichtig sind, denken, ich sollte Videokonferenztechnik nutzen.	○	○	○	○	○	○
Menschen, nach deren Rat ich mich richte, denken, ich sollte Videokonferenztechnik nutzen.	○	○	○	○	○	○
Die Arbeit mit Videokonferenztechnik macht mir Spaß.	○	○	○	○	○	○
Kollegen/innen in meinem direkten Umfeld nutzen Videokonferenztechnik.	○	○	○	○	○	○

ZURÜCK WEITER

BUCERIUS LAW SCHOOL

Wie sehr stimmen Sie den folgenden Aussagen zu oder nicht zu?

Sofern Sie zu einer Frage keine aktuellen Erfahrungen haben, geben Sie bitte Ihre Erwartungen und Vorstellungen an.

	Stimme gar nicht zu	Stimme nicht zu	Stimme eher nicht zu	Stimme eher zu	Stimme zu	Stimme voll und ganz zu
Ich sehe viele Vorteile bei der Nutzung von Videokonferenztechnik für mündliche Verhandlungen.	○	○	○	○	○	○
Ich befürchte rechtliche Unsicherheiten bei der Nutzung von Videokonferenztechnik.	○	○	○	○	○	○
Ich beabsichtige, zukünftig mündliche Verhandlungen nur noch per Videokonferenz durchzuführen.	○	○	○	○	○	○
Es gibt gute Fortbildungsmöglichkeiten zum Einsatz von Videokonferenztechnik.	○	○	○	○	○	○
Ich plane, in den nächsten zwölf Monaten eine mündliche Verhandlung mittels Videokonferenztechnik durchzuführen.	○	○	○	○	○	○
Ich habe das notwendige Wissen, um Videokonferenztechnik einzusetzen.	○	○	○	○	○	○
Es gibt einen IT-Support, der mir bei Problemen hilft.	○	○	○	○	○	○
Ich befürchte technische Probleme bei der Nutzung von Videokonferenztechnik.	○	○	○	○	○	○

ZURÜCK WEITER

BUCERIUS LAW SCHOOL

Sie sind bereits auf der vorletzten Seite angelangt!

Wie sehr stimmen Sie den folgenden Aussagen zu oder nicht zu?

Sofern Sie zu einer Frage keine aktuellen Erfahrungen haben, geben Sie bitte Ihre Erwartungen und Vorstellungen an.

	Stimme gar nicht zu	Stimme nicht zu	Stimme eher nicht zu	Stimme eher zu	Stimme zu	Stimme voll und ganz zu
Die Durchführung der mündlichen Verhandlung per Videokonferenz steigert die Effizienz des gesamten Gerichtsverfahrens.	○	○	○	○	○	○
Die meisten Parteien sind nicht gewillt, per Videokonferenz mündlich zu verhandeln.	○	○	○	○	○	○
Ich würde mündliche Verhandlungen per Videokonferenz durchführen, wenn beide Parteien dies beantragen.	○	○	○	○	○	○
Auf Seiten der Parteien fehlen oftmals die erforderlichen technischen Voraussetzungen für eine Videokonferenz.	○	○	○	○	○	○
Die Einschränkungen aufgrund der Covid-19-Pandemie haben zu einem Digitalisierungsschub in der Justiz geführt.	○	○	○	○	○	○
Wenn sich die Covid-19-Pandemielage entspannt, sehe ich keinen Grund mehr, Videokonferenztechnik einzusetzen.	○	○	○	○	○	○
Die mündliche Verhandlung per Videokonferenz sollte zum gesetzlichen Regelfall und der persönliche Termin im Gerichtsgebäude zum Ausnahmefall werden.	○	○	○	○	○	○

Welche Verfahren eignen sich Ihres Erachtens - typisiert - gut für mündliche Verhandlungen per Videokonferenz?

Geben Sie bis zu drei Verfahrensbeispiele ein (kein Pflichtfeld).

Verfahren 1

Verfahren 2

Verfahren 3

Wie hoch ist die Quote Ihrer Verfahren, die sich aus Ihrer Sicht gut für mündliche Verhandlungen per Videokonferenz eignen?

Bitte geben Sie eine grobe Schätzung ab.

unter 20 %	20-40 %	41-60 %	61-80 %	über 80 %
○	○	○	○	○

Bitte beschreiben Sie den Hauptgrund, warum Sie mündliche Verhandlungen per Videokonferenz durchführen würden.

(keine Pflichtfrage)

Bitte beschreiben Sie den Hauptgrund, der aus Ihrer Sicht gegen eine Durchführung mündlicher Verhandlungen per Videokonferenz spricht.

(keine Pflichtfrage)

ZURÜCK WEITER

BUCERIUS LAW SCHOOL

Zum Abschluss bleiben noch vier Fragen zu Ihrer Person, die natürlich wie alle Ihre Angaben streng vertraulich behandelt werden.

Geschlecht

○ männlich ○ weiblich ○ anderes

Alter

○ Unter 30 ○ 30-39 ○ 40-49 ○ 50-59

○ Über 60

Berufserfahrung als Richter/in

○ Bis 5 Jahre ○ 6-10 Jahre ○ 11-15 Jahre ○ 16-20 Jahre

○ 21-25 Jahre ○ 26-30 Jahre ○ Über 30 Jahre

Ich nutze Videokonferenztechnik außerhalb der mündlichen Verhandlung (z.B. privat oder zur Abstimmung mit Kollegen über Skype, ZOOM, Teams etc.).

nie	selten	gelegentlich	oft	immer
○	○	○	○	○

Allgemeine Anmerkungen

Bitte nutzen Sie dieses Feld, wenn Sie weitere Anmerkungen zur Umfrage oder dem Themenkomplex "Videokonferenz" haben.

ZURÜCK WEITER

BUCERIUS LAW SCHOOL

Wir danken Ihnen herzlich für Ihre Teilnahme an der Umfrage!

Die Ergebnisse werden nach der Auswertung in aggregierter Form veröffentlicht.

Sollten Sie noch Fragen oder Anmerkungen haben, können Sie uns gerne eine E-Mail schreiben.

Je nach Browser wird die Schaltfläche "Fenster schließen" nicht korrekt ausgeführt. Die Erhebung ist aber in jedem Falle ordentlich abgeschlossen und Ihre Antworten sind registriert. Sie können das Browserfenster einfach schließen.

FENSTER SCHLIESSEN

B. Anhang B – Daten aller Gerichtsbarkeiten

Tabelle 14:
Verteilung nach Gerichtsbarkeiten

Gerichtsbarkeit	Gericht	Häufigkeit	Prozent
Zivilgerichtsbarkeit	LG	208	53,1
	OLG	51	13,0
	AG	132	33,7
	BGH	1	0,3
	Gesamt	**392**	**100,0**
Strafgerichtsbarkeit	LG	27	31,0
	OLG	1	1,1
	AG	59	67,8
	Gesamt	**87**	**100,0**
Freiwillige Gerichtsbarkeit	LG	1	1,9
	OLG	4	7,7
	AG	47	90,4
	Gesamt	**52**	**100,0**
Arbeitsgerichtsbarkeit	ArbG	37	78,7
	LAG	10	21,3
	Gesamt	**47**	**100,0**
Verwaltungsgerichtsbarkeit	VG	11	78,6
	OVG/VGH	2	14,3
	BVerwG	1	7,1
	Gesamt	**14**	**100,0**
Finanzgerichtsbarkeit	FinG	17	94,4
	BFH	1	5,6
	Gesamt	**18**	**100,0**
Sozialgerichtsbarkeit	SG	46	86,8
	LSG	7	13,2
	Gesamt	**53**	**100,0**

Tabelle 15:
Videokonferenznutzung vor/nach Corona

	Videokonferenznutzung vor Corona (FN1)				**Videokonferenznutzung während Corona (FN2)**			
	Ja		Nein		Ja		Nein	
	Anzahl	Prozent	Anzahl	Prozent	Anzahl	Prozent	Anzahl	Prozent
Zivilgerichtsbarkeit	31	7,9	361	92,1	163	41,6	229	58,4
Strafgerichtsbarkeit	11	12,6	76	87,4	12	13,8	75	86,2
Freiwillige Gerichtsbarkeit	2	3,8	50	96,2	9	17,3	43	82,7
Arbeitsgerichtsbarkeit	0	0	47	100	8	17,0	39	83,0
Verwaltungsgerichtsbarkeit	0	0	14	100	1	7,1	13	92,9
Finanzgerichtsbarkeit	4	22,2	14	77,8	1	5,6	17	94,4
Sozialgerichtsbarkeit	2	3,8	51	96,2	10	18,9	43	81,1
Gesamt	**50**	**7,5**	**613**	**92,5**	**204**	**30,8**	**459**	**69,2**

Tabelle 16:
Zugriff Technik vor/nach Corona

	Zugriff Technik vor Corona (TECH1)				Zugriff Technik während Corona (TECH2)			
	Ja		Nein		Ja		Nein	
	Anzahl	Prozent	Anzahl	Prozent	Anzahl	Prozent	Anzahl	Prozent
Zivilgerichtsbarkeit	70	17,9	322	82,1	182	46,4	210	53,6
Strafgerichtsbarkeit	12	13,8	75	86,2	26	29,9	61	70,1
Freiwillige Gerichtsbarkeit	4	7,7	48	92,3	15	28,8	37	71,2
Arbeitsgerichtsbarkeit	0	0,0	47	100,0	14	29,8	33	70,2
Verwaltungsgerichtsbarkeit	0	0,0	14	100,0	1	7,1	13	92,9
Finanzgerichtsbarkeit	6	33,3	12	66,7	5	27,8	13	72,2
Sozialgerichtsbarkeit	5	9,4	48	90,6	11	20,8	42	79,2
Gesamt	**97**	**14,6**	**566**	**85,4**	**254**	**38,3**	**409**	**61,7**

Tabelle 17:
Quote geeigneter Verfahren

	Quote geeigneter Verfahren (QUOTE)									
	Unter 20%		20-40%		41-60%		61-80%		Über 80%	
	Anzahl	Prozent	Anzahl	Prozent	Anzahl	Prozent	Anzahl	Prozent	Anzahl	Prozent
Zivilgerichtsbarkeit	197	50,3	124	31,6	43	11,0	19	4,8	9	2,3
Strafgerichtsbarkeit	50	57,5	26	29,9	6	6,9	3	3,4	2	2,3
Freiwillige Gerichtsbarkeit	30	57,7	13	25,0	6	11,5	2	3,8	1	1,9
Arbeitsgerichtsbarkeit	26	55,3	11	23,4	5	10,6	2	4,3	3	6,4
Verwaltungsgerichtsbarkeit	5	35,7	6	42,9	3	21,4	0	0,0	0	0,0
Finanzgerichtsbarkeit	9	50,0	5	27,8	2	11,1	2	11,1	0	0,0
Sozialgerichtsbarkeit	26	49,1	13	24,5	11	20,8	2	3,8	1	1,9
Gesamt	**343**	**51,7**	**198**	**29,9**	**76**	**11,5**	**30**	**4,5**	**16**	**2,4**

Tabelle 18:
Verteilung nach Geschlecht

	Geschlecht (GEN)					
	Männlich		Weiblich		Anderes	
	Anzahl	Prozent	Anzahl	Prozent	Anzahl	Prozent
Zivilgerichtsbarkeit	210	53,6	182	46,4	0	0,0
Strafgerichtsbarkeit	48	55,2	388	43,7	1	1,1
Freiwillige Gerichtsbarkeit	33	63,5	19	36,5	0	0,0
Arbeitsgerichtsbarkeit	30	63,8	17	36,2	0	0,0
Verwaltungsgerichtsbarkeit	11	78,6	3	21,4	0	0,0
Finanzgerichtsbarkeit	12	66,7	6	33,3	0	0,0
Sozialgerichtsbarkeit	30	56,6	23	43,4	0	0,0
Gesamt	**374**	**56,4**	**288**	**43,4**	**1**	**0,2**

Tabelle 19:
Verteilung nach Alter

	Alter (AGE)									
	Unter 30		30-39		40-49		50-59		Über 60	
	Anzahl	Prozent	Anzahl	Prozent	Anzahl	Prozent	Anzahl	Prozent	Anzahl	Prozent
Zivilgerichtsbarkeit	7	1,8	78	19,9	127	32,4	136	34,7	44	11,2
Strafgerichtsbarkeit	2	2,3	21	24,1	22	25,3	36	41,4	6	6,9
Freiwillige Gerichtsbarkeit	1	1,9	12	23,1	16	30,8	17	32,7	6	11,5
Arbeitsgerichtsbarkeit	1	2,1	8	17,0	13	27,7	16	34,0	9	19,1
Verwaltungsgerichtsbarkeit	1	7,1	6	42,9	3	21,4	3	21,4	1	7,1
Finanzgerichtsbarkeit	0	0,0	1	5,6	4	22,2	5	27,8	8	44,4
Sozialgerichtsbarkeit	0	0,0	8	15,1	26	49,1	11	20,8	8	15,1
Gesamt	**12**	**1,8**	**134**	**20,2**	**211**	**31,8**	**224**	**33,8**	**82**	**12,4**

Tabelle 20:
Verteilung nach Berufserfahrung

	Berufserfahrung (BE)													
	Bis 5 Jahre		6-10 Jahre		11-15 Jahre		16-20 Jahre		21-25 Jahre		26-30 Jahre		Über 30 Jahre	
	Anzahl	Prozent	Anzahl	Prozent	Anzahl	Prozent	Anzahl	Prozent	Anzahl	Prozent	Anzahl	Prozent	Anzahl	Prozent
Zivilgerichtsbarkeit	57	14,5	58	14,8	48	12,2	69	17,6	48	12,2	82	20,9	30	7,7
Strafgerichtsbarkeit	18	20,7	12	13,8	9	10,3	10	11,5	9	10,3	21	24,1	8	9,2
Freiwillige Gerichtsbarkeit	4	7,7	7	13,5	10	19,2	7	13,5	9	17,3	9	17,3	6	11,5
Arbeitsgerichtsbarkeit	6	12,8	3	6,4	9	19,1	6	12,8	7	14,9	7	14,9	9	19,1
Verwaltungsgerichtsbarkeit	6	42,9	2	14,3	1	7,1	1	7,1	0	0,0	2	14,3	2	14,3
Finanzgerichtsbarkeit	2	11,1	1	5,6	2	11,1	2	11,1	4	22,2	6	33,3	1	5,6
Sozialgerichtsbarkeit	6	11,3	5	9,4	15	28,3	10	18,9	3	5,7	9	17,0	5	9,4
Gesamt	**99**	**14,9**	**88**	**13,3**	**94**	**14,2**	**105**	**15,8**	**80**	**12,1**	**136**	**20,5**	**61**	**9,2**

Tabelle 21:
Verteilung nach Vorerfahrung

	Vorerfahrung (ERF)									
	Nie		Selten		Gelegentlich		Oft		Immer	
	Anzahl	Prozent	Anzahl	Prozent	Anzahl	Prozent	Anzahl	Prozent	Anzahl	Prozent
Zivilgerichtsbarkeit	32	8,2	78	19,9	145	37,0	129	32,9	8	2,0
Strafgerichtsbarkeit	12	13,8	13	14,9	34	39,1	26	29,9	2	2,3
Freiwillige Gerichtsbarkeit	3	5,8	16	30,8	18	34,6	14	26,9	1	1,9
Arbeitsgerichtsbarkeit	2	4,3	9	19,1	20	42,6	15	31,9	1	2,1
Verwaltungsgerichtsbarkeit	1	7,1	3	21,4	5	35,7	4	28,6	1	7,1
Finanzgerichtsbarkeit	1	5,6	2	11,1	12	66,7	3	16,7	0	0,0
Sozialgerichtsbarkeit	5	9,4	9	17,0	24	45,3	10	18,9	5	9,4
Gesamt	**56**	**8,4**	**130**	**19,6**	**258**	**38,9**	**201**	**30,3**	**18**	**2,7**

Tabelle 22:
Verfügbarkeit technischer Geräte

	Verfügbarkeit technischer Geräte											
	Stationäre Videokonferenzanlage		Mobile Videokonferenzanlage		Arbeits-Notebook/PC, Web-Kamera		Privates Notebook, Web-Kamera (mit Erlaubnis der Gerichtsverwaltung)		Sonstiges (Freitext)		Keine der genannten Optionen.	
	Anzahl	Prozent	Anzahl	Prozent	Anzahl	Prozent	Anzahl	Prozent	Anzahl	Prozent	Anzahl	Prozent
Zivilgerichtsbarkeit	143	24,4	157	26,8	199	34,0	12	2,1	15	2,6	59	10,1
Strafgerichtsbarkeit	16	14,8	32	29,6	23	21,3	5	4,6	4	3,7	28	25,9
Freiwillige Gerichtsbarkeit	9	13,6	8	12,1	25	37,9	4	6,1	4	6,1	16	24,2
Arbeitsgerichtsbarkeit	11	18,0	7	11,5	20	32,8	2	3,3	3	4,9	18	29,5
Verwaltungsgerichtsbarkeit	4	23,5	1	5,9	3	17,6	1	5,9	1	5,9	7	41,2
Finanzgerichtsbarkeit	5	23,8	3	14,3	5	23,8	0	0,0	0	0,0	8	38,1
Sozialgerichtsbarkeit	13	20,3	7	10,9	13	20,3	1	1,6	3	4,7	27	42,2
Gesamt	**201**	**21,8**	**215**	**23,3**	**288**	**31,2**	**25**	**2,7**	**30**	**3,3**	**163**	**17,7**

Anm: Mehrfachauswahl möglich

Kolibri 360 GmbH
Ferdinand-Jühlke-Straße 7
99095 Erfurt, Deutschland
produktsicherheit@kolibri360.de